MARION BÖGEL

# Strukturen und Systemanalyse der Organisierten Kriminalität in Deutschland

# Kriminologische und sanktionenrechtliche Forschungen

Begründet als „Kriminologische Forschungen“ von Prof. Dr. Hellmuth Mayer

Herausgegeben von Prof. Dr. Detlev Frehsee und Prof. Dr. Eckhard Horn

**Band 5**

# Strukturen und Systemanalyse der Organisierten Kriminalität in Deutschland

Von

Dr. Marion Bögel

Duncker & Humblot · Berlin

Die Deutsche Bibliothek – CIP-Einheitsaufnahme

**Bögel, Marion:**
Strukturen und Systemanalyse der organisierten Kriminalität in Deutschland / von Marion Bögel. – Berlin : Duncker und Humblot, 1994
(Kriminologische und sanktionenrechtliche Forschungen ; Bd. 5)
Zugl.: Würzburg, Univ., Diss., 1994
ISBN 3-428-08253-2
NE: GT


Fotoprint: Color-Druck Dorfi GmbH, Berlin
Printed in Germany

ISSN 0933-078X
ISBN 3-428-08253-2

Gedruckt auf alterungsbeständigem (säurefreiem) Papier
gemäß der ANSI-Norm für Bibliotheken

*Meinen Eltern*
*Rainer und Anni Oberdorfer-Bögel*
*in Liebe und Dankbarkeit*

# Vorwort

Organisierte Kriminalität ist in den letzten Jahren zu einem Schlüsselbegriff für die Kriminalpolitik geworden. Strukturen, Umfang und Zielsetzung der in Deutschland operierenden Straftätergruppen sind bislang jedoch wissenschaftlich wenig erforscht.

Die vorliegende Arbeit soll dazu beitragen, diesen Mangel an theoretischen und empirischen Erkenntnissen zu vermindern. Sie analysiert mit Hilfe eines umfassenden wirtschaftswissenschaftlichen Ansatzes und unter Einbeziehung empirischer Forschungen die Strukturen organisierter Straftätergruppen und des illegalen Marktes. Besondere Beachtung finden dabei die Unterschiede zwischen organisierten Straftätergruppen und legal arbeitenden Wirtschaftsunternehmen sowie zwischen legalen und illegalen Märkten. Organisationsprinzipien und Marktverhalten der deutschen „crime industry" werden dadurch deutlich.

Die Arbeit beruht auf dem von Prof. Dr. Ulrich Sieber und mir im Auftrag des Bundeskriminalamtes durchgeführten Forschungsprojekt LOOK (Ulrich Sieber / Marion Bögel, Logistik der Organisierten Kriminalität, Wiesbaden 1993). Diese Untersuchung übertrug erstmals wirtschaftswissenschaftliche Erkenntnisse, insbesondere zur Logistik legal arbeitender Wirtschaftsunternehmen, auf illegal arbeitende Tätergruppen. Die vorliegende Studie erweitert diesen Ansatz und unternimmt den Versuch einer umfassenden wirtschaftswissenschaftlichen Systemanalyse organisierter Tätergruppen und des illegalen Marktes.

Die Untersuchung wurde während der gemeinsamen Arbeiten am LOOK-Projekt von Prof. Dr. Ulrich Sieber betreut, dem ich für seine ständige Gesprächsbereitschaft, vielfältige Anregungen und konstruktive Kritik sehr herzlich danke. Im Gespräch mit ihm erhielt das Thema dieser Arbeit erste Konturen; auch den wissenschaftlichen „modus operandi" hat er geprägt.

Eine große Freude war es für mich, daß Frau Prof. Dr. Ellen Schlüchter die Mühe des Erstgutachtens auf sich genommen und die Arbeit als Dissertation angenommen hat. Hierfür und für einige wertvolle Anregungen bin ich ihr zu großem Dank verpflichtet. Dank gilt ferner Herrn Prof. Dr. Rainer Paulus für die Anfertigung des Zweitgutachtens. Meinem Studienkollegen Dietmar Lang danke ich herzlich für die Durchsicht des Manuskripts. Für ihre tatkräftige Unterstützung bei der Drucklegung danke ich Frau Brigitte Glos, Herrn Daniel Stricharz und Herrn Andreas Hornung.

Würzburg, September 1994 Marion Bögel

# Inhaltsverzeichnis

# Einführung
## Ziel und Gegenstand der Arbeit

„Organisierte Kriminalität" wurde in den letzten Jahren zu einem Schlüsselbegriff der deutschen Kriminalpolitik. Das „Gesetz zur Bekämpfung des illegalen Rauschgifthandels und anderer Erscheinungsformen der Organisierten Kriminalität" (OrgKG) schuf 1992 neue Straftatbestände und strafprozessuale Eingriffsbefugnisse.[1] Das im Oktober 1993 verabschiedete „Gewinnaufspürungsgesetz"[2] mit seinen weitreichenden Mitwirkungspflichten des Kreditgewerbes wurde vor allem mit der Bekämpfung der Organisierten Kriminalität gerechtfertigt. Die aktuelle Diskussion um die Zuständigung der Ämter für Verfassungsschutz im Bereich der Organisierten Kriminalität stellt bisher unbestrittene Grundlagen des Trennungsgebots der deutschen Sicherheitsbehörden in Frage.

In krassem Gegensatz zu diesen weitreichenden Konsequenzen stehen die geringen Kenntnisse und die wenigen empirischen Untersuchungen über das zugrundeliegende Phänomen der Organisierten Kriminalität. Einigkeit besteht dabei zwar darüber, daß der Begriff der Organisierten Kriminalität eine „geschäftsähnliche" Art der Deliktsbegehung umschreibt, die von der amerikanischen Kriminologie anschaulich als „crime industry" umschrieben wird. Auch komplizierte Definitionen der Organisierten Kriminalität können jedoch nicht darüber hinwegtäuschen, daß über die Struktur dieser „geschäftsähnlichen" Deliktsbegehung keine gesicherten Kenntnisse vorliegen. Weitgehend offen ist auch die grundsätzliche Frage, welche Besonderheiten Organisierte Kriminalität von einfacher Gruppen- oder Bandenkriminalität abheben und dadurch die gravierenden Verschärfungen des Strafrechts rechtfertigen, die in den letzten Jahren nicht nur in Deutschland, sondern vor allem auch in Italien und den USA erlassen wurden.

---

1 Vgl. BGBl. 1992, Teil 1, S. 1302 ff.

2 Vgl. BGBl. 1993, Teil 1, S. 1770 ff.

Die vorliegende Arbeit will dieses Defizit an theoretischer Grundkonzeption und empirischer Forschung zur Struktur der Organisierten Kriminalität vermindern. Die Organisierte Kriminalität soll dabei weder pauschal beschrieben noch sollen einzelne Merkmale zu ihrer Bestimmung aufgezählt werden, wie dies bislang versucht wurde.[3] Gegenstand der folgenden Analyse ist vielmehr die Struktur der einzelnen organisierten Tätergruppe und ihrer Umweltbeziehungen im Bereich des illegalen Marktes. Die Arbeit will dabei insbesondere die Frage klären, ob und inwieweit die zentrale These von der „geschäftsähnlichen" Begehung von Straftaten durch Organisierte Kriminalität zutrifft und als theoretische Grundlage eines Präventionskonzepts dienen kann.

Zur Klärung der Strukturen Organisierter Kriminalität analysiert die Arbeit dabei in ihrem ersten Teil zunächst diejenigen Fragestellungen, bei welchen die Struktur organisierter Straftätergruppen bisher eine Rolle spielt. Einbezogen werden dabei neben der Entwicklungsgeschichte der Straftätergruppen vor allem allgemeine sozialpsychologische und kriminologische Forschungen zur Gefährlichkeit von Gruppen, spezielle kriminologische Untersuchungen zur Organisierten Kriminalität, polizeitaktische und strafprozessuale Zuständigkeitsregelungen in bezug auf organisierte Straftäter sowie einschlägige Strafnormen des materiellen Rechts.

Der zweite Teil der Arbeit entwickelt dann mit Hilfe der Übertragung betriebswirtschaftlicher Methoden (insbesondere einer Systemanalyse anhand von betrieblichen Funktionsbereichen) ein Modell zur Untersuchung organisierter Straftätergruppen und ihrer Außenbeziehungen. Der zugrundeliegende wirtschaftswissenschaftliche Theorieansatz wird dabei überprüft durch die Auswertung einer empirischen Untersuchung in den Deliktsbereichen der internationalen Kfz-Verschiebung, der Ausbeutung der Prostitution, des Menschenhandels und des illegalen Glücksspiels. Die wirtschaftswissenschaftliche Systemanalyse organisierter Tätergruppen und ihrer Umweltbeziehungen stellt dabei nicht nur eine neue Methode zur Erfassung organisierter Straftätergruppen dar, sondern soll diese auch von der sonstigen Gruppenkriminalität unterscheiden. Sie will insbesondere auch zeigen, wie „illegale Unternehmen" handeln und welches die Grundprinzipien des illegalen Marktes sind.

Der abschließende letzte Teil der Arbeit faßt ihre Ergebnisse zusammen und gibt einen Ausblick auf ihre Konsequenzen für die zukünftige Bekämp-

---

[3] Vgl. z.B. *Rebscher/Vahlenkamp*, S. 181; *Dörmann* u.a., S. 24; *Weschke/Heine-Heiß*, S. 29.

fung der Organisierten Kriminalität, vor allem für die Begründung der Gefährlichkeit von organisierten Straftätergruppen, für die Ausgestaltung spezieller strafprozessualer Zuständigkeitsnormen sowie für die Konzeption geeigneter materiellrechtlicher Straftatbestände.

# Teil 1
# Strukturfragen der Organisierten Kriminalität in der bisherigen Diskussion

Der erste Teil der Arbeit analysiert diejenigen Forschungsfelder, in denen die Struktur organisierter Straftätergruppen eine Rolle spielt. Er liefert damit nicht nur die notwendigen Vorgaben für die eigene Systemanalyse der Organisierten Kriminalität im zweiten Teil der Arbeit, sondern macht auch deutlich, in welchen Bereichen Erkenntnisse über die Struktur der Organisierten Kriminalität von Nutzen sein können.

Die vorliegende Untersuchung kann dabei nicht von einer einheitlichen Form organisierter Straftätergruppen ausgehen. Die Struktur der Organisierten Kriminalität ist vielmehr in hohem Maße durch regionale Besonderheiten und geschichtliche Entwicklungen gekennzeichnet. Aus diesem Grunde gibt der folgende erste Abschnitt zunächst eine Übersicht über die geschichtliche Enticklung und die regionalen Besonderheiten der Organisierten Kriminalität. Nach dieser Einführung folgt im zweiten Abschnitt ein Überblick über die sozialpsychologischen und kriminologischen Untersuchungen zur Gruppenkriminalität und zur Organisierten Kriminalität. Der dritte Abschnitt behandelt dann die bisher vorgeschlagenen Begriffsbestimmungen, durch die mit Hilfe spezieller Strukturmerkmale der Organisierten Kriminalität bestimmte Delikte organisierter Straftätergruppen registriert oder besonderen Strafverfolgungsbehörden zugewiesen werden. Der abschließende vierte Abschnitt analysiert die unterschiedlichen Ansätze und Strukturmerkmale, mit denen das materielle Strafrecht eine besondere Strafbarkeit bestimmter Formen organisierter Straftatbegehung zu umschreiben versucht. Allen diesen Fragestellungen ist gemeinsam, daß sie nach bestimmten Strukturmerkmalen suchen, die eine besondere Gefährlichkeit, eine spezielle Verfolgung oder eine besondere Strafbarkeit organisierter Straftatbegehung begründen können.

## I. Geschichtliche Entwicklung und regionale Besonderheiten organisierter Straftätergruppen

Die Organisierte Kriminalität hat eine lange,[4] von Land zu Land unterschiedliche Geschichte, die vor allem von der sozioökonomischen Umgebung am jeweiligen Entstehungsort abzuhängen scheint. In den einzelnen Ländern nahmen organisierte Tätergruppen dabei unterschiedliche Gestalten an: In Italien als Mafia, in den USA als Desperado, Cowboybanden und Cosa Nostra, in Deutschland als Räuberbanden, Ringvereine und Straftäterverflechtungen, in Japan als Yakuza, in China in Gestalt der Triaden, in Indien als Banden, in sozialistischen Ländern als „Schattenwirtschaft" sowie in Südamerika als „Kartelle". Die folgende Darstellung betrachtet beispielhaft die Entwicklung in Italien, den USA und Deutschland.

### A. Italien

#### *1. Historische Entwicklung*

Oft fehlerhaft als Synonym für Organisierte Kriminalität schlechthin gebraucht, ist die Mafia in Italien die beherrschende kriminelle Organisation. Als Entstehungsort der Mafia gilt Sizilien. Der genaue Entstehungszeitpunkt ist nicht eindeutig geklärt.[5] In der Literatur[6] wird überwiegend die Zeit um das Jahr 1282 genannt. Die sogenannte „Sizilianische Vesper" war ein Aufstand der ländlichen Bevölkerung von Sizilien gegen Karl von Anjou. Ursache des Aufstands war die außerordentliche Schwäche des formellen Herrschaftsapparates und die Feindschaft der Bevölkerung gegen alle staatlichen Organe. Diese ablehnende Haltung läßt sich mit dem ständigen Wechsel der Herrschaftsmacht erklären.[7] Sizilien stand meist unter dem Schutz fremder Herren. Es war zwar keine Kolonie, hatte aber auch kein eigenes sizilianisches Parlament. So kam es zunächst zur Ausbildung eines informellen

---

[4] Vgl. *Mergen*, S. 241: „Es hat sie immer gegeben".

[5] *Hess*, S. 1 ff.

[6] Kriminologie Lexikon, 1991, Stichwort „Mafia"; *Schneider*, S. 474.

[7] *Hess*, S. 16 ff.

Systems von Selbsthilfegruppen in der Agrargesellschaft.[8] Kleinste Einheit stellten dabei naturgemäß die Familien dar.

Ein weiterer Eckpunkt der Geschichte der Mafia ist ihr Kampf an der Seite von Garibaldi gegen die verhaßte Herrschaft der Bourbonen, die 1860 gestürzt wurden.[9] 1865 findet sich der Begriff Mafia erstmals in der Amtssprache.[10] Nach der Proklamation des italienischen Nationalstaates schlossen sich die Großgrundbesitzer und ihre Helfer zu einer großen Geheimgesellschaft, der „onorta società" (ehrenwerte Gesellschaft), zusammen. Die Lehensgüter und die sonstigen Interessen der Großgrundbesitzer wurden fortan von der Mafia verteidigt. Inzwischen war in Neapel um das Jahr 1820 die Camorra aus einem politischen Geheimbund entstanden.[11]

Wegen der ländlichen Sozialstruktur Siziliens entfaltete die Mafia ihre größte Macht auf dem Gebiet der Steuerpacht und bei Landtransaktionen.[12] Ihre Haltung dem Staat gegenüber kann schon am selbstgeschaffenen „Geetz" – der Omertà – abgelesen werden. Die Verachtung staatlicher Gesetze ging einher mit einer unbedingten Treuepflicht, Selbstjustiz und dem absolut geltenden Gesetz des Schweigens.[13] Kriminelle Aktivitäten durften nur auf Befehl der Spitze des Syndikats begangen werden. Die Führungspersonen verlangten Respekt und absoluten Gehorsam.[14]

Eine neue Dimension war im Jahre 1907 erreicht, als die Verfilzung von Politik und Mafia durch einen Bericht über die Situation des Bauernstandes in Süditalien und Sizilien aufgedeckt wurde.[15] Zum ersten großen Mafiaboß stieg der Bauernsohn Vito Cascioferro auf. Unter ihm legte sich die Mafia eine Flotte zu, mit der sie gestohlenes Vieh in die Schlachthäuser Tunesiens lieferte und verfolgten Mafiosi zur Auswanderung nach Amerika verhalf.

---

[8] Vgl. auch *Schneider*, JURA 1984, S. 171.

[9] Von „fester Organisation" spricht *Mannheim*, S. 795.

[10] *Hess*, der jedoch nur Mafiosi, nicht die Mafia als gegeben sieht, aber keinen Beweis erbringt, S. 3.

[11] Sie entwickelte sich ebenso wie die 'ndrangheta in Calabrien zu einer der Mafia in Sizilien entsprechenden Organisation.

[12] *Hess*, auch zur Struktur „mafioser Gruppierungen" S. 82 ff.

[13] *Mergen*, S. 243; *Schneider*, S. 116.

[14] Bereits an den Anreden diesen Personen gegenüber ist dies ablesbar: „don", „il capo" oder „rappresentante".

[15] *Bolzoni*, NZZ Folio Nr. 9, 1991, S. 15.

Im Ersten Weltkrieg kontrollierte die Mafia den Schwarzhandel. Im Zentrum ihrer Aktivitäten standen Viehraub und die Lieferung von Ersatzteilen für die Armee. Im Jahre 1925 eröffnete der Faschistenführer Benito Mussolini den Kampf gegen die Mafia. Mit brutaler Gewalt gelang es den Faschisten, die „Ehrenwerte Gesellschaft" zurückzudrängen.

Das Blatt wendete sich wieder, als die Alliierten 1943 mit bekannten italo-amerikanischen Mafiosi zusammenarbeiteten, um ihre Invasion in Sizilien zu planen.[16] Im Gegenzug setzten die Alliierten Angehörige der Mafia als Bürgermeister ein.

Ein weiteres markantes Ereignis in der Geschichte der sizilianischen Mafia ist der im Jahre 1957 zusammen mit der amerikanischen Mafia in Palermo beschlossene koordinierte Einstieg in das Drogengeschäft. Etwa ab 1977 etablierte sich die Mafia mit ihrem internationalen Verteilernetz als wichtigster Heroinlieferant. 1980 begann der erste große „Mafiakrieg", der rund 1500 Opfer forderte.[17]

1982 tötete die Mafia erstmals eine hohe Führungsperson der Polizei, als der zur Verfolgung der Mafia in Palermo eingesetzte Carabinierigeneral *Dalla Chiesa* drei Monate nach seinem Amtsantritt ermordet wurde. Der erste große Mafiaprozeß mit fast 500 Angeklagten begann im Jahr 1986 unter strengen Sicherheitsvorkehrungen in Palermo. Er war vor allem durch die Aussagen der gefangengenommenen Mafiamitglieder *Buscetta* und *Contorno* möglich geworden. Beide stellten sich als „pentito" (geständiger Angeklagter, der als Gegenleistung Strafermäßigung erhält) der Justiz unter dem (inzwischen von der Mafia ermordeten) Ermittlungsrichter *Falcone* zur Verfügung. 19 Angeklagte wurden zu lebenslangen Haftstrafen verurteilt. Die meisten Verurteilungen wurden allerdings inzwischen im Berufungsverfahren vom Obersten Gerichtshof Italiens aufgehoben.[18]

Als Reaktion auf die erfolgreich eingeführte Kronzeugenregelung stellten Experten[19] eine zunehmende „Einigelung" fest. Zuerst verschärfte sich das Ausleseverfahren für neue Mitglieder. Daneben wurden „einfache Verbrecher", also nicht der Organisation angehörende Personen, mit der Begehung

---

[16] U.a. Lucky Luciano.

[17] *Bolzoni*, NZZ Folio, Nr. 9/1991, S. 15.

[18] Auch zur Geschichte *Bolzoni*, NZZ Folio Nr. 9/1991, S. 10-15.

[19] *Falcone*, der kriminalist 1991, vgl. Fn. 20, S. 11.

bestimmter Delikte beauftragt. Kontakte bestanden und bestehen zur Finanzwelt (vor allem in Mailand), um Gelder zu „waschen“ und zu investieren.

Jedenfalls bis vor kurzem hatte die Einschüchterungs- und Korruptionsstrategie Erfolg und lähmte den gesamten Staatsapparat. In den Augen der Mafiosi verhält sich das Prestige eines Bosses proportional zu seiner Fähigkeit, möglichst vielen namhaften Politikern und Staatsbeamten aus möglichst vielen Parteien mit scheinbar legalen Machenschaften die Hände zu binden. Die Einflußnahme auf die Politik wird dabei als sehr wichtig angesehen und war schon früh Teil des Aktionsprogramms.[20] Kandidaten bei Kommunal- und Parlamentswahlen wurden vielfältig „unterstützt“. Dies geschah durch direkte Geldzuwendungen, aber auch durch Unterdrückung der Gegner mittels Bedrohung oder Ermordung. Hinzu kam die gewaltsame Gewinnung von Wählerstimmen.

Im Jahre 1989 erklärte der für den Kampf gegen das organisierte Verbrechen eingesetzte Hochkommissar *Sica*, daß mehr als ein Drittel des italienischen Territoriums effektiv nicht mehr vom Staat, sondern von der Mafia kontrolliert werde. Mit ihren gewachsenen Strukturen war die Mafia in der Lage, einheitliche Strategien auch über Sizilien hinaus durchzusetzen.[21] Ihre Haupteinnahmequelle war der Rauschgifthandel, der teilweise mit Waffenhandel verbunden war. Des weiteren wurden lukrative Monopole ausgenutzt. Die 1962 vom Parlament eingesetzte Antimafia-Kommission schätzte 1990 die Einnahmen aus dem Drogengeschäft auf wenigstens 45.000 Milliarden Lire (ca. 50 Millionen DM). Die Zeitschrift „Uomini & Business“ rechnete sie sogar auf mehr als 70.000 Milliarden Lire (ca. 78 Millionen DM) hoch.[22]

Als zweitwichtigste Einkommensquelle nennt die Antimafia-Kommission den Zugriff auf die öffentlichen Finanzen, die Annahme von öffentlichen Aufträgen durch mafiose Unternehmer und deren Weitergabe der Aufträge an Dritte. Um sich als Auftragsempfänger zu qualifizieren, müssen sich die mafiosen Organisationen in der legalen Wirtschaft etablieren und tragfähige Kontakte zu den politischen und administrativen Institutionen schaffen.

Im lokalen Bausektor und im Früchte- und Gemüsehandel nahm die unternehmerische Tätigkeit der Mafia ihren Anfang. Die alten geographischen Fesseln wurden durch zunehmende Flexibilität und große finanzielle Ressourcen

---

20 *Pantaleone*, NZZ Folio Nr. 9/1991, S. 20-25 (20).

21 So *Falcone*, der kriminalist 1991, S. 11 f.

22 *Kreyenbühl*, NZZ Folio Nr. 9/1991, S. 13.

gesprengt. So lassen sich heute Mafiaverbindungen im nationalen Immobilien-, Kraftfahrzeug- und Elektroniksektor, im Warenhandel, im Tourismus, in der Freizeitindustrie, in den für den Drogenhandel wichtigen Nachtclubs, in der Prostitution und in anderen illegalen Geschäften nachweisen.[23]

Der Zugriff auf neue Wirtschaftssektoren erfolgt meist in der Absicht, ein Oligopol oder gar Monopol zu erlangen. Die Konkurrenz wird dabei mit illegalen Methoden bekämpft. So werden Liefer- und Absatzboykotte erpresserisch erwirkt[24] und (wegen des Einsatzes von Schwarzgeld) Kostenvorteile und günstige Finanzbedingungen angeboten. Die unterwanderten Behörden tragen das ihre dazu bei, indem sie die Mafia bevorzugt behandeln.

Die Erpressung von Schutzgeldern ist eine weitere lukrative Einnahmequelle. Die italienische Kleinhändlervereinigung Confescerenti rechnet mit 30.000 Milliarden Lire jährlich (ca. 34 Millionen DM). Neuerdings ist eine Tendenz zu Direktbeteiligungen zu beobachten, die durch immer höhere Beiträge erzwungen werden.[25] Nach einer Untersuchung des Instituts Censis von 1985 kann der Jahresumsatz der gesamten „industria del crimine" auf etwa 120.000 Milliarden Lire (ca. 135 Millionen DM) geschätzt werden. Schätzungen von „Uomini & Business" belaufen sich auf 200.000 Milliarden Lire (ca. 223 Millionen DM).[26]

Bei diesen Schätzungen wird davon ausgegangen, daß ein wachsender Teil auf die Mafia entfällt, daß aber auch andere Gruppen der organisierten Kriminalität existieren und am Gesamtumsatz teilhaben. Über 20.000 Milliarden Lire (rund 27 Millionen DM) sind davon (laut einer 1991 durchgeführten Untersuchung von Censis)[27] Einnahmen der Verbrecherorganisationen. Rund 80% davon stammen aus illegalen Transaktionen, die restlichen 20% sind Gewinne aus „normalen" Wirtschaftsbetrieben, die Geld „waschen".

### 2. *Leitprinzipien der Bekämpfung*

Die Bekämpfung der Mafia durch den italienischen Staat erhielt 1965 durch den Erlaß des „Antimafiagesetzes" eine neue gesetzliche Grundlage. Als eigenständiger Deliktstyp wurde der Tatbestand „Mafiaverbrechen" in das

---

23 *Kreyenbühl*, S. 41-46.

24 *Kreyenbühl*, S. 42.

25 *Kreyenbühl*, S. 43.

26 *Kreyenbühl*, S. 13.

27 Vgl. Schwäbische Zeitung v. 9.1.1992, „Aus aller Welt".

Strafgesetzbuch von 1930 eingefügt: Ein der Mitgliedschaft in der Mafia Verdächtiger konnte vorläufig festgenommen werden, selbst wenn er nicht einmal ein Verbrechen versucht hatte.[28] Diese rechtsstaatlich fragwürdige Regelung ist allerdings seit dem 1.1.1982 außer Kraft.

Zwischen 1974 und 1982 kam es zu der vom italienischen Verfassungsgerichtshof sogenannten „Notstandsgesetzgebung". Schon die Bezeichnung verrät, daß man befürchtete, die öffentliche Ordnung und Sicherheit und somit die Grundlagen der zivilisierten Gesellschaft selbst seien in Italien in großer Gefahr.[29] Oftmals wurden die Gesetze kurz nach aufsehenerregenden Morden der Mafia erlassen. Die „Notstandsgesetzgebung" kann in allgemeine Maßnahmen zur Bekämpfung der Organisierten Kriminalität und in spezielle Maßnahmen zur Verfolgung bestimmter Verbrechen eingeteilt werden.[30] Unter anderem wurde im Jahre 1982 mit Art. 416 Codice Penale („Mafia-artige Verbindung")[31] ein neuer Straftatbestand geschaffen.

Die Gesetze lassen sich wie folgt einteilen:[32]

a) Allgemeine Bekämpfung der organisierten Kriminalität

- Stärkung der Polizei (Mittel, Befugnisse)
- Vermehrung vorbeugender Maßnahmen „ante delictum" (besondere Überwachung, Aufenthaltspflichten, Vermögensbeobachtung)
- Reformen der Strafprozeßordnung (Verlängerung der U-Haft)
- Vergünstigungen für reuige Täter (abgestuft nach der Intensität der Aussagebereitschaft)
- Vermögensrechtliche Maßnahmen (Kontrolle der Kapitalbewegungen, Untersuchungen über Steuern, Bankkonten und Vermögen von potentiellen Mafiaangehörigen, Beschlagnahme und Einziehung)

b) Verfolgung bestimmter Verbrechen

- Erhöhung des Strafmaßes typischer Delikte des organisierten Verbrechens (mit dem Ziel der Abschreckung)

---

28 Zitiert nach *Sgubbi*, ZStrR 1985, S. 241-261, (243).

29 *Sgubbi*, S. 241.

30 Ausführliche Darstellung bei *Sgubbi*, S. 242 ff.

31 „Eine Vereinigung wird als Mafia-Vereinigung bezeichnet, wenn ihre Mitglieder die Mitgliedschaft als Einschüchterungsmittel und das daraus folgende Solidaritätsgefühl dazu benutzen, direkt oder indirekt die Leitung oder zumindest die Kontrolle über Geschäftsbetriebe, Konzessionen, öffentliche Ausschreibungen oder Verwaltungen oder zur Erreichung von unrechtem Gewinn für sich oder andere an sich zu bringen".

32 Siehe *Sgubbi*, S. 242 ff.

- Schaffung neuer Straftatbestände (z.B. Kriminelle Vereinigung auf dem Rauschgiftsektor, seit 1982 Art. 416 CP – „Mafiaartige Verbindung")

Von diesen Regelungen ist die Kronzeugenregelung bislang am erfolgreichsten.[33] Ihr Ziel ist es, das Netz von Konnivenzen („hilfsbereiten Freunden", die insb. Nachsicht gegenüber strafbaren Handlungen üben) zu zerreißen, in das viele politische Führungskräfte und Staatsbeamte verstrickt sind. Weiter sollen die Organisationen von innen aufgelöst und so die Abschottungsmechanismen der Täter umgangen werden.

Daneben setzen die Strafverfolgungsbehörden verstärkt bei der Geldwäsche an.[34] Versucht wird, das Einschleusen der Deliktserlöse in das Finanzsystem sichtbar zu machen und zu unterbinden. Dazu wurde vom italienischen Parlament eine Reglementierung für Bargeldoperationen von mehr als 20 Millionen Lire (ca. 26.000 DM) erlassen. Schärfere Aufsichtsbestimmungen wurden für die zuvor fast unkontrollierte Tätigkeit von Finanzgesellschaften, Wertpapierhäusern und ähnlichen Instituten geschaffen,[35] insbesondere in den Bereichen Leasing, Factoring und Anlagefonds.

## B. USA

### *I. Historische Entwicklung*

Kriminelle Organisationen operierten in Nordamerika beinahe schon seit der Entdeckung des Kontinents. Genannt seien nur die zu ihrer Zeit hoch respektierten Piraten.[36] Bereits diese Piratengruppen wiesen einige Charakteristika auf, die heute das „organized crime" ausmachen: Eine große Anzahl von Personen, Kommandoketten, Hilfe von Regierungsleuten und hochqualifizierte Ausrüstung, die sie nutzten, um ihre Objekte aufzubringen.[37] Daneben ist die Clan-Organisation der Gebirgsfamilien zu nennen, für die es lebensnotwendig war, sich zusammenzuschließen. Außerdem können die Desperados des „Wilden Westens" als eine weitere Urform des organized crime gelten.[38] Die Blütezeit der Desperados (auch „outlaws" genannt) lag zwischen

---

33 *Sgubbi*, S. 256.

34 „Riciclilaggio" genannt, was Rückführung bedeutet.

35 *Kreyenbühl*, S. 44.

36 *Hermann*, Rutgers Law Journal 84/85, S. 589.

37 *Hermann*, S. 592.

38 *V. Hentig*, S. 150 ff.

1850 und 1890. Sie schlossen sich zu Banden zusammen, insbesondere auch Familien- bzw. Brüderbanden,[39] und beraubten vor allem Kutschen, Züge, Banken und Tavernen.

*Von Hentig*[40] stellte die Behauptung auf, daß Einwanderer, die durch Sprache, Sitte, oft auch Religion und Armut von den Einheimischen isoliert waren, sich notwendigerweise zu „gangs“ zusammenschlossen. Als Beispiele nennt er Iren, russische Juden und Italiener. Ein zwingender Beweis gelingt ihm aber nicht. Nach einer Untersuchung[41] des vorhandenen Zahlenmaterials über die (Neu-)Einwanderer läßt sich nur der Nachweis führen, daß die Kriminalität der unter 30-jährigen Einwanderer größer war als die der einheimischen Vergleichsgruppe. Darüber hinaus kann nicht allgemein gesagt werden, die späteren Einwanderer hätten größeren Anteil an der Kriminalitätsentwicklung in den USA als die (früher eingewanderten) Einheimischen.[42] Einige Untersuchungen zum Verhalten der Einwanderer in die USA ergaben, daß die Kriminalität in der ersten Einwanderergeneration nach Art und Umfang der Heimatkriminalität gleicht.[43] Folglich nimmt man an,[44] daß italienische Einwanderer Ende des 19. Jahrhunderts die „Mafia-Idee“ in die USA mitbrachten.

In den zwanziger Jahren nahmen die Verbrecherorganisationen den entscheidenden Aufschwung. Als wichtigster Grund ist die Einführung der Prohibition (Alkoholverbot) im Jahre 1919 zu nennen, die alle legale Konkurrenz ausschaltete und risikobereiten Verbrecherorganisationen große Gewinne bescherte. Daneben ermöglichte die technische Entwicklung des 20. Jh. (vor allem im Bereich des Transports und der Kommunikation) den Verbrechergemeinschaften, sich zu vergrößern, neue Gebiete zu beherrschen und wesentlich mehr Macht anzusammeln.[45] Im Gegensatz zu den ländlichen Strukturen in Sizilien und den dortigen Einnahmequellen läßt sich eine „Unterwelt“ vor allem in den Großstädten feststellen, die ein idealer Nährboden für die Aktivitäten der Banden waren. Zunächst auf Chicago konzentriert breiteten sich die Verbrechensorganisationen jedoch bald auf andere Großstädte (St. Louis,

---

[39] *V. Hentig*, S. 151; die „natürliche Ur-Gang“, Gebrüder James, Taylor u.a.

[40] *V. Hentig*, Der Gangster 1959, S. 5.

[41] *Vechten*, Journal of Criminal law and Criminologie, 1941, S. 139-147.

[42] *Hoover*, S. 94.

[43] *Brauneck*, S. 56.

[44] *Kerner* u.a., Kriminologie Lexikon 1991, Stichwort „Mafia“; *Schwind*, S. 19; *Brauneck*, S 68.

[45] The Kefauver Committe Report on organized crime, 1951, S. 125 ff.

Kansas City, New Orleans) aus und kontrollierten vor allem den illegalen Handel mit Alkohol.[46]

Im Jahre 1924 setzten die äußerst blutigen „Bierkriege" ein. Die enormen Gewinne – der Alkoholkonsum in den USA nahm in dieser Zeit sogar zu – ließen die einzelnen Gruppen erstarken. Da alle Gruppen versuchten, eine Monopolstellung zu erlangen, ohne daß dieser Wettbewerb kontrolliert werden konnte, kam es zu tätlichen Auseinandersetzungen;[47] die Tätergruppen gingen verstärkt dazu über, die Konkurrenten mit Gewalt aus dem „Geschäft" zu drängen. Wer „wirtschaftlich" überleben wollte, mußte sich in starken Kartellen organisieren.

Der Alkohol kam dabei auf unterschiedlichen Wegen in die Hände der einzelnen „gangs". Ein Weg war die unrechtmäßige Entnahme des Alkohols aus den Lagerhäusern zu überhöhten Preisen, was im Zusammenwirken mit bestochenen Beamten des Justizministeriums ermöglicht wurde. Daneben schmuggelte man ihn aus dem Ausland ein; Warenhäuser, Lastwagen, Speicher, um den Alkohol zu verbergen und auszuliefern, wurden nötig.[48] Schließlich stahl oder raubte man Zutaten, die zur Herstellung von Bier und Whisky nötig waren. In diesem Fall wurden die alkoholischen Endprodukte in eigenen Fabrikationsstätten hergestellt, in entwendete Originalflaschen abgefüllt und mit selbstgemachten Etiketten und Steuermarken versehen.[49] Daneben waren auch geheime Lokale nötig, um den Alkohol an die Kunden zu bringen. Das Angebot erstreckte sich dort meist auch auf verbotenes Glückspiel und teileise auf Prostitution. Die Lokale wurden zum Treffpunkt breiter gesellchaftlicher Schichten, es entstand ein Klima der Toleranz und des Respekts gegenüber den organisierten Straftätern.

Bereits dieser kurze Einblick in die Abwicklung des Alkoholgeschäftes zeigt, daß eine geschäftsähnliche Organisation des Alkoholhandels unumgänlich war, so daß Einzelpersonen als Konkurrenten ausschieden. Durch ein Trefen auf höchster Ebene fand die blutige Ära der „Bierkriege" im Jahre 1931 ihr Ende. Mit einem Friedens- und Kooperationsvertrag schlossen sich die ehedem verfeindeten Gruppen zu einem mächtigen Verbrechenskartell zusammen, das auch den wirtschaftlichen Zusammenbruch der USA in diesen

---

[46] Kefauver Committe, S. 159; Bekannteste Mafiaorganisation war die Al Capone „Familie" in Chicago.

[47] *Vold*, S. 234 f.

[48] *V. Hentig*, Der Gangster, S. 112.

[49] *V. Hentig*, Der Gangster, S. 113.

Jahren überstehen konnte. Seither nennt sich die Organisation „Cosa Nostra".[50]

Die Parallele zur legalen Wirtschaft drängt sich auf: Auch dort führt extremer Konkurrenzkampf unter Wettbewerbern oft zu Geschäftsübernahmen und größeren Kartellen. So schlossen sich zum Beispiel etwa in der gleichen Zeit Buick, Oldsmobile und Chevrolet in den USA zum General-Motors Konzern zusammen.[51]

Frei für neue Aktivitäten wurde die Cosa Nostra im Jahre 1933 mit dem Ende der Prohibition. Fortan drang sie in das Drogengeschäft ein, sowie in den Waffenschmuggel, das illegale Glückspiel, die Schutzgelderpressungen, die Prostitution etc. Ermöglicht und erleichtert wurden diese neuen „Geschäftsweige" durch die vorhandenen Strukturen der Organisation und die finanziellen Ressourcen.[52]

In den Jahren 1950/51 führte eine von Präsident Truman eingesetzte Kommission unter der Leitung von *Kefauver* die bis dato intensivste Untersuchung des „organized crime" in den USA durch. Unter anderem stellte sie fest,[53] daß sich in den meisten Großstädten kriminelle Organisationen etabliert hätten. Die gefährlichsten Organisationen handelten mit Rauschgift, veranstalteten illegale Wetten und Spiele und seien im Bereich der Prostitution tätig. Die Mafia (Cosa Nostra) bände die einzelnen Organisationen zu einer Einheit zusammen. Man könne allerdings nicht feststellen, ob darüber hinaus unabhängige kriminelle Organisationen bestünden. Die einzelnen Mafiagruppen versuchten, eine Monopolstellung am jeweiligen Ort zu erlangen. Die Macht der Mafia basiere auf der rücksichtslosen Durchsetzung ihrer eigenen Gesetze, wofür sie sich landesweit einer Vielzahl von Straftätern bediene.

Als wichtigste Einzelfaktoren für das Versagen der Strafverfolgungsbehörden gegenüber dem organized crime stellte die Kommission die Korruption der Beamten und die Konnivenz von vielen Vertretern der Öffentlichkeit fest. Als Charakteristika für eine „organized crime"-Gruppe wurden insbesondere eine hierarchische Struktur, die Ausnutzung von Gewalt und Drohung mit ihr,

---

[50] *Hawkins*, Crime and Justice, S. 374-387, nach Aussage des Überläufers Valachi 1966.

[51] *Vold*, S. 234.

[52] *Caldwell*, S. 81 ff.

[53] Vgl. Zusammenfassung von *Caldwell*, S. 85 ff.

die extensive Planung, die politische Korruption und eine abgeschottete Führung angegeben.

Eine von der amerikanischen Fernsehgesellschaft NBC durchgeführte Untersuchung ergab bereits im Jahre 1967 einen Jahresumsatz für die Cosa Nostra von umgerechnet 200 Milliarden DM. Etwa 36 Milliarden DM seien allein durch das illegale Glücksspiel „erwirtschaftet" worden. Davon habe die Cosa Nostra ca. 18 Milliarden DM für die Bestechung von Polizeibeamten verwandt.

### 2. *Leitprinzipien der Bekämpfung*

Das *Kefauver Kommittee* schloß seine Untersuchung mit insgesamt 23 Vorschlägen für Gesetzesänderungen ab, die einer effektiveren Bekämpfung der Organisierten Kriminalität dienen sollten. Allerdings wurde nur ein einziger dieser Vorschläge in ein Gesetz umgesetzt: Mit dem „Boggs Act" wurde eine Mindeststrafe allein für die Mittäterschaft in Rauschgiftfällen eingeführt.

Im Jahre 1961, wiederum nach Anhöhrung eines Untersuchungsausschusses (The House Judicary Committee), wurde der „Travel Act" erlassen. Danach unterschied man Schmuggeleien innerhalb der USA und im Ausland.

Eine von Präsident Johnson eingesetzte Kommission („Commission on Law Enforcement and Administration of Justice", kurz die „Katzenbach Kommission") wurde 1965 damit beauftragt, die Natur der Organisierten Kriminalität zu untersuchen und Bekämpfungsstrategien zu entwickeln. In ihrem 1967 veröffentlichten Bericht finden sich eine Definition[54] und eine Aufzählung der hauptsächlichen Aktivitäten: Illegale Dienste aller Art (insb. Glückspiel, Wetten, Wucherkredite und Drogen), dazu die Infiltration der legalen Geschäftswelt und der Gewerkschaften.

Daraufhin wurden im Jahre 1967 auf eine Initiative des Justizministeriums in 20 verschiedenen Städten Sondereinheiten der Polizei gebildet.[55] Diese hatten ausschließlich die Ermittlung von „organized crime"-Straftaten zur Aufgabe. Sie entwickelten sich zu einer schlagkräftigen Waffe im Kampf gegen

---

[54] „Organized Crime is a society that seeks to operate outside the control of the American people and their governments. It involves thousands of criminals, working within structures as complex as those of any large corporation, subjekt to laws more rigidly enforced than those of legitimate governments. Its actions are not impulsive but rather the result of intricate conspiracies, carried on over many years and aimed at gaining control over whole fields of activity in order to amass huge profits.", Vgl. Task Force Report, 1967, S. 1 f. (deutsche Übersetzung unter Fn. 223).

[55] *Hermann*, Ruthgers Law J. 84/85, S. 602.

die Organisierte Kriminalität. Ein Jahr später wurde die bundesstaatliche Zuständigkeit für Straftaten begründet, die überwiegend vom „organized crime“ begangen wurden. Weiterhin wurde, unter einem Gerichtsvorbehalt, der Einsatz von elektronischen Geräten bei der Ermittlung gegen das „organized crime“ erlaubt.[56] Die elektronischen Abhörmaßnahmen wurden gesetzlich ausdrücklich für zulässig erklärt, einmal weil die Rechtsprechung in diesem Punkt nicht einheitlich war,[57] und zum anderen weil allein die Zeugenaussagen von Mitgliedern unterer Ebenen meist zu keinen oder zu nicht verwertbaren Beweisen gegen die Führungsschicht führten.

Im Jahre 1970 wurde der „Organized Crime and Control Act“ erlassen und neben strafprozessualen Änderungen ein neuer Straftatbestand, „RICO“,[58] geschaffen. Ziel dieses umfassenden Gesetzes war es, einerseits weitere Gesetzesgrundlagen für die Verfolgung der Organisierten Kiminalität bereitzustellen, andererseits das Eindringen des „organized crime“ in die legale Geschäftswelt zu unterbinden.[59] Nach „RICO“ ist es verboten, Gelder, die durch sogenannte „Schiebung“ erwirtschaftet wurden, in solchen Unternehmen zu investieren, die am zwischenstaatlichen Handel beteiligt sind oder diesen beeinflussen können. Bei der Begehung von 28 speziell genannten Delikten wird das Geld durch „Schiebung“ erlangt. Daneben führte man ein Zeugenschutzprogramm[60] ein: Ein gefährdeter Zeuge und seine Familie konnten danach bei der Errichtung einer neuen Identität persönlich und finanziell unterstützt werden. Die Verurteilungsrate in Prozessen im Bereich Organisierter Kriminalität konnte aufgrund der Aussagen geschützter Zeugen auf 78% gesteigert werden.[61]

Im Jahre 1983 wurde von Präsident Reagan eine weitere Kommission eingesetzt, die eine Analyse des „organized crime“ anfertigen und Vorschläge zur Bekämpfung unterbreiten sollte. Diese Kommission regte jedoch keine grundlegend neuen Gesetze an.

---

[56] Mit dem im Jahre 1968 erlassenen „Omnibus Crime Control and Save Streets Act“.

[57] Für zulässig war eine elektronische Abhörmaßnahme und ihre Verwendbarkeit im Prozeß im Fall Olmstead vs. United States, 277 US 438 (1928) gehalten worden, als unzulässig dagegen im Fall Silvermann vs. United States, 365 US 505 (1961).

[58] RICO ist die Abkürzung für „Racketeer Influenced and Corrupt Organizations Act“. Auf RICO wird unter IV.C näher eingegangen.

[59] *Hermann*, S. 605.

[60] „The Witness Security Program“.

[61] So *Edelherz-Giuliani*, S. 115.

## C. Deutschland

### *I. Historische Entwicklung*

In Deutschland können als Vorläufer der Organisierten Kriminalität die im Mittelalter entstandenen Räuberbanden[62] und die Ende des 19. Jahrhunderts erstmals gegründeten sogenannten „Ringvereine" gelten. Viele Stadtchroniken weisen Berichte über wohlorganisierte Räuberbanden auf.[63] Nach den Feststellungen von *Radbruch/Gwinner* spannte sich zwischen 1790 und 1810 „das Räuberwesen wie ein einheitliches engmaschiges Netz über große Teile Deutschlands aus und arbeitet mit allen Mitteln des Terrorismus".[64] „Es gab keine förmliche Mitgliedschaft, sondern nur ein Umeinanderwissen, die Kenntnis, auf bestimmte Personen für kriminelle Unternehmungen zurückgreifen zu können, und zwar in verschiedenen Rollen: Als Kundschafter vor der Tat, als Teilnehmer an dem Raube selbst, nach der Tat als Hehler und Beherberger."[65] Die Räuberbanden dieser Zeit waren also nicht in festen starren Organisationen eingebunden, sondern formierten sich vor konkreten Straftaten. Allerdings läßt das von Radbruch/Gwinner beschriebene „einheitliche engmaschige Netz" erkennen, daß gewisse Organisationsstrukturen vorhanden waren.

Im ausgehenden 19. Jahrhundert entstanden in Deutschland Zuhälter- und Vorbestraftenvereine, die auch als Vorläufer (nicht Vorstufe) des heutigen Phänomens der Organisierten Kirminalität gelten können.[66] So gründeten bereits im Jahr 1898 in Berlin verschiedene Zuhälter den „Geselligkeitsverein Königstadt". Ziel dieser Zuhälterzusammenschlüsse war neben der Geselligkeit die genossenschaftliche Ausbeutung der Prostitution.[67] Es wurden Gebiete aufgeteilt, Verkehrslokale und Unterkünfte zugelassen, Preise und Abgaben ausgehandelt sowie die Bindung der Prostituierten an einzelne Zuhälter erzwungen. Im Jahre 1930 gab es in Berlin ca. 40 solcher „Vereine", die in drei Ringen zusammengeschlossen waren.[68] Diese Ringvereine waren

---

[62] Vgl. unten IV.A.

[63] *Boettcher*, S. 466; *Exner*, S. 251: „Organisiertes Verbrechen und Gaunertum hat es schon vor Jahrhunderten gegeben".

[64] *Radbruch/Gwinner*, S. 348.

[65] *Radbruch/Gwinner* S. 353.

[66] Schon *Exner*, S. 252, der sie als „Verbrechergewerkschaften" bezeichnet; *Göppinger*, S. 564 f.

[67] *Hoberg*, S. 283.

[68] *Exner*, S. 252.

lediglich Dachorganisationen. Die Blütezeit der Zuhältervereine lag zwischen 1918 und 1933. Danach wurden sie von staatlicher Seite massiv bekämpft und aufgelöst. Nach dem Zweiten Weltkrieg konnten sie sich nicht mehr etablieren. Neben der staatlichen Verfolgung beruhte dies auch darauf, daß sich die dann entstehenden Gruppierungen am amerikanischen Syndikat orientierten, d.h., sich nach außen abschotteten.[69]

Nach dem Ersten Weltkrieg wurden verstärkt auch allgemeine Vorbestraftenvereine ins Leben gerufen. Ihnen gehörten Verbrecher aller Sparten an, die sich in Großstädten und industriellen Ballungsgebieten zusammenschlossen und überörtlichen Ringen angehörten. Die Vereinigungen als solche verfolgten nicht unmittelbar kriminelle Ziele; sie sind vielmehr aus der gesellschaftlichen Sonderstellung dieser Kreise zu erklären, die in bürgerlichen Geselligkeitsvereinen keine Aufnahme fanden. Trotzdem waren sie der ideale Nährboden für die Planung neuer Verbrechen: Man lernte Spezialisten kennen, tauschte Kenntnisse aus, knüpfte neue Freundschaften und nutzte das „Vereinsprestige“ zur Einschüchterung aus.[70] Diese Vereine verschwanden etwa zu derselben Zeit und aus denselben Gründen wie die Zuhältervereine. Dabei ist hervorzuheben, daß zur Bekämpfung der Ringvereine Sonderkommandos der Polizei gebildet wurden. Erstmals in der Geschichte der deutschen Polizei wurde ein Beamter getarnt in einen solchen Verein eingeschleust. Mit Hilfe der so gewonnenen Erkenntnisse konnte der Ring dann gesprengt werden.[71]

Die Diskussion darüber, ob es in der Bundesrepublik organisierte Kriminalität überhaupt gibt, leitete im Jahre 1968 der Polizeipraktiker *Mätzler*[72] ein. Er berichtete von den Erfahrungen der Ermittlungsbehörden bei der Zerschlagung einer Gruppe „bandenmäßig organisierter französischer Zuhälter“, die sich auf einzelne Städte der Bundesrepublik Deutschland konzentriert hatten. Darüber hinaus behauptete er, es gebe in Deutschland noch kein organisiertes Verbrechen wie in den USA.

Die Blickrichtung änderte sich im Jahre 1974 grundlegend.[73] Nunmehr stand die Frage im Mittelpunkt, ob „das organisierte Verbrechen amerikani-

---

[69] *Göppinger*, S. 565.

[70] Vgl. *Hoberg*, HWB, S. 283.

[71] *Boettcher*, S. 467.

[72] *Mätzler*, Kriminalistik 1968, S. 405 ff.

[73] Bis dato war in der überwiegenden Fachwelt das Vorhandensein „organisierter Kriminalität“ geleugnet worden, vgl. *Kollmar*, Kriminalistik 1974, S. 1 ff.

scher Prägung eine Gefahr für die innere Sicherheit der Bundesrepublik"[74] sei. In diesem Zusammenhang wurde die Forderung erhoben, daß die Erscheinungsformen der Organisierten Kriminalität in der Bundesrepublik unabhängig von den Ausprägungen in anderen Ländern beleuchtet werden müßten. Die erneut aufgeflammte Diskussion hatte folgenden Hintergrund: Von den Ermittlungsbehörden waren seit Anfang der 70er Jahre Straftaten aufgedeckt worden, die auf „neuartige Zusammenschlüsse von Straftätern mit kommerzieller Zielsetzung"[75] hinwiesen. Festgestellt werden konnten der Handel mit gestohlenen Fahrzeugen im großen Umfang, ein internationaler illegaler Kunstmarkt, Heroinhandel mit mehrstufiger Lenkung, Schutzgelderpressungen und Zuhälterorganisationen. Auch beobachtete man dieselben verdächtigen Personen bei unterschiedlichen Straftaten und stellte fest, daß sie sich nach außen abschotteten.[76]

In die gleiche Richtung geht die Feststellung der BKA-Arbeitstagung im Herbst 1974, daß „in zunehmendem Umfang Verbrecherzusammenschlüsse mit krimineller Zielsetzung tätig werden, die teilweise unternehmensähnlich geleitet werden".[77] Im Auftrag des Europarates führte *Kerner* von 1970 bis 1972 ein Forschunsprojekt durch.[78] Er kam zu dem Ergebnis, daß es in Deutschland keine Parallelgesellschaft vergleichbar der Mafia gebe. Bereits im Jahre 1982 wurden jedoch Anzeichen dafür gesehen, daß sich Organisationen aus anderen Staaten in Deutschland feste Stützpunkte schafften.[79]

Heute wird der jährliche volkswirtschaftliche Schaden, den die organisierte Kriminalität in Deutschland verursacht, auf mehr als zehn Milliarden DM geschätzt.[80] Allein aus dem Rauschgiftgeschäft in der Bundesrepublik erwirtschaftet die Organisierte Kriminalität, so nimmt man an, jährliche Gewinne von 4 Milliarden DM. Dabei übersteigen die sozialen und wirtschaftlichen Folgekosten des Drogenmißbrauchs (Vorbeugung, Behandlung, drogenspezifische Kriminalität, Produktionsausfälle, Bekämpfung) diese Gewinne etwa um ein Zehnfaches.[81] Neuesten BKA-Erkenntnissen[82] zufolge wird ca. jeder

---

74 *Gemmer*, Kriminalistik 1974, S. 529-533.

75 *Gemmer*, S. 530.

76 *Gemmer*, S. 530 ff.

77 Zur Arbeitstagung über „Organisiertes Verbrechen" vgl. Kriminalistik 1974, S. 533 ff.

78 *Kerner*, Professionelles und organisiertes Verbrechen, 1973.

79 *Werner*, Kriminalistik 1982, S. 131 ff.

80 Innenminister *Seiters*, Süddeutsche Zeitung vom 5.2.1992, S. 52.

81 *Steinke*, Kriminalistik 1991, S. 297.

zweite Autodiebstahl, etwa jeder dritte Wohnungseinbruch und ungefähr jeder fünfte Raub von Rauschgiftsüchtigen verübt.

In jüngster Zeit weisen verschiedene Strafverfahren weiter auf die Korruption als ernstzunehmende Bedrohung der Rechtsstaatlichkeit hin.[83] Daneben werden zunehmend ausländische Gruppierungen in der Bundesrepublik auf speziellen Tätigkeitsfeldern aktiv.[84] In den großstädtischen Ballungsgebieten (Rhein-Main-Raum, Hamburg, Berlin, München) kann teilweise von einer Monopolbildung jugoslawischer, türkischer oder polnischer Täter gesprochen werden. Gezielte Wohnungs- und Häusereinbrüche, Raubüberfälle auf Banken und Juweliergeschäfte, Schutzgelderpressung sowie unerlaubtes Glücksspiel bilden Schwerpunkte ihrer deliktischen Tätigkeit.

Experten schätzen, daß außerdem italienische Mafiosi die Bundesrepublik als „Ruhe- und Rückzugsraum" benutzen.[85] Nach gesicherten Erkenntnissen sind Polen und die GUS inzwischen Hauptabnahmeländer für eine Vielzahl teilweise hoch- und neuwertiger Pkw, die in der Bundesrepublik gestohlen wurden. Vermutet wird, daß polnische Verschieberbanden Pkw-Diebstähle und die gewinnträchtigen Verwertungspraktiken in großem Umfang steuern. Eine besondere Rolle unter den ausländischen Gruppierungen spielen die Türken, die häufiger als andere in der Rauschgiftkriminalität verwickelt sind. So wurde in Hamburg im Januar 1992[86] eine Rauschgiftorganisation „über alle Hierarchie-Ebenen hinweg" ausgeschaltet; 59 Kurden und sechs Deutsche wurden festgenommen.

Die Auswertung einschlägiger Ermittlungsverfahren des BKA und der Landeskriminalämter ergab für das Jahr 1992 fast 400 Ermittlungsverfahren gegen ca. 5.200 Tatverdächtige, wobei von einem Schadensvolumen von 3,5

[82] Innenminister *Seiters*, Süddeutsche Zeitung vom 5.2.1992, S. 52.

[83] Als Beispiel sei der folgende Fall geschildert: Am 18. Juli 1991 ist in Dortmund das Strafverfahren gegen einen Staatsanwalt mit der Verurteilung zu einer Freiheitsstrafe von zwei Jahren und neun Monaten abgeschlossen worden. Er war über einen Zeitraum von mehr als zwei Jahren von der „Glücksspiel-Mafia" bestochen worden. Der Staatsanwalt war sich auch bewußt, daß hinter dem Verbindungsmann eine größere kriminelle Vereinigung stand. Gegen Zahlung von ungefähr 50.000 DM stellte er Verfahren ein, informierte seinen Gewährsmann über laufende Ermittlungen und verhinderte weitere. Bericht in FAZ vom 19.7.1991, S. 9 f.

[84] *Maurer*, zitiert nach Welt am Sonntag vom 12.1.1992, S. 35.

[85] „Geschäftliche Aktivitäten" der Mafia, bspw. in München festgestellt, *Lenhard*, S. 224.

[86] FAZ vom 21.1.1992, S. 9.

Milliarden DM ausgegangen wurde.[87] Der gesamte durch Organisierte Kriminalität in der Bundesrepublik Deutschland verursachte Schaden wird teilweise auch wesentlich höher geschätzt: Bundesinnenminister *Seiters* bezifferte im Jahr 1992 den jährlich in Deutschland durch Organisierte Kriminalität verursachten volkswirtschaftlichen Schaden mit 10 Milliarden DM.[88] Beschreibungen und insbesondere Buchpublikationen von Journalisten zeichneten ebenfalls überwiegend ein düsteres Bild.[89] Demgegenüber bezweifelt die deutsche Strafverteidigervereinigung und der Deutsche Anwaltsverein einen qualitativen Sprung in der Kriminalitätsentwicklung der vergangenen Jahre, der zur Einführung des neuen Begriffs der „Organisierten Kriminalität" berechtigen würde.[90]

Die Delikte, die nach den durchgeführten Ermittlungsverfahren in Deutschland von organisierten Straftätergruppierungen begangen werden, sind weit gefächert. Folgende Deliktsbereiche können – ohne Anspruch auf Vollständigkeit – aufgezählt werden: Waffenhandel und -schmuggel, Kriminalität im Zusammenhang mit dem Nachtleben (insbesondere Zuhälterei, Menschenhandel, illegales Glücks- und Falschspiel), Schutzgelderpressung, unerlaubte Arbeitsvermittlung und Beschäftigung, illegale Einschleusung von Ausländern, Warenzeichenfälschung (Markenpiraterie), Goldschmuggel, Subventi-

[87] Von *Gehm/Link* wurden 369 Strafverfahren ausgewertet, die „eindeutig der Organisierten Kriminalität zuzurechnen sind". In diesen Verfahren spielten Ermittlungen gegen Mitglieder der Camorra eine wichtige Rolle. Bei 205 der 369 Verfahren wurde die „Verwendung gewerblicher oder geschäftlicher Strukturen" zur Tatbegehung nachgewiesen. Bei 169 Verfahren wurden „Gewalt oder andere zur Einschüchterung geeignete Mittel" eingesetzt. 86 Verfahren zeigten Merkmale einer „Einflußnahme auf Politik, Medien, öffentliche Verwaltung, Justiz oder Wirtschaft". Diese Verflechtungen der Organisierten Kriminalität mit den Verwaltungen wurden in einer Untersuchung des Bundeskriminalamtes bestätigt: Bei einer Analyse von 450 größeren Verfahren ergaben sich Anzeichen, daß in jeden sechsten Fall der öffentliche Dienst verstrickt war. In jeden zwanzigsten Fall war die Justiz verwickelt und in einem „gewissen Rahmen" waren auch die Medien beteiligt. Die Untersuchung der AG-Kripo stellte bei der Auswertung der 369 Verfahren einen Gesamtschaden in Höhe von ca. 3,5 Milliarden DM fest. Bei dieser Schadenssumme ist jedoch zu berücksichtigen, daß allein 2 Milliarden DM aus einem Verfahren der organisierten Wirtschaftskriminalität stammten. Vgl. dazu *Gehm/Link*, Kriminalistik 1992, S. 492; und *Zachert*, S. 2 ff. Interessant auch die Einschätzung von Praktiern aus der Justiz, vgl. beispielsweise *Ostendorf*, Kriminalistik 1991, S. 510; *Schaefer*, Kriminalistik 1987, S. 230.

[88] Vgl. Süddeutsche Zeitung vom 5.2.1992, S. 52.

[89] Vgl. zum Beispiel: *Leyendecker/Rickelmann/Bönisch*, Mafia im Staat, 1992; *Lindlau*, Der Mob, 1987; *Peters*, Die Absahner – Organisierte Kriminalität in der Bundesrepublik, 1990; *Raith*, Mafia. Ziel Deutschland, 1992; *Roth/Frey*, Die Verbrecherholding, 1992. Ähnlich auch die Einschätzung des Schweizer Nationalrates *Ziegler*, Die Schweiz wäscht weißer, 1990.

[90] Vgl. *Strafverteidigervereinigung* (Hrsg.), Gesetzentwurf zum OrgKG, S. 18 ff., Strafrechtsausschuß des *Deutschen Anwaltsvereins*, Stellungnahme zum Entwurf eines OrgKG, StV 1992.

onsbetrug und Eingangsabgabenhinterziehung, Fälschung und Mißbrauch unbarer Zahlungsmittel, Herstellung und Verbreitung von Falschgeld, Verschiebung hochwertiger Kraftfahrzeuge sowie von Lkw-, Container- und Schiffsladungen, Betrug zum Nachteil der Versicherungen, Einbruchsdiebstahl in Wohnungen, illegale Entsorgung von Sonderabfall und illegaler Technologietransfer.[91]

### *2. Leitprinzipien der Bekämpfung*

Die Bekämpfung der Organisierten Kriminalität ist in der Bundesrepublik noch ein verhältnismäßig junges Phänomen. Am 13.6.1990 wurde der „Natioale Rauschgiftbekämpfungsplan"[92] aufgestellt, der unter Einbeziehung aller wichtigen gesellschaftlichen Organisationen und Gruppen entwickelt worden war.[93] Am 15.9.1992 trat das Gesetz zur Bekämpfung des illegalen Rauschgifthandels und anderer Erscheinungsformen der Organisierten Kriminalität (OrgKG)[94] in Kraft. Dem Gesetz liegt die Erkenntnis zugrunde, daß die Organisierte Kriminalität auch in Deutschland zu einer Herausforderung für Staat und Gesellschaft geworden ist. Das OrgKG enthält unter anderem neue Vorschriften über das Abschöpfen illegaler Gewinne, hebt die Mindeststrafen im Bereich der bandenmäßigen Betäubungsmittelkriminalität an, verbessert das Ermittlungsinstrumentarium (insbesondere durch die gesetzliche Regelung des Einsatzes verdeckter Ermittler) und sieht Maßnahmen zum Schutz von Zeugen gegen persönliche Gefährdung vor.[95]

Das OrgKG setzt damit unter anderem bei der Abschöpfung illegaler Gewinne an. Gleichzeitig kann damit das Investitionskapital für geplante Strafta-

---

[91] Aufstellung von *Küster*, Kriminalistik 1990, S. 627.

[92] Der Bundesminister für Jugend, Familie, Frauen und Gesundheit (Bonn), Der Minister des Inneren Bonn, (Hrsg.): Maßnahmen der Rauschgiftbekämpfung und der Hilfe für Gefährdete und Abhänige.

[93] Beschlossen wurde u.a. folgendes: Die Einrichtung von Arbeitskreisen für Suchtprävention, bessere Koordination der Träger präventiver Maßnahmen, Einsatz von Vermittlern und Ansprechspartnern einzusetzen und die Stärkung der polizeilichen Präventionsarbeit (Rauschgiftangebot bekämpfen und Rauschgiftnachfrage eindämmen).

[94] BGBl. 1992 Teil 1, S. 1302-1312. Vgl. auch die Auseinandersetzung mit dem OrgKG in der Literatur, beispielhaft seinen folgende Beiträge genannt: *Bäumler*, KrimJ 1992, S. 75 ff.; *Deutscher Anwaltsverein*, Stellungnahme des Strafrechtsausschusses zum Entwurf eines OrgKG, StV 1992, S. 29 ff.; *Gehm-Link*, KrimJ 1992, S. 491 ff.; *Hilger*, NStZ 1992, S. 457 ff.; *Körner*, NJW 1993, S. 233 ff.; *Hassemer*, KrimJ 1992, S. 64 ff.; *Meertens*, ZRP 1992, S. 205 ff.; *Weil*, ZRP 1992, S. 243 ff.

[95] Geändert wurden das StGB, die StPO, das BtmG, das GVG, das Wirtschaftsgesetz von 1954, das Gesetz für die Entschädigung von Zeugen und Sachverständigen und das BZRG; vgl. zu den Motiven des Gestzgebers: BT-Drucksache 12/989 vom 25.7.1991.

ten entzogen werden. Zudem wurde die Geldwäsche unter Strafe gestellt, um die von den Tätern verfolgte Absicht zu unterbinden, Verbrechensgewinne unter Einsatz und Nutzung legaler Einrichtungen in scheinbar legal erwirtschaftete Gewinne umzuwandeln. Die Einführung schärferer Strafen für bestimmte Delikte soll der Erhöhung der Abschreckung dienen. Daneben erkannte man, daß es notwendig ist, neue verfahrensrechtliche Instrumente einzuführen und bereits praktizierte Maßnahmen[96] gesetzlich zu verankern.[97] Ziel ist dabei, in den „Kernbereich (der jeweiligen kriminellen Organisation, Anm. d. Verfassers) einzudringen, ihre Strukturen zu erkennen, zu zerschlagen und die hauptverantwortlichen Straftäter, die Organisatoren, Finanziers und im Hintergrund operierende Drahtzieher zu überführen.“ [98]

Unterblieben sind Regelungen über die Gewinnaufspürung,[99] den Einsatz von akustischen Überwachungsgeräten innerhalb von Wohnungen und eine spezielle Kronzeugenregelung.[100] Auch die Diskussion über den Einsatz des Verfassungsschutzes bei der Bekämpfung der Organisierten Kriminalität steht erst an ihrem Beginn.

## II. Ergebnisse soziologischer und kriminologischer Untersuchungen zu organisierten Straftätergruppen

Soziologische und kriminologische Feststellungen zu organisierten Straftätergruppen insbesondere im Bereich der Organisierten Kriminalität sind im vorliegenden Zusammenhang nicht nur von Interesse, weil sie Strukturmerkmale der organisierten Tätergruppen näher untersuchen, sondern vor allem auch im Hinblick auf Überlegungen zur besonderen Gefährlichkeit der Begehung von Straftaten durch Gruppen oder Organisationen. Feststellungen zur besonderen Leistungsfähigkeit von Gruppen und zur besonderen Gefährlichkeit von Straftäterzusammenschlüssen wurden allerdings nicht erst im Zusammenhang mit der Organisierten Kriminalität getroffen. Entsprechende

---

[96] So wurden u.a. die Voraussetzungen des Einsatzes verdeckter Ermittler (§§ 110a ff.), technischer Mittel (§ 100c) und die Rasterfahndung (§§ 98a ff.) geregelt.

[97] *Lenhard*, Kriminalistik 1991, S. 505.

[98] Siehe BT-Drucksache 12/989 vom 25.7.1991, S. 21; dazu *Carl*, wistra 1991, S. 292.

[99] Am 25.10.1993 wurde vom Bundestag das Gesetz über das Aufspüren von Gewinnen aus schweren Straftaten (Geldwäschegesetz – GwG) erlassen, BGBl. Teil I, 1993, S. 1770/1775.

[100] Die Bundesregierung beschloß im November 1993, im Jahre 1994 eine Kronzeugenregelung einzuführen, vgl. dazu FAZ vom 4.11.93, S. 4.

Feststellungen finden sich bereits in der griechischen Staatslehre, in der neueren Soziologie und Psychologie sowie in kriminologischen Untersuchungen zu Jugendbanden (unten A). Für den Bereich der Organisierten Kriminalität wurden die Strukturmerkmale organisierter Straftätergruppen in Deutschland dagegen erst verhältnismäßig spät und in Anlehnung an ausländische Veröffentlichungen erörtert. Eigenständige Forschungen zu den Besonderheiten der Organisierten Kriminalität in Deutschland erfolgten erst in den letzten Jahren (unten B).

## A. Allgemeine Feststellungen zur Leistung von Gruppen und Jugendbanden

### *1. Die Vorteile der „Menge" bei Aristoteles*

Die Vorteile, die eine Gruppe gegenüber dem Individuum bietet, wurden bereits früh erkannt. So schreibt bereits Aristoteles im 3. Buch der „Politik":

„Die Menge nämlich, in der zwar jeder einzelne kein tüchtiger Mann ist, kann doch in ihrer Gesamtheit etwas besseres sein als jene (Minderzahl der Vornehmsten, Anm. d. Verf.), nicht der einzelne in ihr, sondern alle zusammen, wie etwa ein Mahl, zu dem viele Leute Beiträge geleistet haben, besser ausfällt, als eines, das auf Kosten eines einzigen zubereitet wird. Denn, da es viele sind, so kann jeder einen Teil an Tüchtigkeit und Klugheit besitzen, und die Menge kann, wenn sie zusammengetreten ist, gewissermaßen einen einzigen Menschen bilden mit vielen Armen und Beinen und einem vielfachen Wahrnehmungsvermögen, und ähnlich verhält es sich mit den Charaktereigenschaften und dem Denken."[101]

### *2. Die Analyse von Gruppenleistungen in Soziologie und Psychologie*

Auch in der Soziologie und der Psychologie hat die Erforschung des Verhaltens von Gruppen und Massen eine lange Tradition.[102] Die Gruppe wird dabei z.B. von *Hofstätter*[103] wie folgt umschrieben: „Wo sich die Lebens- und

---

[101] *Aristoteles*, nach der Übersetzung von Tsouyopoulos/Grassi, S. 1281.

[102] Klassisch zum Verhalten der Masse *Le Bon*, Psychologie des foules", 1895; *Sighele*, La folla delinquente, 1891; zur Gruppe: *Homans*, The human group, 1951; *Klein*, The study of human groups, 1956; *Hofstätter*, Gruppendynamik, 1957.

[103] *Hofstätter*, S. 192.

Erlebens-Linien mehrerer Wesen miteinander mehr oder minder fest und dauerhaft verknoten, haben wir eine Gruppe vor uns."

Konkreter wird heute vor allem die sogenannte „strukturierte Gruppe" beschrieben: Sie besteht aus mehreren Personen, die eine intensive Interaktion untereinander pflegen, um dadurch ein gemeinsam angestrebtes Ziel zu erreichen. Sie teilen ein Wertesystem (Gruppenideologie), aus dem heraus Normen entstehen, die für alle Gruppenmitglieder gültig sind. Im Hinblick auf das Ziel werden von den Gruppenmitgliedern Rollen (Funktionen) übernommen.[104] Genau dies gilt auch für eine Bande, die sich etwa zum fortgesetzten Einbruchsdiebstahl verbunden hat.

Unterschiedliche Gruppen werden nach folgenden Kriterien klassifiziert: Gruppengröße, zeitliche Erstreckung, Art der Zielsetzung, Teilnahmekonstanz, Grad der formellen Organisation und Lebensalter der Beteiligten. Weiter trennt man zwischen *Primärgruppen*, die dauerhafte und persönliche Bindungen ermöglichen, und *Sekundärgruppen*, die vergleichsweise unpersönlich und stärker formal geregelt sind.[105] Für die von einer Gruppe potentieller Straftäter ausgehende Gefährlichkeit stellt die Sozialpsychologie folgende Kriterien fest:

– Spezialisierung und Zusammenwirken mit Rat und Tat:

Die Gruppenmitglieder erfüllen jeweils eine ihren speziellen Kenntnissen und Fähigkeiten angepaßte Rolle. Dadurch können vorhandene Fachkenntnisse zum Wohl der Gesamtheit möglichst gewinnbringend eingesetzt werden. Des weiteren tauschen die einzelnen Mitglieder ihre Fachkenntnisse aus und vervollkommnen sie so. Leistungsstärkere helfen den leistungsschwächeren Mitliedern auch ganz praktisch bei der Tatbegehung; neu hinzugekommene Mitglieder werden ausgebildet. Da es keine ein für allemal festgefügten Rangrdnungen gibt, strengt sich jeder an, um aufsteigen zu können.[106] Insgesamt erweist sich schon deshalb die Gruppenleistung gegenüber der zusammengefaßten Durchschnittsleistung der einzelnen Mitglieder überlegen.[107]

---

[104] *Sbandi*, S. 107.

[105] *Schütz*, S. 14 ff.

[106] *Hofstätter*, S. 140.

[107] *Hofstätter*, S. 36.

– Suggestive Einflüsse:[108]

Die Gruppenmitglieder wirken psychisch aufeinander ein, so daß sich der einzelne auch in seiner Person mächtiger fühlt. Da alle Beteiligten mutiger werden,[109] ist auch die Gruppe insgesamt eher als jeder einzelne für sich genommen bereit, Risiken einzugehen (sog. „risky shift“).[110] Dies kommt nicht zuletzt auch daher, weil innerhalb der Gruppe die gegenseitige Kritik abnimmt, sich ein „Wir-Gefühl“[111] einstellt und die Verantwortung auf vielen „Schultern“ ruht, der Einzelne also die Last weniger spürt.[112] Schließlich verführt die enge persönliche Bindung untereinander dazu, im Schutz der Gruppe immer weitere Straftaten zu verüben, wobei es den Strafverfolgungsbehörden erschwert wird, die jeweiligen Täter zu identifizieren.

Diese Aufzählung kann keinen Anspruch auf Vollständigkeit erheben. Sie soll vielmehr im Rahmen einer ersten, grob umrissenen Klassifikation möglicher Gruppenformen die spezifische Gefährlichkeit von Gruppen veranschaulichen. Insbesondere die sich abzeichnenden Interaktionsmechanismen führen zu einem dicht gewobenen Netz wechselseitiger Abhängigkeit und Einflußnahmen. Der gruppendynamische „Leistungsdruck“, die Konsolidierung und Förderung vorhandener krimineller Energie sowie die Summierung der physischen Kräfte erklären die erhöhte Gefährlichkeit der Straftatbegehung durch eine Bande gegenüber einer Deliktsverwirklichung durch einen Einzeltäter deutlich.

### *3. Kriminologische Untersuchungen zu Jugendbanden*

In der Kriminologie erfolgte die Erforschung von Gruppen zunächst im Bereich der Jugendbanden,[113] die sich von Zusammenschlüssen Erwachsener vor allem durch ihre Organisation und Zielsetzung unterscheiden und die von erheblicher praktischer Bedeutung sind (etwa 40% der Straftaten Jugendlicher und Heranwachsender werden von einer Gruppe begangen)[114].

---

[108] *Le Bon*, „Psychologie des foules“, 1895.

[109] Ausführlich *Scherer*, S.23 ff.

[110] *Hofstätter*, S. 124.

[111] *Skovis/Pflanz*, S. 22 und 29.

[112] *Seelig*, HWB, S. 755, *Hofstätter*, S. 12 ff.

[113] *Göppinger*, S. 559, *Schneider*, S. 630.

[114] *Kaiser*, § 27/2.

Entsprechend seiner Entstehung und Verbreitung wurde das Phänomen der Jugendbande von der Kriminologie und der Soziologie in Nordamerika bereits zu Beginn dieses Jahrhunderts untersucht. In Westeuropa werden Jugendbanden dagegen erst seit Mitte der fünfziger Jahre als „vorherrschender Trend" geschildert.[115]

Hervorzuheben ist unter den amerikanischen Studien vor allem die Arbeit von *Trasher*, der eine der Pionierstudien zu diesem Thema durchführte und dabei sieben Jahre lang 1313 „gangs" mit über 25.000 Mitgliedern untersuchte. Er definierte die Bande als „eine Übergangsgruppe, die sich ursprünglich spontan bildet, und dann durch Konflikte enger zusammenschließt".[116]

Heute versteht man unter einer Jugendbande „jede benennbare Gruppierung delinquenter Jugendlicher/Heranwachsender, die von anderen in ihrer Nachbarschaft als unterscheidbare Einheit wahrgenommen werden kann, sich selbst als definierte Gruppierung (Bandenname) versteht und in eine hinreichende Anzahl strafbarer Vorfälle verwickelt war, so daß die Nachbarschaft und die Polizei immerfort negativ auf sie reagieren".[117] Damit ist die Begehung von Straftaten ein Wesensmerkmal der Jugendbande, jedoch nicht das Hauptcharakteristikum wie bei der Kriminalität von Straftätergruppen, deren Mitglieder erwachsen sind. Heute verneint die Forschung eine Beziehung zwischen Jugendbanden und der organisierten Kriminalität.[118]

Die Jugendbanden besitzen ein eigenes System von Normen, Regeln und Verhaltensweisen. Vor allem während der nicht delinquenten Phasen spielen sie sich aufeinander ein und strukturieren sich,[119] d.h., sie schließen sich nicht mit der bloßen Zwecksetzung der fortgesetzten Begehung von Straftaten zusammen. Dabei ist die Einheit nicht stabil, vielmehr stehen die Gruppen stets am „Grat zwischen der Tendenz zur Auflösung und der zur Organisierung".[120]

Von den vielen Theorien zur Entstehung von Jugendbanden[121] ist die von *Schneider* entwickelte Kombination aus der Theorie der sozialen Desorganisation und der sozialen Lern- und Gruppeninteraktionstheorie eine der aussa-

---

[115] *Kaiser*, § 27/2.

[116] *Trasher*, 1927.

[117] *Klein*, S. 13.

[118] *Schneider*, S. 630.

[119] *Göppinger*, S. 562.

[120] *Kaiser*, Jugendliche, S. 57.

[121] Vgl. *Göppinger*, S. 563 f.

gekräftigsten.[122] Sie sieht fünf Ursachen für den Zusammenschluß Jugendlicher zu Banden:

- den Zerfall von Gemeinschaften (Familie, Schule, soziale Gruppe);
- die unterentwickelten sozialen Fähigkeiten der Jugendlichen;
- das durch Reaktion der Umwelt befriedigte Geltungsstreben der einzelnen;
- den Zusammenhalt durch Gewaltanwendung nach außen;
- die gegenseitige Rechtfertigung des Verhaltens durch die Mitglieder (keiner fühlt sich persönlich verantwortlich im Interaktionsprozeß der Bande).

Die Erforschung der Jugendbanden ist für die vorliegende Arbeit vor allem insofern von Bedeutung, als an ihnen die besondere Gefährlichkeit der Gruppenbildung für die Gesellschaft erforscht wurde. Neben den allgemeinen gruppenpsychologischen Phänomenen zeigt sich bei den Jugendbanden, daß die einzelnen Mitglieder stärker kriminell gefährdet sind als gleichaltrige, die keiner Bande angehören. Innerhalb von Jugendbanden gelten eigene – von der Umwelt weitgehend unabhängige – Regeln oder Gesetze, an die sich das einzelne Mitglied gebunden fühlt. Letztlich verändert sich im Lauf der Zeit das Wertgefüge der Mitglieder, die sich dann nur noch schwer in der sozialen Realität zurechfinden.[123]

Aus den weiteren Forschungsergebnissen lassen sich jedoch keine Schlüsse über Straftätergruppen von Erwachsenen ziehen, die sich zweckrational zur Begehung von Straftaten zusammengeschlossen haben, denn Jugendbanden unterscheiden sich gerade in diesem Punkt von ihnen. Bei Jugendbanden ist die Begehung von Straftaten nämlich nicht Zweck des Zusammenlebens. Eine gesonderte Betrachtung der Organisierten Kriminalität ist demnach geboten.

---

[122] Hierfür *Schneider*, S. 643 ff.

[123] Vgl. den Überblick bei *Göppinger*, insb. S. 565.

## B. Spezielle Untersuchungen zur Organisierten Kriminalität

### *I. Feststellungen in der allgemeinen Kriminologie*

Die Organisierte Kriminalität rückte als eigenständiger Forschungsgegenstand erst in den 70er Jahren in das Interesse der bundesdeutschen Kriminologen.[124] Zuvor waren keine empirische Erhebungen durchgeführt worden, sondern wurde die Organisierte Kriminalität meist als Anhängsel zu Verbrechensgemeinschaften aller Art abgehandelt.[125] Die besondere Bedrohung der Gesellschaft durch feste bzw. lose Zusammenschlüsse wurde dabei schon früh erkannt.

Die deutschen Kriminologen sind sich dabei weitgehend einig, daß unter dem Begriff der Organisierten Kriminalität eine strukturierte Form geschäftsmäßiger Deliktsbegehung durch eine nach ökonomischen Gesichtspunkten errichtete Geschäftsorganisation zu verstehen ist. Besonders herausgestellt wird dabei die verfestigte Organisationsstruktur. Die deutsche Kriminologie lehnt sich damit an die amerikanische Beschreibung des „organized crime" an, die von syndikatsähnlichen Verbrechensorganisationen ausgeht.[126] Basierend auf Fallanalysen werden vor allem von Praktikern „Merkmale" krimineller Organisationen zusammengestellt.[127]

---

[124] Wesentlich früher in den USA, vgl. beispielweise *Courtney*, Ten Thousand Public Enemies, 1935.

[125] Vgl. z.B. *Exner*, S. 251 ff.; *Göppinger*, S. 565, er spricht von „Delinquenten Gemeinschaften".

[126] Vgl. u.a. *Göppinger*, S. 564 ff.; *Mergen*, S. 241 ff.; *Kaiser*, S. 214 ff.; *Eisenberg*, S. 212 ff.; *Schneider*, Jura 1984, S. 169-183.

[127] Schon *Kollmar*, Kriminalistik 1974, S. 6. Eine Fachkommission der AG-Kripo stellte 1982 folgende generelle Indikatoren zusammen: Qualität der Tatausführung (präzise Planung und Durchführung einschließlich profitorientierter Beuteverwertung), überregionale und internationale Tatzusammenhänge bzw. Kontakte, Anpassung an Markterfordernisse, ein nicht ohne weiteres erklärbares Abhängigkeits- und Autoritätsverhältnis zwischen mehreren Tatverdächtigen, augenscheinlich hohe Investitionen, konspirative Techniken (Gegenobservation, Abschottung, Decknamen, Codes u.a.), Schutz des Tatverdächtigen bei drohendem Zugriff von Strafverfolgungsbehörden, Aufwendung von größeren Mitteln und Bestellung eines prominenten Anwalts zur Verteidigung eines anscheinend wenig begüterten Tatverdächtigen, Mitführen von vorbereiteten Vertretungsvollmachten für Rechtsanwälte, hohe Kautionsangebote zur Aussetzung des Haftbefehls, Betreuung in der Haft, Versorgung der Angehörigen, Wiederaufnahme nach Haftentlassung, Unauffindbarkeit von Zeugen, Auftreten von Entlastungszeugen, typisches ängstliches Schweigen Betroffener, typische Gedächnisschwäche bei unbeteiligten Zeugen, dagegen präzise, auffällig übereinstimmende Aussagen von Personen aus dem jeweiligen Milieu, Verdacht auf Korrumpierung, gesteuerte, tendenziöse oder von einem bestimmten Tatverdacht ablenkende Presseveröffentlichungen zu einem Verfahren. Zitiert nach *Steinke*, Kriminalistik 1982, S. 80.

Nach *Kerner* existieren in der Bundesrepublik Deutschland bislang keine ausgeprägten Formen syndikatsähnlicher Verbrechensorganisationen, wie sie in den USA beobachtet werden. Die europäische Szene sei aber geprägt durch ein „grenzüberschreitendes, informelles Netzwerk gegeseitiger Bekanntschaften von sog. Vollzeit-Kriminellen, die in Kleingruppen arbeiten."[128] *Göppinger* faßt unter die „Delinquenten Gemeinschaften" auch das Organisierte Verbrechen.[129] Er unterscheidet unter dem Oberbegriff der „berufsmäßig organisierten Kriminalität" das „organized crime" der USA einerseits und das organisierte Verbrechen in Europa andererseits. Zur Abgrenzung von „anderen Arten krimineller Gemeinschaft und auch von sonstiger, auf lange Sicht geplanter, gemeinsamer Tatbegehung" fordert er eine bestimmte Geschäftsorganisation, die sich in Syndikate und sonstige organisierte Hierarchien gliedern läßt. Damit erhebt *Göppinger* das Merkmal der „dachverbandsartigen Geschäftsorganisation", ohne es näher zu spezifizieren, zum essentiellen Element der Organisierten Kriminalität. Mit diesem Ausgangspunkt wird seine Folgerung verständlich, es gebe noch keine „syndikatsähnlichen Verbrechensorganisationen" in Europa.

Das „organized crime" steht auch im Mittelpunkt der Überlegungen von *Mergen*[130]. Er behauptet, „alle organisierten Verbrecher benehmen sich gleich und scheinen einem für alle geltenden Gesetz zu folgen. Die Praktiken, Methoden und Techniken der organisierten Ganster passen sich an und wechseln in gleicher Art; es sind Mafia-Techniken". Die Mafia wird als Synonym des organisierten Berufsverbrechertums gebraucht und im Ergebnis als einzige Erscheinungsform der Organisierten Kriminalität anerkannt. Damit schränkt *Mergen* die Blickrichtung stark ein. Das organisierte Verbrechertum definiert er als „eine nach ökonomischen und wirtschaftlichen Gesichtspunkten errichtete Geschäfts- und Betriebsorganisation, deren Zweck es ist, durch Begehung von Verbrechen Geld zu verdienen." Den Schwerpunkt legt auch er, in Anlehnung an das „organized crime", auf die verfestigte Organisationsstruktur. Interessant ist an dieser wenig praktikablen Definition, daß sie ohne das Merkmal der Verbrechensbegehung auch jedes wirtschaftliche Unternehmen einschließen würde.

---

[128] Vgl. *Kerner*, Professionelles und organisiertes Verbrechen, Schriftenreihe des BKA 1973, und ders. Organisiertes Verbrechen, in: Kleines Kriminologisches Wörterbuch, 3. Aufl. 1993, S. 381.

[129] *Göppinger*, S. 564 ff.

[130] *Mergen*, S. 241 ff.

*Kaiser*[131] stellt auf den gesellschaftlichen und wirtschaftlichen Hintergrund ab. Er unterscheidet ebenfalls zwischen amerikanischen und europäischen Erscheinungsformen der Organisierten Kriminalität. Die Organisierte Kriminalität habe sich den Bedürfnissen der Gesellschaft angepaßt und nutze Marktlükken aus.[132] In Organisation und Planung gleiche sie einem Wirtschaftsunternehmen. Damit rückt er die „Abnehmer" in eine beherrschende Stellung. Wenig charakteristisch ist allerdings seine Feststellung, daß die Organisierte Kriminalität Marktlücken ausnutze. Denn auch Einzeltäter orientieren sich an den Markterfordernissen, um ihre Beute abzusetzen.

Nach *Eisenberg*[133] wird mit dem Begriff „Organisierte Kriminalität" eine „strukturierte Form geschäftsmäßiger, bürokratischer Deliktsbegehung bezeichnet, wie sie unter dem Begriff Verbrechenssyndikat geläufig ist". Angelpunkt ist auch bei ihm die Organisationsstruktur unter Anlehnung an das „organized crime". In Europa scheint es sich nach seiner Einschätzung, gestützt auf die Untersuchung von *Kerner*, „eher um in der Zusammensetzung wechselnde Gruppierungen zu handeln". Mit dieser Begriffsbestimmung sagt er nichts entscheidend Neues zur Definition der Organisierten Kriminalität aus.

Mit der Auflistung kennzeichnender Merkmale anhand eines von einer organisierten kriminellen Gruppe begangenen Verbrechens versucht *Schneider*,[134] den Begriff „Organisierte Kriminalität" zu erläutern. Wesentlich für das Vorliegen von Organisierter Kriminalität ist für ihn nach dieser Fallanalyse ein hierarchischer Aufbau, eine kriminelle Werteorientierung und die Neutralisierung der staatlichen Strafverfolgung. Eine starke Anlehnung an das „organized crime" der USA ist auch bei ihm festzustellen. Für eine kriminelle Organisation unverzichtbar erscheint ihm eine straffe, zentrale Leitung des „Syndikats", die Abschottung der Hintermänner, ein ungeschriebenes Gesetzbuch, systematische Bestechung und strenge Disziplin innerhalb des Syndikats. Auch er begreift Mafia und Cosa Nostra als Synonym für Organisierte Kriminalität. Damit vermag er den Wissenstand über die Organisierte Kriminalität in der Bundesrepublik nicht zu erweitern.

---

[131] *Kaiser*, S. 214 ff.

[132] Schon 1959 *v. Hentig*, Der Gangster, S. 14 f.

[133] *Eisenberg*, S. 212 ff.

[134] *Schneider*, Jura 1984, S. 169 ff.

Von der Anlehung an das organized crime in den USA und der damit verbundenen Forderung einer syndikatsähnlichen Verbrechensorganisationen zur Bestimmung der Organisierten Kriminalität löst sich *Schwind* weitgehend. Damit leistet er einen wichtigen Beitrag zur eigenständigen Bestimmung der Organisierten Kriminalität in der Bundesrepublik. *Schwind*[135] versucht eine Einteilung der Gruppenkriminalität in drei Stufen. Auf der untersten Stufe siedelt er die Bande an, auf der nächsthöheren das organisierte Verbrechen ohne Mafia-Zielsetzung und auf der höchsten Stufe die Mafia bzw. mafiaähnliche Organisationen als stärkste Ausprägung des organisierten Verbrechens. Die Qualitätssprünge auf die jeweils nächsthöhere Stufe begründet er mit der Perfektionierung der Verbrechensorganisation (Organisationsstruktur) und der Zielsetzung. Die stärkste Ausprägung werde dann erreicht, wenn zu den sonstigen Zielen auch „die Erringung wirtschaftlicher und politischer Machtpositionen primär zum Zwecke der Neutralisierung bzw. Ausschaltung der staatlichen Strafverfolgungsorgane" zähle. Obwohl auch *Schwind* an der Mafia als Typisierung der Organisierten Kriminalität festhält, erweitert er den Begriff: Schon auf Stufe zwei wird eine neue Qualität der Gruppenkriminalität anerkannt, die sich auch ohne Vorliegen einer „Parallelgesellschaft" als Organisierte Kriminalität darstellt. Wesensmerkmale der Organisierten Kriminalität sind auch bei *Schwind* die „Organisationsstruktur und die festen Planungskriterien".

Zusammenfassend können folgende, in der allgemeinen Kriminologie übereinstimmend als Wesensmerkmale der Organisierten Kriminalität bezeichneten Elemente festgehalten werden:

- das Bestreben nach einer festen und hierarchisch gegliederten, strukturierten Gemeinschaft (auch Organisationsstruktur genannt),
- die Ausrichtung dieser Gemeinschaften nach ökonomischen Gesichtspunkten sowie
- die Orientierung an den Bedürfnissen der Bevölkerung.

Im Mittelpunkt der allgemeinen kriminologischen Forschung steht damit die Struktur der Tätergruppen der Organisierten Kriminalität. Daher wird vor allem ein Abgrenzungskriterium gegenüber bloßen Verbrecherbanden gesucht. Auffallend ist der Vergleich mit der Rechtsprechung zu § 129 StGB, die das Merkmal der Organisation zur Abgrenzung der kriminellen Vereini-

---

[135] *Schwind*, S. 17 ff.

gung von der Bande verwendet. Da eine Struktur mittels Organisation erreicht wird, stimmen Rechtsprechung und Wissenschaft damit bei der Beurteilung der Frage überein, wann eine Kriminelle Organisation (welche sicher einen Fall der Organisierten Kriminalität darstellt) vorliegt.

### *2. Neuere empirische Forschungen*

Der heutige Erkenntnisstand über Organisierte Kriminalität in der Bundesrepublik fußt bislang auf einigen wenigen neueren Untersuchungen.[136] Diese Arbeiten stützen sich dabei vor allem auf Expertenbefragungen, die schwerpunktmäßig im Bereich der Ermittlungsbehörden erfolgten.

Die auf einer Expertenbefragung von 66 mit Organisierter Kriminalität befaßten Ermittlungsbeamten beruhende Untersuchung von *Rebscher* und *Vahlenkamp* unterscheidet zwei Grundformen der Organisierten Kriminalität in der Bundesrepublik, nämlich Straftäterverflechtungen und eigenständige Gruppierungen. Aus der Sicht der Strafverfolgungsorgane[137] bilden sich bei den Straftäterverflechtungen von Fall zu Fall unterschiedliche Zweckgemeinschaften aus der großen Anzahl untereinander bekannter Täter. Dagegen soll es sich bei den eigenständigen Gruppierungen um ein festes „Täterreservoir" handeln, das unabhängig von Außenstehenden mit einem gewachsenen Zugehörigkeitsgefühl existiert.[138] Das Schwergewicht liegt nach dieser Untersuchung „eindeutig bei den Straftäterverflechtungen".[139]

Eine weitere mit dem Delphi-Verfahren durchgeführte Expertenbefragung von 26 Vertretern aus den Bereichen Justiz, Medien, Polizei und Wirtschaft führten *Dörmann*, *Koch*, *Risch* und *Vahlenkamp* durch. Sie kamen zu dem Ergebnis, der Anteil der Organisierten Kriminalität am Kriminalitätsaufkommen werde sich bis zum Jahr 2000 auf ca. 37% verdoppeln.[140] Daneben geht auch

---

[136] *Rebscher/Vahlenkamp*, „Organisierte Kriminalität in der Bundesrepublik Deutschland", Ergebnis einer Expertenbefragung, 1988 (66 mit Organisierter Kriminalität befaßte Ermittlungsbeamte); *Dörmann/Koch/Risch/Vahlenkamp*, „Organisierte Kriminalität – wie groß ist die Gefahr?", 1990 (Befragung von 26 Experten aus Polizei, Justiz, Wirtschaft und Presse, Delphi-Verfahren); *Weschke/Heine-Heiß*, Organisierte Kriminalität als Netzstrukturkriminalität, Veröffentlichung der FHSVR 1990 (u.a. 53 Interviews mit Berliner Kriminalbeamten).

[137] Kritik zur Methode *Eisenberg/Ohder*, JZ 1990, S. 578.

[138] *Rebscher/Vahlenkamp*, S. 181.

[139] *Rebscher/Vahlenkamp*, S. 181.

[140] *Dörmann* u.a., S. 24.

diese Untersuchung von Straftäterverflechtungen als dominierender Strukturform der Organisierten Kriminalität in Deutschland aus.[141]

*Weschke* und *Heine-Heiß*[142] gehen, auf der Grundlage von 53 Interviews mit Berliner Kriminalbeamten, ebenfalls von Straftätergruppierungen aus. Sie gliedern diese Straftätergruppierungen in Kleingruppen (2-5 Straftäter), Kerngruppen mit Umfeld (5-10 Intensivtäter) und Großgruppen (20-50 Täter). Die Untersuchung konnte dabei zwar kein geschlossenes System feststellen. Die drei definierten Gruppen seien aber erkennbar in ein „großes Netzwerk eingebunden, in dem sie sich in gegenseitiger Verknüpfung und Verbindung informieren oder auch gelegentlich arbeitsteilig zusammenwirken, ohne dabei die Eigenständigkeit zu verlieren".[143] Die Form des Zusammenwirkens wird als „eine spezielle Form des organisierten Täterverhaltens bzw. Organisierter Kriminalität" begriffen. Das „Netz" diene dabei vor allem der Information, Beschaffung und Abschottung.

Auch in Kreisen der Justiz wird die Organisierte Kriminalität in der Bundesrepublik mittlerweile als Realität angesehen.[144] Die Organisierte Kriminalität habe sowohl quantitativ als auch qualitativ ein neues Ausmaß erreicht. Die Justizfachleute stimmen dabei den Forschungsergebnissen zu, die als Strukturen der in der Bundesrepublik vorhandenen Organisierten Kriminalität die der Straftäterverflechtungen ermittelten.[145]

Nach den neueren empirischen Forschungen kann die Organisierte Kriminalität in Deutschland damit zunächst als originäre deutsche Organisierte Kriminalität erfaßt werden; inländische Stützpunkte ausländischer Organisationen müssen in diesem Zusammenhang vorerst ausgenommen bleiben. Sie ist als eigenständige Kriminalitätsform einzuschätzen, die sich durch ihre charakteristische Entwicklung und eigenständige Ausprägung von ausländischen Organisationen abgrenzen läßt. In Teilbereichen läßt sie sich mit dem typisierenden Merkmal der Netzstruktur kennzeichnen.

---

141 „...Straftäterverflechtungen, die sich neben den unverändert souverän handelnden eigenständigen Tätergruppen insbesondere in den Ballungsgebieten als den Brennpunkten der OK herausgebildet haben", *Dörmann* u.a., S. 18.

142 *Weschke/Heine-Heiß*, S. 29.

143 *Weschke/Heiner-Heiß*, S. 42.

144 Bsp. *Ostendorf*, Kriminalistik 1991, S. 510; *Schaefer*, Kriminalistik 1987, S. 230.

145 *Ostendorf*, S. 510.

Die Indikatoren für das Vorliegen oder die Existenz Organisierter Kriminalität in der Bundesrepublik müssen demnach nicht denen entsprechen, die für das Vorliegen mafioser Tätigkeit etc. verlangt werden. Vielmehr sind diese Indikatoren selbständig zu entwickeln bzw. zu bestimmen. Die deutsche Variante der Organisierten Kriminalität bedarf damit einer eigenständigen Definition. Dies zeigt sich anschaulich in den Definitionsversuchen der Praxis, die im folgenden dargestellt werden.

## III. Polizeitaktische Definitionen und strafprozessuale Zuständigkeitsregelungen

### A. Polizeitaktische Definitionen der Organisierten Kriminalität

Die in kriminologischen Untersuchungen festgestellten Strukturmerkmale der Organisierten Kriminalität fanden seit den 70er Jahren Niederschlag in verschiedenen Definitionen, die vor allem zum Aufbau polizeilicher Informationssysteme und zur Zuweisung bestimmter Straftaten an spezielle Polizeidienststellen und Staatsanwaltschaften benutzt wurden.

Im Jahre 1975 forderte das BKA die einzelnen Landeskriminalämter auf, Straftaten mit dem Verdacht auf „Organisierte Kriminalität“ gesondert zu melden. Das Ergebnis konnte nicht befriedigen: Fünf Länder meldeten zum Teil erhebliche Betätigungen Organisierter Kriminalität, die übrigen sechs meldeten, daß bei ihnen keinerlei Organisierte Kriminalität vorläge. Noch 1982 wurden von *Steinke*[146] 13 Begriffe aufgezählt, die teils synonym für Organisierte Kriminalität, teils mit abweichendem Inhalt benutzt wurden. In der Folgezeit entstand eine Flut von Definitionen. Einig war man sich lediglich darin, daß man sich zu bemühen habe, die Organisierte Kriminalität in ihrer speziellen Ausprägung gerade in der Bundesrepublik zu erfassen.[147] Damit wurde „Organisierte Kriminalität“ unbemerkt zum Oberbegriff für die gesamte gruppenweise begangene Kriminalität, die qualitativ mehr ist als die bloße Bandendelinquenz.

---

[146] *Steinke*, Kriminalistik 1982, S. 78.

[147] Vgl. *Kollmar*, S. 1 ff.; *Gemmer*, S. 532; *Steinke*, Kriminalistik 1982, S. 78.

Im Jahre 1974 stellte eine von der AG Kripo ins Leben gerufene Fachkommission eine erste Definition des Begriffes Organisierte Kriminalität vor:

„Der Begriff der organisierten Kriminalität umfaßt Straftaten, die von mehr als zweistufig gegliederten Verbindungen oder von mehreren Gruppen in nicht nur vorübergehendem, arbeitsteiligem Zusammenwirken begangen werden, um materielle Gewinne zu erzielen oder Einfluß auf das öffentliche Leben zu nehmen.“[148]

Bereits dieser ersten Definition ist zu entnehmen, daß die Fassung der Organisationsstrukturen ein äußerst schwieriges Unterfangen darstellt. Die Fachkommission wollte mit ihrer Definition die Erscheinungsformen der Gruppenkriminalität treffen, die erfolgreich nur mit neuer Polizeitaktik und Polizeitechnik bekämpft werden konnten.[149] Dieser von den Erfordernissen der Strafverfolgung ausgehende repressive Ansatz ist allerdings wenig geeignet, Organisationsstrukturen aufzudecken, da es ihm gerade in diesem Bereich an Konturen fehlt. So ist die Beschreibung „mehr als zweistufig gegliederte Verbindung oder von mehreren Gruppen“ zu weit, um praktikabel zu sein. Bei diesem Definitionsversuch kann exemplarisch festgestellt werden, daß die Absicht, mit der eine Definition erstellt wird, von enormer Bedeutung ist.

Der Arbeitskreis II der Innenministerkonferenz (IMK) setzte 1983 einen „ad-hoc-Ausschuß“ zum Thema „Besondere Formen der Kriminalität einschließlich Organisierte Kriminalität“ ein. In dem vorgelegten Bericht bietet der Ausschuß eine neue Definition an:

„Unter organisierter Kriminalität (Organisierte Kriminalität) ist nicht nur eine mafiaähnliche Parallelgesellschaft im Sinne des „organized crime“ zu verstehen, sondern ein arbeitsteiliges, bewußtes und gewolltes, auf Dauer angelegtes Zusammenwirken mehrerer Personen zur Begehung strafbarer Handlungen – häufig unter Ausnutzung moderner Infrastruktur – mit dem Ziel, möglichst schnell hohe finanzielle Gewinne zu erreichen.“[150]

Diese Definition hielt die in der Literatur bereits vollzogene Begriffsbildung fest, nämlich „Organisierte Kriminalität“ als Oberbegriff zu verwenden und das „organized crime“ als eine Ausprägung anzusehen. Darüber hinaus führte sie aber gegenüber der Definition von 1974 kaum weiter. Als Hauptcharakteristika wurden weiter angenommen: Personenmehrheit, Dauerhaftigeit, Arbeitsteilung und Gewinnorientierung. Enthielte die Definition nicht das Element „zur Begehung strafbarer Handlungen“, so würde auch sie jegliches

---

[148] Zitiert nach *Steinke*, S. 79.

[149] Vgl. *Steinke* S. 79.

[150] Zitiert nach *Sielaff*, Kriminalistik 1983, S. 417.

wirtschaftliche Unternehmen miterfassen. Jedoch erkennt man hier ein weieres Wesensmerkmal der Organisierter Kriminalität: Die Orientierung der Orgaisation an den Regeln der legalen Wirtschaft.

Ziel dieser Definition war die Verbrechensbekämpfung. Deshalb ist auch eine Messung an dem Bestimmtheitsgrundsatz, der nur für Straftatbestände gilt, entbehrlich. Es fehlen ihr aber spezifische Elemente, die sie gegenüber § 129 StGB bzw. den Bandenqualifikationen abgrenzen, da sie nahezu jede gruppenweise begangene Straftat erfaßt. Sie ist folglich nicht praxistauglich. Dieser Mangel ist auch nicht unter dem Gesichtspunkt der Zielsetzung der Verbrechensbekämpfung zu beheben, weil die besondere Gefährdung der Gesellschaft gerade durch Organisierte Kriminalität mit ihr nicht selektiv erfaßt werden kann.

Folgerichtig wurde 1990 diese Definition weiterentwickelt. Die „Gemeiname Richtlinie der Justizminister/-senatoren der Länder über die Zusammenrbeit von Staatsanwaltschaft und Polizei bei der Verfolgung der Organisierten Kriminalität" definiert nunmehr die Organisierte Kriminalität wie folgt:

> „Organisierte Kriminalität ist die von Gewinn- oder Machtstreben bestimmte planmäßige Begehung von Straftaten, die einzeln und in ihrer Gesamtheit von erheblicher Bedeutung sind, wenn mehr als zwei Beteiligte auf längere oder unbestimmte Dauer arbeitsteilig
> a) unter Verwendung gewerblicher oder geschäftsähnlicher Strukturen,
> b) unter Anwendung von Gewalt oder anderer zur Einschüchterung geeigneter Mittel oder
> c) unter Einflußnahme auf Politik, Medien, öffentliche Verwaltung, Justiz oder Wirtschaft
> zusammenwirken."[151]

Diese Definition versuchte erstmals die Organisationsstruktur (unter Punkt a) näher zu beschreiben. Sie hält dabei an den vier Komponenten der vorigen Definitionen fest, führt aber darüber hinaus neue Kriterien ein. Neu ist die Erwähnung des Zieles „Machtstreben", der Schwere der Straftaten, der Organisationsart „gewerbliche und wirtschaftliche Strukturen", der Mittel „Gewalt oder andere zur Einschüchterung geeignete Mittel" sowie der Korruption. Diese Definition beinhaltet damit erneut einige Elemente, die typisch für das „organized crime" sind. Dadurch engt sie aber nicht ein. Denn mittels der Verknüpfung der Alternativen durch „oder" kann hier Organisierte Kriminalität auch dann angenommen werden, wenn weder die Alternativen b) bzw. c)

---

[151] Zitiert nach *Lenhard*, Kriminalistik 1991, S. 228.

noch Machtstreben vorliegen. Andererseits wird so auch das Strukturelement nicht als unentbehrlich angesehen. Ersichtlich ist versucht worden, möglichst alle denkbaren Erscheinungsformen mit diesem Grobraster zu erfassen und keine mögliche Erscheinungsform der Organisierten Kriminalität von vornherein auszuschließen. Damit wird diese Definition ihrem Hauptanliegen weitgehend gerecht, das nicht in der Schaffung eines neuen Straftatbestandes lag, sondern in der einheitlichen Bezeichnung und Fassung der Organisierten Kriminalität, um eine erfolgreiche Verbrechensbekämpfung zu ermöglichen.

## B. § 5 BKAG

Der Gesetzgeber benutzt den Begriff der „organisierten" Straftatbegehung in § 5 BKAG. In dieser Vorschrift sind dem BKA originäre Aufgaben auf dem Gebiet der Strafverfolgung als Ausnahme zu der grundsätzlichen Zuständigkeit der Landespolizeibehörden zugewiesen. Der hier interessierende Absatz 2 lautet:

> „Das Bundeskriminalamt nimmt die polizeilichen Aufgaben auf dem Gebiet der Strafverfolgung (§§ 161, 163 StPO) selbst wahr 1.) in Fällen des international *organisierten* ungesetzlichen Handels mit Waffen, Munition, Sprengstoffen oder Betäubungsmitteln und der international *organisierten* Herstellung oder Verbreitung von Falschgeld, die eine Sachaufklärung im Ausland erfordern, sowie damit im Zusammenhang begangene Straftaten; in Fällen minderer Bedeutung kann die Staatsanwaltschaft im Benehmen mit dem BKA die Ermittlungen einer anderen sonst zuständigen Polizeibehörde übertragen."

Das BKA ist damit für die Strafverfolgung zuständig, wenn folgende Voraussetzungen kumulativ vorliegen: Erstens die Begehung der Delikte in genannter organisierter Form und zweitens das Vorliegen einer Begehungsform, die eine Sachaufklärung im Ausland erfordert.[152] Damit hat das BKA bei der Prüfung seiner Zuständigkeit in einem Fall mit Auslandsbezug festzustellen, ob eine der aufgeführten Straftaten „in organisierter Form" begangen wurde. „Begehung einer Straftat in organisierter Form" umschreibt aber letztlich den Begriff der „Organisierten Kriminalität".

Damit hat der Gesetzgeber an dieser versteckten Stelle die Organisierte Kriminalität als selbständige Straftatbegehungsform anerkannt. Er begegnet der von organisierten Straftätergruppen ausgehenden besonderen Gefahr, in-

---

[152] *Riegel*, S. 46.

dem er das BKA ausnahmsweise als Strafverfolgungsbehörde zuständig erklärt. Das BKA hat in diesen Fällen gegenüber den Landeskriminalämtern und den diesen nachgeordneten Behörden den Vorteil, im ganzen Bundesgebiet bzw. auch im Ausland im Rahmen der deutschen Strafgewalt zuständig zu sein, und so die internationalen Strukturen leichter aufdecken zu können. Damit wird eine Definition der Organisierten Kriminalität erforderlich, um die Zuständigkeit des BKA zur Strafverfolgung zu begründen. Notwendig ist hierfür eine operable Beschreibung der Organisierten Kriminalität, damit die primär zur Strafverfolgung zuständigen Landespolizeibehörden sich an das BKA wenden können, wenn sie den Verdacht haben, eine international organisierte Straftätergruppe könnte die Straftat begangen haben.

## C. § 74a Nr. 4 GVG

Bei den gesetzlichen Zuständigkeitsnormen im Bereich organisierter Straftatbegehung ist schließlich noch § 74a GVG zu erwähnen. Diese Vorschrift regelt die Einrichtung von Staatsschutzstrafkammern als besondere Strafkammern mit gesetzlich bestimmter Geschäftsaufgabe. Der Gesetzgeber bezweckte damit, die im einzelnen aufgeführten Strafsachen bei einer spezialisierten und damit kompetenten Kammer zu konzentrieren.[153] Durch § 74a Nr. 4 GVG wurde auch § 129 StGB in den Katalog aufgenommen. Die Bildung einer kriminellen Vereinigung gem. § 129 StGB wird dadurch mit einer den Staatsschutz gefährdenden Straftat gleichgesetzt. Auch hieran ist erkennbar, daß der Gesetzgeber die von organisierten Straftätergruppen ausgehende Gefahr für die Gesellschaft als im Vergleich mit anderen Formen der Straftatbegehung überdurchschnittlich groß einschätzt und dementsprechend die Bekämpfung koordinieren bzw. optimieren will. Die genaue Bestimmung der in § 129 StGB umschriebenen Straftätergruppen soll im folgenden Abschnitt geklärt werden, der sich mit den materiellrechtlichen Kompetenzen im Zusammenhang mit organisierten Straftätergruppen befaßt.

---

[153] *Kleinknecht/Meyer-Goßner*, § 74 GVG/7.

# IV. Materiellrechtliche Sanktionsnormen

Die besondere Gefährlichkeit organisierter Straftätergruppen hat vor allem auch im materiellen Strafrecht zu verschiedenen Versuchen geführt, die bandenmäßige oder organisierte Deliktsbegehung durch besondere Straftatbestände zu qualifizieren oder zu erfassen. Im deutschen Strafrecht sind dabei vor allem die strafschärfenden Qualifikationsmerkmale der bandenmäßigen Begehung von Straftaten zu nennen (unten A) sowie die speziellen Tatbestände der Bildung einer kriminellen oder terroristischen Vereinigung gemäß §§ 129, 129a StGB (dazu unten B). Im amerikanischen Strafrecht findet sich darüber hinaus ein andersartiges Konzept, das im Jahre 1970 mit dem „Racketeer Influenced and Corrupt Organizations Act" (RICO) eingeführt wurde (dazu unten C).[154]

## A. Die Bande

### *1. Begriff und Geschichte*

Der allgemeine Sprachgebrauch bezeichnet die Bande als „geschlossene, zahlenmäßig begrenzte Gruppe Erwachsener oder Jugendlicher, deren Normen und Verhaltensweisen von denen der Gesellschaft so abweichen, daß sie die soziale Ordnung stören"[155]. Sprachgeschichtlichen Untersuchungen zufolge[156] wandte man den deutschen Begriff „Bande" erstmals im 12. Jahrhun-

[154] In Italien nahm man 1982 Art. 416 („Mafiaartige Verbindung") in den CP auf, der wie folgt lautet: „Eine Vereinigung wird als Mafia-Vereinigung bezeichnet, wenn ihre Mitglieder die Mitgliedschaft als Einschüchterungsmittel und das daraus folgende Solidaritätsgefühl dazu benutzen, direkt oder indirekt die Leitung oder zumindest die Kontrolle über Geschäftsbetriebe, Konzessionen, öffentliche Ausschreibungen oder Verwaltungen oder zur Erreichung von unrechtem Gewinn für sich oder andere an sich zu bringen." In den USA schuf man bereits 1970 den komplexen Tatbestand RICO. Da es nicht erfolgversprechend erscheint, eine auf die örtlichen Verhältnisse (insbesondere die Mafia) zugeschnittene italienische Norm auf Deutschland zu übertragen (wo Straftäterverflechtungen und organisierte Gruppen verschiedenster Nationalität und Strategie operieren), soll im folgenden nur die amerikanische Regelung näher betrachtet werden, da diese gerade nicht auf eine bestimmte für die USA typische Formen der Organisierten Kriminalität abstellt, sondern darauf abzielt, die Strukturen zu zerstören, in denen Organisierte Kriminalität gedeiht. So schreibt *Becker*, S. 983, „RICO attempts to strike at ‚organized crime' by attacking the structures within it flourishes."

[155] *Brockhaus*, Enzyklopädie, Stichwort „Bande".

[156] *Loeber*, S. 7.

dert auf Söldnerhaufen an, die für jede Sache zu fechten bereit waren und nach Ausführung der jeweiligen Aufträge plündernd durchs Land zogen. Der Begriff entstammt der Wortfamilie „Band" und beschreibt in seiner ursprünglichen Bedeutung die Verbindung verschiedener Teile.

Das römische Recht kannte keinen allgemeinen Grundsatz über die Strafbarkeit des Täters und der anderen „Mitwirkenden", sondern behalf sich bei den einzelnen Verbrechen mit besonderen Bestimmungen.[157] So gab es beim Diebstahl zwar mehrere strafschärfende Qualifikationen (z.B. für *effractores* – Einbrechende), doch keine erfaßte die Begehung durch mehrere Personen.[158] Die einzige spezielle strafrechtliche Würdigung von Täterzusammenschlüssen war das Komplott, das als Majestätsverbrechen (*factio*) geahndet wurde, wenn es sich gegen den Staat richtete. Das Komplott ist insoweit als Vorläufer von § 129a StGB anzusehen. Darüber hinaus wurde im Ergebnis durch das nicht gegen den Staat gerichtete Komplott ein Täterzusammenschluß mit Rücksicht auf das erstrebte Verbrechen bestraft. Es handelte sich insoweit um eine unbenannte strafschärfende Qualifikation des jeweiligen Grunddeliktes.[159]

Im germanischen Recht findet sich ebenfalls keine Bandenqualifikation beim Diebstahl.[160] Allerdings existierte eine besondere Qualifikation des Raubes für den Fall, daß „man mit gesammeltem Gefolge dem Angegriffenen auflauerte, und, um ihn zu berauben, überfallen hatte"[161]. Darüber hinaus findet sich im germanischen Recht eine originäre Art der Beihilfe, die sogenannte Gefolgschaft.[162] Die Voraussetzungen für eine Gefolgschaft waren kumulativ

- die Anwesenheit der Täter am Ort der Tatbegehung (damit war nicht die Verbindung zur fortgesetzten Tatbegehung gefordert),
- die Kenntnis, daß ein frevelhaftes Unternehmen stattfinden sollte,
- die Bewaffnung der Personen sowie
- eine bestimmte Anzahl von Personen.

---

[157] *Rein*, S. 185.

[158] *Rein*, S. 520 f.

[159] Z.B. „factio latornum" der in l.16 pr. I.11 § 2.D. bestrafte Raubmord, vgl. *Rein*, S. 521.

[160] Vgl. *Wilda*, S. 870.

[161] *Wilda*, S. 912 ff.

[162] *Wilda*, S. 613.

Bedeutsam ist vor allem die vierte Voraussetzung. So war beispielsweise im Recht der Angelsachsen[163] in Ind.15 § 1, geregelt: „Bis sieben Mann heißen wir Diebe, von sieben bis fünf und dreißig Bande (hlôdh), dann ist es ein Heer ...". Auch im nordischen Recht gab es eine entsprechende Regelung. Die Mindestzahl für eine Bande waren hier fünf Männer, den „Führer"[164] mit eingeschlossen. Die bloße Gefolgschaft war somit strafbar. Über die Zahl der Mitwirkenden, also über die Quantität, wurde eine neue Qualität erreicht. Darüber hinaus wurde die Gefolgschaft (Bande oder Heer) auch zur Zurechnung fremder Tatbeiträge benutzt: Wurde etwa eine Person getötet, so hatte sich jeder aus der Gefolgschaft wegen Totschlags zu verantworten.[165]

Bereits im frühen Mittelalter finden sich also Vorläufer der besonderen Strafbarkeit von Straftätergruppen. So ähnelt der Tatbestand der Gefolgschaft an sich dem Tatbestand des § 129 StGB, die Qualifikation den §§ 244, 250 StGB. Allerdings fand zumindest nach germanischem Recht eine unterschiedliche Bestrafung von Anführern und „Folgern" statt.[166] Die Beihilfe, begrifflich erst im 18. Jahrhundert erfaßt, sowie die Anstiftung waren im übrigen ursprünglich straflos.

Die Strafbarkeit von Verbrechen durch eine Tätergruppe entwickelte sich nach dieser Betrachtung wahrscheinlich aus den sogenannten Bandenverbrechen wie „Heimsuche" oder „Überfall mit bewaffnetem Gefolge". Für die weite Verbreitung dieser Zusammenschlüsse zeugen schon die verschiedenen Bezeichnungen für Bande[167] wie „*contubernium*", „*manus collecta*", „*trustis*" und „*hlôth*" (langobardisch).

In der Constitutio Criminalis Carolina, der „Peinlichen Gerichtsordnung" Kaiser Karls V. von 1532, klingt das Zusammenwirken mehrerer zu einer Straftat zwar nur in den Artikeln 148 und 177 an.[168] Gleichwohl gelten diese Artikel als erste Normierungen der Mittäterschaft.[169]

---

[163] *Wilda*, S. 617.

[164] *Wilda*, S. 617.

[165] *Wilda*, S. 617 f.

[166] Lex Alamann Hlôth XXXIV, zitiert nach *Osenbrüggen*, Alamannisches Strafrecht, 1860.

[167] Dieser Ansicht auch *His*, S. 25.

[168] Zitiert nach *Kohler-Scheel*, CCC Halle, 1900.

[169] Leipziger Kommentar, Vor § 25/5.

Seit *Feuerbach* wurde die Bande als eine besondere Form der Teilnahme am Verbrechen betrachtet.[170] Zunächst war bereits die Vereinigung zur Bande als Versuch zu bestrafen. Darüber hinaus waren, wenn nach allgemeiner Verabredung ein Verbrechen durch die Bande begangen wurde, auch diejenigen Mitglieder der Bande zu einem bestimmten Grade verantwortlich, die bei diesem Verbrechen völlig unbeteiligt waren. „Bande" war nach Feuerbach ein Personenzusammenschluß, dessen Zweck nicht auf ein bestimmtes Verbrechen, sondern auf die Begehung einer Gattung, also einer unbestimmten Menge, von strafbaren Handlungen gerichtet war.[171]

Später erklärte Art. 54 des Bayerischen Strafgesetzbuches von 1813 die Bildung einer Bande für strafbar. Außerdem drohte Art. 51 eine höhere Strafe für die Begehung konkreter Taten dann an, wenn sie von einer Bande begangen wurden.[172] Schon kurze Zeit später änderte sich die Auffassung jedoch grundlegend, so daß das preußische StGB von 1851 ebenso wie das bayerische StGB von 1861 keine selbständige Bestrafung der Bande mehr enthielten. Diese Entwicklung beruhte zum einen auf der Rechtswirklichkeit (die klassische Bande trat nicht mehr auf), zum anderen wurden beide Gesetze durch den Code pénal (vor allem durch Art. 59, 60 bzgl. der Mittäterschaft) geprägt.

So ist es nur folgerichtig, daß auch das nach diesen Vorbildern geschaffene StGB des deutschen Reiches von 1871 keine selbständige Strafbarkeit der Bandenbildung mehr enthielt, sondern nurmehr bei der Tatausführung durch mehrere Täter eine erhöhte Strafe androhte.[173] So erwähnte das Reichsstrafgesetzbuch vom 15. Mai 1871 (§ 218 Nr. 2 des preußischen StGB folgend) die Bande nur in § 243 Nr. 6 beim Diebstahl,[174] und in § 249 Nr. 2 beim Raub. Bei beiden Delikten mußten jeweils mehrere Personen mitwirken, die sich darüber hinaus auch zur fortgesetzten Begehung dieser Delikte verbunden haben mußten.

---

[170] Vgl. *Hälscher*, S. 556.

[171] *Feuerbach*, S. 51.

[172] Art. 54 des StGB für das Königreich Bayer von 1813 lautete: „Die Gesetze wider das Komplott überhaupt (Art. 50-53) sind auch auf Banden anzuwenden, worunter solche Komplotte verstanden werden, welche zur Verübung mehrerer, einzeln noch ganz unbestimmter Verbrechen einer gewissen Art oder Gattung eingegangen sind."

[173] *Hälscher*, S. 556.

[174] Dieser lautete: „Auf Zuchthaus bis zu zehn Jahren ist zu erkennen, wenn (Nr. 6) zu dem Diebstahle Mehrere mitwirken, welche sich zur fortgesetzten Begehung von Raub oder Diebstahl verbunden haben."

Das Reichsgericht stellte dann im Jahre 1883 in einer Entscheidung zu § 243 Nr. 6 RStGB fest, daß die neuere Strafgesetzgebung sich von der historischen Erscheinungsform der Bande gelöst habe. Dieser historischen Erscheinungsform nach mußte eine verbrecherische Verbindung mit fester genossenschaftlicher Organisation und gewerbsmäßigem Verbrechensbetrieb ohne Beschränkung auf Zeit oder einen bestimmten Ort erkennbar gewesen sein.[175] Von diesem historisch gewachsenen Bandenbegriff ließ das Reichsgericht für die strafrechtliche Erfassung der Bandenkriminalität nur noch das qualifizierende Moment einer Verbindung mehrerer zur fortgesetzten Begehung von Raub oder Diebstahl fortgelten. Es berief sich dazu auf den Wortlaut der Normen.

Erst im Jahre 1969 führte das 1. Strafrechtsreformgesetz § 244 I Nr. 3 sowie im Jahre 1974 das EGStGB § 250 I Nr. 4 ein. Das StGB kehrte damit, ohne inhaltliche Änderung, zur Bezeichnung „Bande" zurück. § 244 I Nr. 3 StGB lautet: „Mit Freiheitsstrafe von sechs Monaten bis zu zehn Jahren wird bestraft, wer ... als Mitglied einer Bande, die sich zur fortgesetzten Begehung von Raub oder Diebstahl verbunden hat, unter Mitwirkung eines anderen Bandenmitglieds stiehlt." Gegenüber dem Grundtatbestand des Diebstahls (§ 42 StGB) führt § 244 StGB zwingend zu einer Freiheitsstrafe, er enthält also eine empfindliche Strafschärfung.

1972 bzw. 1977 schuf der Gesetzgeber in § 30 Nr. 1 BtmG[176] und § 373 II Nr. 3 AO[177] (beide Normen regeln den bandenmäßigen Schmuggel) zwei weitere Bandenqualifikationen. Die neuen Tatbestände beruhten auf der Einsicht, daß auch diese Taten besonders gefährlich sind, wenn sie von einer Bande begangen werden. Auch diese Qualifikationen weisen eine gegenüber den Grundtatbeständen erhöhte Strafdrohung auf.

Das „Gesetz zur Bekämpfung des illegalen Rauschgifthandels und anderen Erscheinungsformen der Organisierten Kriminalität" (OrgKG) fügte 1992 weitere Bandenqualifikationen ein. In § 244a wurde der schwere Bandendiebstahl normiert und in §§ 260, 260a die gewerbsmäßige Bandenhehlerei.

---

[175] Urteil vom 13.12.1883, RGSt 9, 296/296 f.

[176] § 30 I Nr. 1 BtmG lautet: „Mit Freiheitsstrafe nicht unter zwei Jahren wird bestraft, wer (Nr 1) Betäubungsmittel ohne Erlaubnis nach § 3 I Nr. 1 anbaut, herstellt oder mit ihnen Handel treibt (§ 29 I) und dabei als Mitglied einer Bande handelt, die sich zur fortgesetzten Begehung solcher Taten verbunden hat."

[177] § 373 II Nr. 3 AO lautet „Ebenso wird bestraft, wer (Nr. 3) als Mitglied einer Bande, die sich zur fortgesetzten Begehung der Hinterziehung von Eingangsabgaben oder des Bannbruchs verbunden hat, unter Mitwirkung eines anderen Bandenmitglieds die Tat ausführt."

Inhaltlich sind diese Neuregelungen an den Bandendiebstahl angelehnt, so verlangt bspw. auch die Bandenhehlerei, daß der Täter „die Hehlerei als Mitglied einer Bande, die sich zur fortgesetzten Begehung von Raub, Diebstahl oder Hehlerei verbunden hat, gewerbsmäßig begeht."

In der Rechtsprechung wird unter dem Qualifikationsmerkmal „Bande" heute die Verbindung von mindestens zwei Personen betrachtet, die auf die Begehung mehrerer noch unbestimmter Diebstähle (bzw. Raub, Schmuggel und Handeltreiben mit Betäubungsmitteln) gerichtet ist. Weiter ist notwendig, daß bei der konkreten Deliktsbegehung auch mehrere Bandenmitglieder mitwirkten.[178]

### *2. Die Strafschärfung des Qualifikationsmerkmals „Bande" im Vergleich zur Mittäterschaft gem. § 25 II StGB*

„Mittäter" ist nach neuerer BGH-Rechtsprechung,[179] wer auf Grundlage gemeinsamen Wollens einen die Tatbestandsverwirklichung fördernden Beitrag in Form einer Vorbereitungs- oder Unterstützungshandlung oder psychischen Einwirkung leistet und die Tat als eigene will. Damit nähert sich der BGH dem in der Lehre zunehmend[180] vertretenen Standpunkt der Verbindung subjektiver und objektiver Voraussetzungen. Das „gemeinschaftliche" Begehen einer Straftat verlangt demnach die bewußte und gewollte Arbeitsteilung mehrerer Täter. Jeder Teilnehmer muß sich den Tatbeitrag des anderen als eigenen zurechnen lassen, d.h., die Mittäterschaft trägt ihren Unrechtsgehalt in sich selbst und ist nicht von fremder Tat abgeleitet.[181] Jeder Beteiligte ist als gleichberechtigter Partner Mitträger des gemeinsamen Tatentschlusses und der gemeinschaftlichen Tatbestandsverwirklichung, so daß die einzelnen Tatbeiträge sich zu einem einheitlichen Ganzen zusammenfügen und der Gesamterfolg jedem Mitwirkendem zuzurechnen ist.[182] Mit anderen Worten: § 25 II StGB ermöglicht die Bestrafung mehrerer Mitwirkender an einer Tat, auch wenn keiner von ihnen sämtliche Tatbestandsmerkmale in seiner Person verwirklicht. Hält man sich vor Augen, daß damit die Strafbarkeit der Teil-

---

[178] H.M. Beschluß v. 3.4.1970, BGHSt 23, 239 f., *Schönke-Schröder*, § 244, 24, a.A. *Dreher*, NJW 1970, S. 1802, der immer mehr als zwei Personen verlangt.

[179] Urteil v. 6.11.1984, BGH NStZ 1985, S. 165.

[180] Vgl. dazu zusammenfassend *Schönke-Schröder*, vor § 25/66.

[181] *Wessels*, AT, S. 157.

[182] Urteil v. 4.5.1988, BGH NStZ 1988, S. 406.

nehmer begründet wird, so wird deutlich, warum § 25 II StGB keine Strafschärfung vorsieht.

Im Gegensatz dazu sehen die §§ 244 I Nr. 3, 250 I Nr. 4 StGB eine gegenüber dem Grunddelikt erhöhte Strafdrohung vor. Nach der Rechtsprechung[183] und herrschenden Lehre[184] ist Grund für diese Strafschärfung zum einen die erhöhte Gefahr für die Allgemeinheit, die sich aus der bloßen Existenz einer Gruppe ergibt, in der sich die Mitglieder gegenseitig zur Ausübung von Raub oder Diebstahl verpflichtet haben, und zum anderen die besondere Gefährlichkeit der Tatausführung, an der mehrere Mitglieder örtlich und zeitlich zusammenwirken. Diese Auffassung fußt auf den oben bereits dargestellten Erkenntnissen insbesondere der Sozialwissenschaften über das Gruppenverhalten.

Eine Organisation ist folglich für die Existenz einer Gruppe ebensowenig erforderlich wie für die Qualifikation einer „Bande".[185] Es bedarf ebenso keiner gegenseitigen Verpflichtung zur gemeinsamen Straftatbegehung. Insofern reicht eine durch ausdrückliche oder stillschweigende Vereinbarung zur Begehung mehrerer selbständiger, im einzelnen noch ungewisser Taten (Diebstahl, Raub, Betäubungsmitteltatbestände oder Schmuggel) eingegangene Verbindung[186] zwischen mindestens zwei Personen aus. Die Strafschärfung tritt nur ein, wenn ein Bandenmitglied die Tat unter Mitwirkung eines anderen Bandenmitgliedes begeht. Das bedeutet, daß ein an der konkreten Tat nicht örtlich und zeitlich mitwirkendes Bandenmitglied nicht Täter im Sinne des qualifizierenden Merkmals „Bande" sein kann.[187]

Als Ergebnis ist damit festzuhalten, daß § 25 II StGB es nur ermöglicht, materielle Straftatbestände auf arbeitsteilig zusammenwirkende Täter anzuwenden. Das qualifizierende Merkmal „Bande" in den §§ 244 I Nr. 3, 250 I Nr. 4 StGB hingegen ist ein Strafschärfungsgrund, welcher auf der sich potenzierenden kriminellen Energie beruht, die durch die Verbrechensabrede mehrerer Personen entsteht.

---

[183] Urteil v. 6.10.1955, BGHSt 8, 205/209; Urteil v. 29.8.1973, BGH GA 1974, S. 308.

[184] Vgl. *Schönke-Schröder*, § 244/23; Leipziger Kommentar, § 244, 11.

[185] Schon Urteil v. 13.12.1983, RGSt 9, 296 (297); Urteil v. 11.10.1978, BGHSt 28, 147 ff.

[186] Vgl. Urteil v. 8.4.1986, BGH NStZ 1986, S. 408 f.

[187] H.M. seit dem Urteil v. 6.10.1955, BGHSt 8, 205 (206-210); bestätigt durch Urteil v. 7.2.1984, BGHStVert 1984, 245.

## B. Die kriminelle Vereinigung

### *I. Geschichtliche Entwicklung*

Wie bereits aufgezeigt, kannte schon das römische Recht das Komplott, das, wenn es nicht gegen den Staat gerichtet war, mit Rücksicht auf das beabsichtigte Verbrechen bestraft wurde. Das römische Recht kannte aber noch keine selbständige Strafbarkeit von kriminellen Vereinigungen. Als Vorstufe einer solchen Strafbarkeit ist die Bestrafung der „Gefolgschaft" nach germanischem Recht[188] anzusehen, wenngleich sie auch gewaltige Unterschiede aufwies: Die „Gefolgschaft" war nur bei Gegenwart des jeweiligen Täters am Ort der Tatbestandsverwirklichung strafbar. Eine Verbindung zur fortgesetzten Tatbegehung forderte man dabei nicht.

Als echter Vorläufer der §§ 129, 129a StGB kann das preußische Edikt von 1798 gelten,[189] das erstmals anhand objektiver Merkmale – bei Aufbau eines Geheimbundes oder einer gesetzeswidrigen Organisation – an die Verbindung als Anlaß für die Strafbarkeit anknüpfte. So verwundert es nicht, daß im preußischen StGB von 1851 die Strafbarkeit gewisser Verbindungen in §§ 98, 99 (Geheimbündelei und staatsfeindliche Verbindung) aufgenommen wurde.

Diese Tatbestände übernahm das Reichsstrafgesetzbuch vom 5. Juni 1871 wortgleich als §§ 128, 129. Das Reichsgericht[190] verlangte für das Vorliegen einer Verbindung im Sinne des § 129 „die Unterordnung des einzelnen unter den irgendwie zum Ausdruck gebrachten Willen der Gesamtheit, also eine gewisse Organisation, wenn auch nicht durch geschriebene Statuten; dazu die Vereinigung auf längere, freilich nur in concreto zu bemessende Dauer".

Bis zum 30. August 1951 fanden sich diese beiden Normen im StGB. Das an jenem Tage in Kraft getretene 1. Strafrechtsänderungsgesetz gestaltete den Tatbestand des § 129 um (u.a. wurde der Begriff der „Verbindung" durch den der „Vereinigung" ersetzt) und hob § 128 auf. Daneben stellte man in § 90a (heute neugefaßt in §§ 84, 85) die Gründung und Förderung verfassungsfeindlicher Vereinigungen unter Strafe.

---

[188] Siehe oben A.

[189] Vgl. *Gräßle-Münscher*, S. 3 ff.

[190] Urteil v. 21./23.12.1885, RGSt 13, 273 (277). Im Streit stand, ob die SPD als staatsfeindliche Verbindung zu betrachten sei.

Diese neu geschaffenen Tatbestände betreffen alle das Tätigwerden für verbotene Kollektive.[191] Ziel des Gesetzgebers war es, die Abwehrkräfte des Volkes gegen „feindliche Kollektive“ zu stärken und zu vermeiden, daß sie die Gesellschaft unterwandern.[192] Um einen möglichst weitgehenden Schutz zu gewährleisten, stellte man bereits die Bildung solcher Kollektive unter Strafe. Während bei den Bandenqualifikationen zur Strafbarkeit mindestens der Versuch einer konkreten Straftat nötig war, genügte zur Strafbarkeit nach § 129 StGB die bloße Bildung der Vereinigung unter der Zwecksetzung, Straftaten zu begehen. In diesem Zusammenhang beschränkte das BVerfG § 129 StGB auf Verbrechensvereine und grenzte davon staatsverfassungsfeindliche Kollektive ab, die von §§ 90a, 129a StGB und §§ 42, 47 BVerfGG abschließend erfaßt seien.[193]

Das Vereinsgesetz vom 5.8.1964 veränderte den Tatbestand des § 129 weiter. Absatz 1 wurde neugefaßt, die Absätze 2 und 3 wurden geschaffen und das Parteienprivileg, dem Art. 21 GG folgend, wurde eingefügt. Schließlich ergänzte das am 20.9.1976 in Kraft getretene Antiterrorgesetz den Qualifikationstatbestand des § 129a, der aber in der vorliegenden Arbeit außer Betracht bleiben kann[194].

### 2. *Die Auslegung von § 129 StGB durch Rechtsprechung und Lehre*

Geschütztes Rechtsgut des Organisationsdeliktes, das sich auf Art. 9 II GG stützen kann, ist die innere öffentliche Sicherheit[195] bzw. der öffentliche Friede[196] als das umfassendere Gut. Dieses Gut umfaßt die allgemeine Rechtssicherheit und das friedliche Zusammenleben der Bürger, sowie das im Vertrauen der Bevölkerung auf die Fortdauer dieses Zustandes begründete Sicherheitsgefühl.

Für die vorliegende Arbeit von Interesse sind daher vor allem die Tatbestandsvoraussetzungen der Gründung einer Vereinigung, deren Zweck oder

---

[191] *Gräßle-Münscher*, S. 42.

[192] BT-Drucks. 1/1307, S. 31.

[193] Beschluß v. 30.10.1963, BVerfGE 17, 155 (165).

[194] Anders *Harnischmacher*, Die unglückselige Heirat des organisierten Verbrechens mit dem internationalen Terrorismus, Archiv für Kriminologie, Band 186.

[195] So Urteil v. 12.10.1965, BGH NJW 1966, S. 310/312; Urteil v. 12.2.1975, BGH NJW 1975, S. 985.

[196] *Schönke-Schröder*, § 129/1.

deren Tätigkeit darauf gerichtet ist, Straftaten zu begehen, sich an diesen zu beteiligen, für die Vereinigung zu werben oder die Vereinigung zu unterstützen. Diese Tatbestandsvoraussetzungen sind insbesondere deshalb interessant, weil die Rechtsprechung, die gemäß Art. 103 II GG nur gesetzlich bestimmte Tatbestände anwenden darf, allein bei der Auslegung des § 129 StGB das Phänomen einer Gruppenkriminalität mit einem höheren Organisationsgrad als dem einer Bande behandelt.

Eine „Vereinigung“ ist der „auf eine gewisse Dauer berechnete organisatorische Zusammenschluß einer Anzahl von Personen, die bei Unterordnung des Willens des einzelnen unter den Willen der Gesamtheit gemeinsame Zwecke verfolgen und untereinander derart in Beziehung stehen, daß sie sich als einheitlicher Verband fühlen“.[197] An dieser Forderung nach einer Unterordnung des Willens des einzelnen unter den Willen der Gesamtheit scheitert die Erfassung der Organisierten Kriminalität durch § 129 StGB in der Praxis in zahlreichen Fällen. Die strengen Kriterien, die der BGH an den Nachweis der Organisationsstruktur anlegt, wurden in einem Fall aus dem Jahre 1991 besonders deutlich. Eine Straftätergruppe von über 1.000 Mittätern hatte ein „Glücksspielimperium“ aufgebaut. Die Führung der gesamten Gruppe erfolgte durch ein System von Abhängigkeiten, letztlich führte ein Haupttäter mit einem Kreis von engsten Vertrauten die Gruppe autoritär. Das LG Stuttgart hatte die Haupttäter u.a. wegen Bildung einer kriminellen Vereinigung verurteilt. Der BGH hob dieses Urteil mit der Begründung auf, der Nachweis der für § 129 StGB erforderlichen Organisationsstruktur sei nicht erbracht, weil „sich die Mitglieder der Gruppe, jeder für sich, allein dem Willen des H unterworfen haben. Dieser bestimmte individuell und autoritär die für die Gruppe verbindlichen Regeln. Der Wille innerhalb des Personenkreises wurde also nicht unter Einbindung der einzelnen Mitglieder gebildet, und hatte sich demnach nicht von einer individuellen Einzelmeinung losgelöst.“[198]

Der Zweck einer Vereinigung ist dann „auf die Begehung von Straftaten gerichtet“, wenn die Organisation „nach dem Willen der für ihre Willensbildung maßgeblichen Personen das Ziel verfolgt, strafbare Handlungen zu begehen“. Weiterhin ist dies der Fall, wenn die Vereinigung „ihrer inneren Struktur nach zweckrational darauf angelegt ist, strafbare Handlungen zu be-

---

[197] So die Entscheidung des BGH 28, 147 (148), Urteil vom 11.10.1978, die zudem drei Personen als Mindestmitgliedszahl verlangt.

[198] Urteil vom 1.10.1991, 5 StR 390/91, der kriminalist 1992, S. 243 f.

gehen".[199] Unerheblich ist, ob die Vereinigung ursprünglich zu einem legalen Zweck gegründet worden war. Ebensowenig muß die Begehung von Straftaten Endzweck sein. Was die von der Vereinigung begangenen Straftaten angeht, so sind nur Straftaten einschlägig, die dem Zusammenschluß zeitlich und organisatorisch nachfolgen. Straftaten i.S. dieser Vorschrift sind grundsätzlich alle einen Straftatbestand erfüllenden Handlungen von einigem Gewicht.[200] Verfassungsgemäß ausgelegt, genügt § 129 Abs. 2 Nr. 2 StGB dem grundgesetzlichen Bestimmtheitsgebot (Art. 103 II GG).

Als Tathandlungen kommen das Gründen einer Vereinigung und die Beteiligung als Mitglied in Betracht. Das Gründen einer Vereinigung verlangt eine „führende und richtungsweisende Mitwirkung am ursprünglichen Gründungsakt der Vereinigung",[201] was auch bei Zieländerung eines ursprünglich legalen Zusammenschlusses möglich ist. Als Mitglied beteiligt sich, wer sich in die Organisation eingliedert, sich ihrem Willen unterordnet und eine die kriminellen Ziele der Vereinigung fördernde Tätigkeit entfaltet.[202] Deshalb genügt schon wegen des eindeutigen Wortlautes („beteiligen") die bloße Mitgliedschaft nicht. Sie kann höchstenfalls als Versuch der Beteiligung bestraft werden.[203]

In der Praxis hat vor allem die Tathandlung der Beteiligung als „Mitglied" erhebliche Bedeutung. Nach dem BVerfG[204] faßt der Tatbestand der „Mitgliedschaft" in einer kriminellen Vereinigung „eine Vielzahl unterschiedlichster Vorgänge zu einer juristischen Einheit zusammen, deren Umfang außerordentlich weit gefaßt ist. Die Täterschaft kann sich daher in den unterschiedlichsten Verhaltensweisen verwirklichen. Die Tätigkeiten können die unmittelbaren Ziele der Vereinigung durchsetzen, sie können aber auch lediglich die Grundlagen für die Tätigkeit der Vereinigung schaffen oder erhalten wollen.". Für den BGH[205] ist bei der Mitgliedsbeteiligung „unerheblich, ob die Handlung, durch die sich ein Mitglied an einer kriminellen Vereinigung beteiligt, das Ziel der Vereinigung bildet oder ob sie einen Bei-

---

[199] Vgl. *Wagner*, GA 1960, S. 225-242 (230), Zusammenstellung der Rspr.

[200] Beschluß v. 17.11.1981, BGH NStZ 1982, S. 68, zur Rechtsprechungsentwicklung bis 1980, *Ostendorf*, JA 1980, S. 499-503.

[201] Urteil v. 19.5.1954, BGH NJW 1954, S. 1254.

[202] Urteil v. 20.3.1963, BGH 18, 296 (300).

[203] Wie hier *Ostendorf*, S. 502.

[204] Urteil v. 8.1.1981, BVerfG 56,22 (33) bzgl. Strafklageverbrauch.

[205] Urteil v. 11.6.1980, BGH 29, 288 (291).

trag zur organisatorischen Arbeit leisten soll". Es klingt sowohl beim BVerfG als auch beim BGH an, daß sich bereits derjenige beteiligt, der logistische Aufgaben[206] erledigt, so daß es nicht auf die Kenntnis einzelner geplanter Taten ankommt. Noch weiter geht die Rechtsprechung bei der Auslegung der Tatbestandsalternative des „Unterstützens". Diese Tathandlung liegt vor, wenn jemand, ohne Mitglied zu sein, den Fortbestand einer kriminellen Vereinigung oder die Verwirklichung derer Ziele fördert. Dogmatisch gesehen verselbständigt sich also die Beihilfe zur Täterschaft.[207] Die jeweilige Handlung muß objektiv geeignet sein, die Bestrebungen der Organisation in irgendeiner Weise zu fördern bzw. als Hilfe für sie vorteilhaft sein. Unter „Unterstützung" fallen beispielsweise das Gewähren von Unterschlupf, das Liefern von Waffen, falschen Pässen oder technischem Know-how, auch wenn diese Dinge tatsächlich nicht gebraucht werden, die Zuwendung finanzieller Mittel, oder Kurierdienste.[208]

Für den subjektiven Tatbestand genügt bei allen Begehungsarten bedingter Vorsatz bezüglich der Umstände, die das Bestehen einer kriminellen Vereinigung ausmachen und bezüglich der konkreten Tathandlung.

Festgehalten sei an dieser Stelle, daß der Tatbestand in der Auslegung durch die Rechtsprechung so weit gefaßt ist, daß keine durch eine irgendwie organisierte Straftätergruppe begangene Straftat denkbar ist, die nicht auch von ihm umfaßt wäre.

### *3. Die Abgrenzung der kriminellen Vereinigung von der Bande*

Die Abgrenzung der kriminellen Vereinigung gegenüber einer Bande ergibt sich aus den Tatbestandsvoraussetzungen der sie regelnden Normen. Entscheidend ist das Merkmal der Organisation, das nach ganz herrschender Meinung[209] kein Erfordernis der Bande im strafrechtlichen Sinne darstellt, aber gerade die von rational organisierten kriminellen Vereinigungen ausgehende Dauergefahr begründet.

---

[206] Vgl. *Gräßle-Münscher*, S. 70, der festellt, daß die Rspr. Aufbau von Logistik als Indiz für Vereingung betrachtet.

[207] Urteil v. 25.1.1984, BGHSt 32, 243/244; Urteil v. 30.10.1964, BGHSt 20, 89.

[208] *Schönke-Schröder*, § 129/15a.

[209] Urteil v. 13.1.1983, BGHSt 31, 202 (205), *Schild*, GA 1982, S. 72.

Demnach genügt weder die Verabredung zu einer Straftat (i.S.v. § 30 StGB) oder die gemeinschaftliche Tatbegehung (§ 25 Abs. 2 StGB) noch der auf die Begehung mehrerer Diebstähle gerichtete gemeinsame Wille von Bandenmitgliedern, um eine Bande zur kriminellen Vereinigung werden zu lassen, da all diesen Variationen das Organisationselement fehlt. Ein Mindestmaß an Organisation setzt vielmehr voraus, daß sich der einzelne dem Willen einer Gesamtheit unterordnet.[210]

### *4. Rechtstatsächliche Erfahrungen mit § 129 StGB*

Obwohl der Tatbestand der kriminellen Vereinigung denkbar weit gefaßt und auch ausgelegt wird, sind Verurteilungen äußerst selten. Die polizeiliche Kriminalstatistik (PKS) zeigt, daß es kaum zur Verfolgung der kriminellen Vereinigung als solcher kommt. Die PKS weist für 1992 keinen Fall, für 1991 und 1990 jeweils einen Fall, für 1989 elf Fälle, für die Jahre 1988 und 1987 je zwei Fälle und in den Jahren 1986 und 1985 keine Nennung auf. Neben der Tatsache, daß kriminelle Vereinigungen sich abschotten und damit schon keinen Anfangsverdacht für die Ermittlungsbehörden entstehen lassen,[211] orientiert sich die Polizei notgedrungen[212] meist an der Täterpersönlichkeit.[213] Folglich wird die im Hintergrund stehende kriminelle Struktur oft überhaupt nicht aufgedeckt.

Prozessual (§§ 152 II, 163 StPO) dient § 129 StGB bislang allein als materiellrechtliche „Klammer" für Ermittlungen gegen Straftätergruppierungen.[214]

Am Anfang von Ermittlungsverfahren spielt § 129 StGB allerdings eine verhältnismäßig große Rolle, um strafprozessuale Maßnahmen wie einen Haftbefehl oder eine Fernmeldeüberwachung zu rechtfertigen.[215] Doch wird dieser Tatbestand anschließend oft wieder fallengelassen. § 129 StGB scheidet (evtl. gemäß § 154a StPO) bei tateinheitlichem Vorliegen anderer Straftaten hauptsächlich deshalb aus, weil dieser Tatbestand mit seinen relativ hohen

---

[210] Dafür reicht es nicht aus, konkrete Taten gemeinsam durchzuführen, denn hierfür genügt schon ein gleichgerichteter Wille, der auf gemeinsame (auch fortgesetzte) Tatbegehung gerichtet ist. Vgl. Urteil vom 11.6.1980, BGHSt 29, 288/291.

[211] Vgl. schon *Werner*, Kriminalistik 1982, S. 132.

[212] *Tabarelli*, Kriminalistik 1990, S. 635 ff. Er fordert aktive Informationsbeschaffung.

[213] *Lenhard*, Kriminalistik 1991, S. 224.

[214] *Kulenkampf*, auf der Herbstagung des BKA, der kriminalist 1991, S. 19.

[215] *Schaefer*, Kriminalistik 1987, S. 234.

Anforderungen an die Nachweisbarkeit der Organisationsstruktur der kriminellen Vereinigung schwer beweisbar ist, zumindest schwerer als die in der Regel mitangeklagten Einzeltaten.[216]

Damit führt die oben dargestellte Rechtsprechung des BGH[217] dazu, daß aus prozeßökonomischen Gründen § 129 StGB oft nicht mitangeklagt wird. Die Verurteilung eines Angeklagten als Mitglied einer kriminellen Vereinigung ist letztlich auch nicht unter dem Gesichtspunkt der Strafschärfung interessant, da die relativ milde Strafdrohung (Freiheitsstrafe bis zu fünf Jahren) in der Praxis kaum zu einer Erhöhung der Strafe führt.

## C. RICO (Racketeer Influenced and Corrupt Organisations Act)[218]

### *1. Geschichtliche Entwicklung*

Die Ausführungen zur Geschichte des organisierten Verbrechens haben bereits dargestellt, daß in den USA auf der Grundlage von Abschlußberichten verschiedener bundesstaatlicher Kommissionen[219] Gesetze erlassen und Schwerpunktabteilungen gebildet wurden, die die organisierte Kriminalität bekämpfen sollten. So wurde nach Empfehlung des Kefauver Kommitees 1954 im Justizministerium eine „Organized Crime and Racketeering Section" (eine zunächst schwach besetzte Spezialstaatsanwaltschaft) zur Aufklärung von Straftaten organisierter Krimineller geschaffen. Bereits 1965 regte Senator McClellan an, ein Gesetz zu erlassen, das die Mitgliedschaft in der Mafia und in anderen kriminellen Syndikaten unter Strafe stellen sollte.[220] Diese Idee wurde jedoch (zunächst komplett) verworfen. Der Vorschlag wurde als mit der Verfassung unvereinbar angesehen, weil er einen Status anstelle einer Handlung bestrafen wollte.[221] Im Jahre 1966 wurden dann erstmalig die bun-

[216] So *Schaefer*, S. 235.

[217] Urteil v. 11.6.1980, BGHSt 29, 288/291.

[218] Zu deutsch etwa „ Gesetz über erpresserisch beeinflußte und korrupte Organisationen".

[219] Studien über das „organized crime" wurden unter anderem angefertigt von: Wickersham Committee (1931), Kefauver Committee (1950), McClellan Committee (1957/58), Katzenbach Commission (1967), National Advisory Committee (1975), Presidents Commission on Organized Crime (1983). Vgl. zur Entwicklung *Hermann*, S. 599 ff.

[220] Statute 2187, 89th Cong., 1st Sess., 111 Cong. Rec. 14, 680 (1965).

[221] Vgl. Criminal Laws and Procedures, Hearings Before the Subcomm. on Criminal Laws and Procedures of the Senate Comm. on the Judicary, 89th Cong., 2d Sess. 32 (1966).

desweit operierenden „Strike Forces" eingesetzt. Sie bestanden aus Vertretern der Staatsanwaltschaft, der Bundespolizei, der Geheimdienste, der Steuer- und Zollfahndung, der Drogenbekämpfung und aus Repräsentanten lokaler Polizeibehörden.[222] Die Katzenbach Kommission stellte 1967 fest, daß nicht nur die personellen und organisatorischen Voraussetzungen einer erfolgreichen Bekämpfung der Organisierten Kriminalität mangelhaft, sondern auch die gesetzlichen Instrumentarien zur strafrechtlichen Verfolgung unzureichend seien.[223] Zudem hob die Kommission hervor, daß das organisierte Verbrechen starke strukturelle Ähnlichkeiten mit legalen Unternehmen und ihrer Verwaltung aufweise. Hinzu kämen Merkmale wie konspirative Verhaltensweisen, Geheimhaltung und der Ursprung im Ausland.[224] Der Report zog seine Schlußfolgerungen damit in erster Linie aus der organisierten Kriminalität in Form der „Cosa Nostra".[225]

Das herausragende Ergebnis dieser Analyse lag aber in der Erkenntnis, daß die Strafverfolgung der auf den Fahndungslisten auftauchenden Täter allein nicht zur Bekämpfung des organisierten Verbrechens genügt. Man stellte fest, daß eine kriminelle Vereinigung umso unabhängiger vom Ausfall von Individuen wird, je weiter sie fortentwickelt ist. Verhaftete Mittäter werden einfach durch neu rekrutierte ersetzt. Daneben war die Anklageerhebung auch nur gegen die unteren, „ausführenden" Ebenen erfolgreich, denn den Hintermännern, die die Täter steuerten, waren regelmäßig keine Straftaten (außer Steuerhinterziehung) nachweisbar. Unter diesem Eindruck forderte man ein Ge-

---

222 Vgl. Task Force Report, S. 12.

223 Allein das Steuerrecht bot bis dahin Ansatzpunkte gegen Führungspersönlichkeiten der amerikanischen Mafia.

224 Vgl. die Definition des organisierten Verbrechens durch die Katzenbach Komission: „Eine Gesellschaft, die versucht außerhalb der Kontrolle des amerikanischen Volkes und der Regierung zu operieren. Sie zählt tausende von Kriminellen zu ihren Mitgliedern, arbeitet mit den gleichen Strukturen wie jedes andere legale Wirtschaftsunternehmen, setzt aber ihre Gesetze strikter durch als jede offizielle Regierung. Ziel des organisierten Verbrechens ist Geld und Macht. Der Unterschied zu gesetzestreuen Unternehmen, die dasselbe Ziel verfolgen, wird durch die ethnischen und moralischen Grundsätze der Kriminellen bestimmt und durch die kriminellen Regeln, die sie befolgen. Außerdem dadurch, daß ihre Methoden privat und geheim sind und von ihnen selbst entwickelt und konspirativ angewendet werden." (zur englischen Originalfassung vgl. oben Fn. 53).

225 Basierend auf den Erkenntissen der Katzenbach Kommission und Daten der Staatspolizei (FBI) verfaßte *Cressey* 1969 das Buch „Theft of the Nation", in dem er Arbeitsweisen und Srukturen krimineller Syndikate beschrieb. Er forderte weitere Untersuchungen, um die Arbeitsweisen organisierter Gruppen detaillierter beschreiben zu können und so zu ermöglichen, daß die Gruppen als Organisationen angegriffen werden können: „The American confederation of criminals will not be controlled until it is understood, and it will not be understood until its division of labor has been specified in detail so that it can be attacked as an organization.", S. 60.

setz, das es ermöglichen sollte, die strukturellen Grundlagen der organisierten Kriminalität zu zerstören.[226] Dazu sollte abweichend vom traditionellen strafrechtlichen Verfahren, das sich auf die Verfolgung einer einzelnen Straftat beschränkt, in Fällen der organisierten Kriminalität die Grundlage dafür geschaffen werden, daß mehrere Angeklagte verfolgt und angeklagt werden können, die unterschiedliche Delikte in einem gewissen Zeitraum begangen haben. Neben dem straf- und verfahrensrechtlichen Angriff auf die Führungsstrukturen der organisierten Kriminalität sowie ihre Unternehmen und Märkte sollten die Gerichte ermächtigt werden, Erlöse und Profite illegaler Geschäft in weiterem Umfang als bislang möglich zu beschlagnahmen.[227]

Aufgrund der Vorschläge der Katzenbach Kommission wurde im Jahre 1970 der „Organized Crime Control Act" erlassen, der unter anderem das materielle Strafrecht um den „Racketeer Influenced and Corrupt Organizations Act" (RICO) erweiterte.[228] Im Jahre 1984 wurde „RICO" durch den „Comprehensive Crime Control Act", vor allem was die Beschlagnahme von Vermögen angeht, erweitert.[229] Ein Ziel der umfassenden (prozessualen und materiellen) Rechtsänderungen war der Versuch, die Organisierte Kriminalität in den USA völlig zu vernichten.[230] Neben dem (im folgenden allein betrachteten Strafgesetz) „RICO" enthält der „Organized Crime Control Act" unter anderem in prozessualer Hinsicht eine spezielle Anklagejury, eine Kronzeugenregelung, zeitlich unbefristeten Zeugenschutz, Beugehaft gegen aussageverweigernde Zeugen und schließlich Änderungen im Beweisrecht sowie in materieller Hinsicht eine höhere Bestrafung von Falschaussagen vor Gericht sowie neue Tatbestände im Glücksspielstrafrecht.[231]

---

[226] Vgl. President's Commission on Law Enforcement and Administration Of Justice, S. 298 ff. Insofern wurde teilweise auf die Idee von McClellan (vgl. Fußnote 218) zurückgegriffen.

[227] Vgl. President's Commission on Law Enforcement and Administration Of Justice, S. 208 ff. Weitere Gesetzesforderung waren unter anderem: Einführung von Zeugenschutzprogrammen, Zulassung elektronischer Abhörmaßnahmen und deren Verwertbarkeit im Prozeß und Errichtung von Spezialschwurgerichte.

[228] Organized Crime Control Act, Pub. L. No. 91-452, tit. IX, 84 Stat. 941, 947-48 (1970). Vgl. zur Gesetzesdiskussion im Congress, *Goldsmith*, S. 776 ff.

[229] Comprehensive Forfeiture Act, H.R.J. Res.648, Title II, Chapter III (1984).

[230] Vgl. die Motive des Gesetzgebers: „The Organized Crime Control Act was enacted to seek the eradication of organized crime in the United States ... by establishing new penal prohibitions, and by providing enhanced sanctions and new remedies to deal with the unlawful activities of those engaged in organized crime." Congressional Statement of Findings and Purpose, 18 U.S.C. § 1961 note.

[231] Ausführlich zur Gesetzgebung, insbesondere zum Organized Crime Control Act, *Hermann*, S. 626 ff.; *Friedmann* u.a., S. 462 ff.

### 2. *Vorläufer der materiellrechtlichen Strafbestimmung*

Als rechtlicher Vorläufer für RICO gilt die „Criminal Conspiracy", die bereits im alten gemeinen Recht Englands[232] bekannt war, ihren Niederschlag aber auch in Gesetzen[233] gefunden hat. Wie im anglo-amerikanischen Rechtssystem häufig üblich ist das Recht, das die „conspiracy" heute definiert und die speziellen Probleme ihrer Verfolgung regelt, insgesamt ein Produkt der Rechtsprechung.[234]

Unter conspiracy versteht man allgemein eine Vereinbarung, die zwei oder mehrere Personen schließen, um eine Straftat zu begehen oder etwas in strafbarer Absicht zu tun, das selbst nicht gesetzwidrig ist.[235] Gesetzlich verankert ist die kriminelle conspiracy heute z.B. im Model Penal Code §§ 5.03, der als Vorlage für die Revision der Strafgesetze in über 30 Staaten der USA gedient hat. Dort wird die conspiracy wie folgt definiert:

„A person is guilty of conspiracy with another person or persons to commit a crime if with the purpose of promoting or facilitating its commission he:
a) agrees with such other person or persons that they or one or more of them will engage in conduct that constitutes such crime or an attempt or solicitation to commit such crime; or
b) agrees to aid such other person or persons in the planning or commission of such crime or of attempt or solicitation to commit such crime."[236]

---

[232] Die „Ordinacio de Conspiratoribus" gilt als ältester Vorläufer. Bereits 1305 wurde die „Ordinance of Conspirators" von Edward I. durch eine Definition für Verschwörer anerkannt, 33 Edward I., Statut 2. Vgl. ausführlich zur historischen Entwicklung *Burgman*, S. 78 ff.; *Corpus Juris Secundum*, 15 A, § 34.

[233] Vgl. die generelle bundesstaatliche Vorschrift in 18 U.S.C. § 371 (1976) und die beipielhafte Normierung im *Model Penal Code and Commentaries*, Part I, § 5.03.

[234] So *Model Penal Code and Commentaries*, Part I, § 5.03.(1), wo die maßgebende Rechtsprechung ausführlich zitiert ist. Vgl. auch *Burgman*, S. 108, der feststellt, daß die Aufnahme von beinahe 700 Jahren Rechtsprechung in eine abstrakte juristische Norm kaum möglich ist und daher die gesetzliche Normierung offen für juristische Interpretation sein müsse. Ähnlich *Harvard Law Review*, 1959, wo festgestellt wird, daß das Konzept der Verschwörung in einer so hoch abstrakten Form nur in einem System entwickelt werden konnte, das auf Richterrecht beruht. Eine vergleichbar weite Norm ist in den auf römischem Recht aufbauenden europäischen Ländern auch nicht entstanden. Dort stehen vielmehr konkrete Einzelaspekte im Vordergund, wie die Verschwörung gegen den Staat.

[235] Pettibone v. United States, 148 US 197, 203 (1893).

[236] In deutscher Übersetzung lautet die Norm etwa:
Eine Person macht sich der Verschwörung mit einer anderen Person oder mit anderen Personen eine Straftat zu begehen strafbar, wenn sie in der Absicht, ihre Ausführung zu fördern oder zu unterstützen

Das Wesentliche an einer conspiracy ist damit die Vereinbarung der Straftatbegehung und nicht die Straftatbegehung selbst.[237] Prägnant ausgedrückt: Die Straftat „conspiracy" besteht in der illegalen Vereinbarung und die Vereinbarung ist die Straftat.[238] Im Gegensatz zur „conspiracy" nach Gewohnheitsrecht und einigen gesetzlichen Normierungen verlangen das Bundesgesetz und einige daran angelehnte einzelstaatliche Gesetze, daß einer der Mitverschwörer einen offenen Vollzugsakt zur Förderung der Verschwörung begeht.[239] Der Unterschied ist dennoch nur gering, da – nach der Rechtsprechung – der Vollzugsakt bereits in einer nebensächlichen, an und für sich genommen legalen Betätigung liegen kann, etwa in einem Telephongespräch für die Gruppe.[240] Die Regelung erlaubt es, kriminelle Gruppen aufzulösen und zu bestrafen, bevor sie ihr Ziel erreicht haben. Sie ermöglicht es auch, einen einzelnen Verschwörer mit einem erfolgreichen kriminellen Plan anzuklagen, selbst wenn nicht zweifelsfrei nachzuweisen ist, daß er an dem materiellen Verbrechen beteiligt ist.

Durch den Tatbestand der conspiracy wird die Strafbarkeit eines Verhaltens damit noch über den normalen Beginn der Strafbarkeit – den Versuch – hinaus vorgelagert.[241] Die amerikanische Rechtsprechung[242] und Literatur[243] begründen dies im Kern damit, die Gesellschaft müsse vor den besonderen Gefahren geschützt werden, die von Gruppen ausgehen, die Straftaten verabre-

---

(a) mit einer solchen anderen Person oder Personen vereinbart, daß sie oder einer oder mehrere von ihnen sich verpflichten, die Durchführung zu leiten, die eine derartige Straftat darstellt oder einen Versuch der oder Werbung für eine solche Straftat zu begehen; oder

(b) vereinbart, einer solch anderen Person oder Personen bei der Planung oder Ausführung einer solchen Straftat zu helfen oder dem Versuch, eine solche Straftat zu versuchen oder für sie zu werben.

[237] Vgl. Gebardi v. United States, 287 US 112, 120 (1932).

[238] So *Marcus*, S. 950, „The crime of conspiracy is the illegitimate agreement, and the agreement is the crime."

[239] Ausführlich *Ickler*, S. 592. Allerdings wird in der Praxis eine Anklage wegen conspiracy regelmäßig nicht ohne den Nachweis eines Vollzugsaktes erhoben, was *Marcus*, S. 930, in einer empirischen Studie feststellte.

[240] Vgl. *Brickey*, S. 143; United States v. McCarty, 611 F.2d 220 (1979).

[241] Hier kann eine Parallele zu § 129 StGB gezogen werden. Das Organisationsdelikt begründet eine Strafbarkeit ebenfalls weit im Vorfeld der Vorbereitung von Straftaten. Vgl. *Dreher/Tröndle*, § 129 StGB Rdnr. 3.

[242] Vgl. statt vieler Callanan v. United States, 364 US 587, 593-94 (1961) und Iannelli v. United States, 420 US 770, 778 (1975).

[243] Vgl. *Burgmann*, S. 84 ff.; *Marcus*, S. 929; *Buscemi*, S. 1122 f.

den.[244] Die Vorverlagerung der Strafbarkeit, die weite Definition der conspiracy und die sich aus der Regelung ergebenden verfahrensrechtlichen Probleme (vor allem im Beweisrecht) trugen dieser Regelung sehr viel, auch verfassungsrechtliche Kritik ein. In der Folgezeit drang man teilweise darauf, sie weitgehend einzuschränken, teilweise verlangte man, sie abzuschaffen.[245] Insbesondere im Hinblick auf die Organisierte Kriminalität beklagte man, die dahinterstehende Konzeption erweise sich nicht als effektiv.[246] Wenn – wie das in der Praxis regelmäßig der Fall ist – eine begangene oder versuchte Straftat zur Anklageerhebung führe, bringe es nichts, wenn daneben der Nachweis versucht werde, daß auch der conspiracy-Tatbestand erfüllt sei.[247] Die mögliche Verurteilung eines einzelnen Täters wegen der Absprache einer bestimmten Straftat mit einem anderen sei eine stumpfe Waffe gegen organisierte Straftätergruppen, die gerade unabhängig von den Individuen existieren und agieren.[248] Der Tatbestand (insbesondere das Erfordernis der Vereinbarung) trage auch nicht zur Überführung mehrerer Mittäter einer organisierten Tätergruppe und insbesondere der Hintermänner bei, welche die Straftaten nicht persönlich ausführen. Aus der Tatsache, daß mehrere Personen, die auf den ersten Blick ohne Kontakt zueinander sind, verschiedene Straftaten verübt haben, lasse sich nur schließen, daß sie vorab eine Vereinbarung getroffen haben oder ein gemeinsames Ziel verfolgen.[249]

### 3. *Inhalt der materiellrechtlichen Vorschrift*

Kapitel 18 U.S.C. („RICO") besteht aus acht verschiedenen Paragraphen; § 1961 enthält Definitionen, § 1962 nennt die strafbaren Handlungen und § 1963 die Strafen. Hier fällt vor allem auf, daß Vermögen beschlagnahmt werden darf und in das gesamte Vermögen des Verurteilten vollstreckt werden

---

[244] Derartige Gefahren sind insbesondere psychologische Verstärkung, Effektivität, Drohungen weiterer Straftaten, Verunsicherung der Gesellschaft. Vgl. zur Gruppengefährlichkeit auch Teil 1, II. Daneben wird angenommen, daß auch die Gefahr der Korrumpierung von staatlichen Stellen durch den wiederholten Kontakt der Täter mit den Verantwortlichen zunimmt.

[245] Vgl. die Nachweise bei *Buscemi*, S. 1123.

[246] Der ehemalige Generalstaatsanwalt *R. Clark* äußerte hierzu 1975: „We don't need conspiracy. It's not effective against organiszed crime, and we could handle the [inchoate] offense through the use of attempt.", zitiert nach *Marcus*, S. 930 f.

[247] Vgl. oben IV.B, mit einer ähnlichen Argumentation lehnt auch die Praxis in Deutschland die Anklageerhebung nach § 129 StGB als „überflüssig" neben einer Anklge nach einem anderen Delikt ab.

[248] Vgl. *Hermann*, S. 630.

[249] Vgl. *Hermann*, S. 631.

kann, ohne daß zwischen illegal erworbenem und sonstigem Besitz unterschieden werden muß: § 1964 sieht als zivilrechtliche Folge unter anderem vor, dem rechtskräftig Verurteilten ein weiteres Engagement in der gleichen Firma oder in ähnlichen Branchen zu verbieten. § 1965 betrifft den Gerichtsstand und Verfahrensablauf, § 1966 umschreibt die Anforderungen an eine Klage, § 1967 regelt die Beweisfragen (insbesondere im Hinblick auf Zeugenaussagen) und § 1968 verbürgt den Rechtsanspruch auf ein zivilrechtliches Ermittlungsverfahren.[250]

Für die Zwecke der vorliegenden Arbeit genügt ein Blick auf die materiellrechtliche Hauptvorschrift und die Definitionen (§§ 1962, 1961).

Die materielle Kernvorschrift, 18 U.S.C. § 1962, lautet:

(a) It shall be unlawful
for any person who has received any income derived, directly or indirectly, from a pattern of racketeering activity or through collection of an unlawful debt in which such person has participated as a principal within the meaning of section 2, title 18, United States Code, to use or invest, directly or indirectly, any part of such income, or the proceeds of such income, in acquisition of any interest, or the establishment or operation of, any enterprise which is engaged in, or the activities of which affect, interstate or foreign commerce.

(b) it shall be unlawful
for any person through a pattern of racketeering activity or through collection of an unlawful debt to aquire or maintain, directly or indirectly, any interest in or control of any enterprise which is engaged in, or acitivities of which affect, interstate or foreign commerce.

(c) it shall be unlawful
for any person employed by or associated with any enterprise engaged in, or the activities of which affect, interstate or foreign commerce, to conduct or participate, directly or indirectly, in the conduct of such enterprise's affairs through a pattern of racketeering activity or collection of unlawful debt.

(d) it shall be unlawful
for any person to conspire to violate any of the provisions of subsections (a), (b) or (c) of this section.[251]

---

[250] Vgl. die umfassende Darstellung von *Rakoff/Goldstein*, RICO Civil and Criminal Law and Strategy, 1990.

[251] Eine deutsche Übersetzung des für die allgemeine Bekämpfung der Organisierten Kriminalität bedeutsamen § 1962 (c) lautet: „Es ist gesetzeswidrig, für eine Person, die von einem Unternehmen beschäftigt oder mit ihm verbunden ist, das sich im zwischenstaatlichen Handel oder Außenhandel betätigt oder dessen Aktivitäten diesen beeinflussen, an der Durchführung der Geschäfte des Unternehmens durch eine einem bestimmten Muster entsprechende Schiebung, oder Einziehen von illegalen Forderungen direkt oder indirekt teilzunehmen oder leitend tätig zu werden."

Für die wesentlichen Tatbestandsmerkmale – unter anderem „racketeering activity", „enterprise" und „pattern" – bestehen Legaldefinitionen:

- „Racketeering activity" wird in § 1961 (1) definiert als „acts indictable or punishable under various state criminal laws and as acts chargable under various state criminal laws", d.h., es werden Katalogtaten festgelegt. § 1961 (1) U.S.C. zählt sie auf, unter anderem Mord, Totschlag, Entführung, Glücksspiel, Brandstiftung, Raub, Bestechung, Erpressung, Drogenhandel, Mädchenhandel, Zigarettenschmuggel, Justizbehinderung, Wertpapierbetrug und illegale Währungstransaktionen.
- „Pattern" in § 1961 (5) verlangt „at least two acts of racketeering activity, one of which occured after the effective date of this chapter [5.10.1970] and the last of which occured within ten years (excluding any period of imprisonment) after the commission of a prior act of racketeering activity," d.h., mindestens zwei der genannten Katalogtaten müssen innerhalb von zehn Jahren verübt worden sein.
- „Enterprise" umfaßt gemäß § 1961 (4) „any individual, partnership, corporation, association or other legal entity, and any union or group of individuals associated in fact although not a legal entity," d.h. jede Partnerschaft, Verbindung, legale Gesellschaft oder andere juristische Person und jede Vereinigung oder Gruppe von Individuen, die nur tatsächlich verbunden sind.

Zusammenfassend stellt RICO mit diesem Tatbestand im wesentlichen drei Verhaltensweisen unter Strafe:

1. Wer mindestens zwei der Katalogtaten innerhalb von zehn Jahren beging, macht sich strafbar, wenn er Gewinne, die er direkt oder indirekt aus einer auf bestimmte Weise („pattern of activity") durchgeführten Aktivität oder durch das Eintreiben illegaler Schulden erlangt hat, in ein Unternehmen investiert und dadurch den legalen Handel beeinträchtigt.
2. Es macht sich strafbar, wer ein Unternehmen durch Begehung von mindestens zwei der Katalogtaten übernimmt, kontrolliert oder daran mitwirkt.

---

Entscheidend an § 1962 ist, daß eine Person im Hinblick auf ein Unternehmen, das sich daran beteiligt, den Handel zu beeinträchtigen oder zumindest Auswirkungen auf ihn hat, folgendes tun muß:

(a) einen Anteil daran erwerben oder erhalten,
(b) die Kontrolle daran erwerben oder erhalten,
(c) es einrichten oder errichten,
(d) bei der Durchführung mitwirken oder,
(e) die Führung der Angelegenheiten des Unternehmens übernehmen oder daran teilnehmen.

Vgl. *Brenner*, S. 980.

3. Es macht sich strafbar, wer ein Unternehmen durch die Begehung von Katalogtaten betreibt oder daran mitwirkt.[252]

Nach § 1962 (c), der von einer allgemeinen Bedrohung durch die Organisierte Kriminalität ausgeht, wird mit anderen Worten bestraft, wer in oder mit einer näher definierten Organisation arbeitet und mindestens zwei Katalogtaten unterstützt, die diese Organisation beging. Wird ein Täter überführt, so wird er neben seinen Einzelstrafen für die begangenen oder unterstützten Katalogtaten auch für die – wie auch immer geartete – Zusammenarbeit mit einer Organisation bestraft. Damit stellt RICO der Strafverfolgung einen Rahmen für die Verfolgung von Straftaten – die für die Organisierte Kriminalität charakteristisch sind – zur Verfügung. Denn dieses Normengefüge verschärft für alle mit einer solchen kriminllen Organisation in Verbindung stehenden Täter die in Aussicht stehenden Strafen deutlich und sieht unter anderem empfindliche Freiheitsstrafen und umfassende Vermögensbeschlagnahmen vor, so daß es möglich wird, die gemeinschaftlich angeklagten Mitglieder einer organisierten Straftätergruppe empfindlich zu treffen.[253]

### *4. Auslegungsfragen von RICO*

Rechtlich sehr bedeutsam ist, wie man den Begriff „enterprise" („Unternehmen") auslegt. Es verwundert nicht, daß dies auch kontrovers diskutiert wird.[254] Alle Variationen des Tatbestandes verlangen, daß die Täter in, mit oder durch ein Unternehmen die Katalogtaten steuern, begehen oder unterstützen. Das „Unternehmen" kann nach seiner Legaldefinition auch durch eine „association of individuals in fact", also durch eine Gruppe gebildet werden, die tatsächlich verbunden ist, ohne eine rechtliche Einheit zu bilden. Der Supreme Court verlangt von einem solchen „Unternehmen", daß es unabhän-

---

[252] Vgl. *Hermann*, S. 627 f.

[253] Vgl. *Hermann*, S. 630.

[254] Vgl. etwa die akademische Auseinandersetzung zwischen *Lynch* (RICO: The crime of being a criminal / A reply to Michael Goldsmith) und *Goldsmith* (RICO and Enterprise Criminality: A Response to Gerald E. Lynch). *Lynch* geht die Auslegung von „enterprise" zu weit, denn der Gesetzgeber hätte RICO nicht als Waffe gegen rein illegale Unternehmen konzipiert. Dagegen konstatiert *Goldsmith*, daß bereits *Cressey* und Senator *McClellan* allein die bloße Mitgliedschaft in der „Mafia" unter Strafe stellen wollten. Nach den Motiven des Gesetzgebers sei die Ausrottung der Organisierten Kriminalität in den USA Ziel von RICO gewesen. Die Gerichte wendeten RICO in dieser praxisgerechten Auslegung an und außerdem habe der Gesetzgeber in Kenntnis dieser Auslegungsprobleme den Begriff „enterprise" bei der RICO-Reform 1984 unverändert bestehen lassen.

gig von den von ihm organisierten Straftaten existiert.[255] Um feststellen zu können, ob es sich bei einer „tatsächlich verbundenen Gruppe" um ein „Unternehmen" handelt, entwickelte die Rechtsprechung im Laufe der Jahre Prüfungskriterien. Eine „tatsächlich verbundene Gruppe" ist danach dann ein Unternehmen i.S.v. § 1962, wenn

- eine bereits ins Leben gerufene Organisation einen Steuerungsmechanismus zur Leitung der Organisation besitzt und
- eine Gruppe von Mittätern auf Dauer existiert, bestimmte Rollen innerhalb einer Organisationsstruktur erfüllt und
- eine abgrenzbare Organisation besteht und zwar unabhängig von einzelnen Aktivitäten und über die zur Begehung der Katalogtaten notwendige Zusammenarbeit hinaus.[256]

Das „Unternehmen" kann dabei insgesamt illegal sein, d.h., es kann allein zur Durchführung von Straftaten gegründet worden sein.[257] Ob dem einzelnen Täter dabei eine dem „RICO-Muster entsprechende Beteilgung" („through a pattern of racketeering") an den Handlungen des „Unternehmens" nachgewiesen werden muß, wird in der Rechtsprechung unterschiedlich beurteilt, ohne daß sich eine einheitliche Linie bislang entwickelt hätte. Fest steht aber jedenfalls, daß der Täter durch seine dem RICO-Muster entsprechende Beteiligung die Angelegenheiten des Unternehmens fördern oder unterstützen muß.[258] Daneben zielt der Schuldvorwurf nicht hauptsächlich darauf, wie sehr sich die Beteiligung des Täters auf das Unternehmen tatsächlich auswirkt, sondern wie weit es dem Unternehmen möglich wird, mit Hilfe des Täters, dem RICO-Muster entsprechende Straftaten zu begehen.[259] Durch diese Auslegung wird der (hochqualifiziert eingesetzten) Arbeitsteilung krimineller Organisationen Rechnung getragen und auf die Täter zugegriffen, die solche kriminellen Un-

---

[255] United States v. Turkette, 452 US 576, 583, „... an entity separate and apart from the pattern of activity in which it engages."

[256] Vgl. United States v. Riccobene, 709 F.2d 214 (3d Cir.).

[257] So die wegweisende Entscheidung des Supreme Court im Fall United States v. Turkette, 452 US 576, 101 S.Ct. 2524, 69 L.Ed.2d 246 (1981).

[258] So in United States v. Webster, 639 F. 2d 174, 186 (4th Cir. 1981) entwickelt.

[259] Vgl. United States v. Cauble, 706 F.2d 1322 (5th Cir. 1983) wo ausgeführt wird: „It is sufficient if the defendant is enabled to commit the predicate offenses soley by virtue of his position in the enterprise or if the predicate offenses are related to the activities of that enterprise."

ternehmen steuern. Für eine strafrechtliche RICO-Verfolgung muß dabei nicht nachgewiesen werden, daß ein Schaden eintrat.[260]

### *5. Abgrenzung von RICO gegenüber der kriminellen Vereinigung und der Bande*

Der Hauptunterschied von RICO in materiellrechtlicher Hinsicht gegenüber der kriminellen Vereinigung und der Bande ist, daß RICO einerseits ein Organisationselement - das kriminelle Unternehmen - verlangt (hier liegt der Hauptunterschied zur Bande), andererseits für die Bestimmung dieses Organisationselements (im Gegensatz zur kriminellen Vereinigung) nicht an die Unterordnung des einzelnen unter einen Gesamtwillen anknüpft, sondern objektiv verlangt, daß es dem illegalen Unternehmen möglich wird, mit Hilfe des Täters dem RICO-Muster entsprechende Taten zu begehen. Damit werden die, für die Strafverfolger im Einzelfall nur schwer nachweisbaren, gruppenspezifischen Abläufe innerhalb einer - wie auch immer - gearteten Organisation ersetzt durch eine klare Festlegung von Tatbeständen, die von Tätern verwirklicht werden, welche einen Arbeitsbeitrag zu einem kriminellen Unternehmen leisten.

### *6. Zusammenfassung*

RICO stellt nach alledem die Beteiligung an mehreren Katalogtaten, die eine strukturierte illegale Organisation begangen hat, unter Strafe. RICO war ursprünglich gedacht für organisierte Straftäter, die versuchen, in legale Geschäfte einzudringen oder Teile davon zu übernehmen. Aber RICO ist nicht auf diesen Deliktsbereich beschränkt. Heute wird der Tatbestand als wirksamste Waffe gegen die Organisierte Kriminalität allgemein eingesetzt, insbesondere gegen die Führungsstrukturen organisierter Tätergruppen.[261] Dieser weitgefächerte Tatbestand kommt ohne eine, notwendigerweise einschränkende, Definition von Organisierter Kriminalität aus und läßt stattdessen den Nach-

---

[260] Zu den Anforderungen bei zivilrechtlichen Ansprüchen nach RICO vgl. *Rakoff/Goldstein*, § 1.07 und *Goldsmith/Lindermann*, Civil RICO Reform: The Gatekeeper Concept, 1990.

[261] Vgl. *Friedmann* u.a., Fighting Organized Crime: Special Response to a Special Problem, (1985). Acht U.S.-pezialstaatsanwälte (die größtenteils „Strike Force"-Gruppen leiteten) zählen zahlreiche praktische Beispiele der erfolgreichen Anwendung von RICO auf und analysieren sie im Hinblick auf die Effektivität des Tatbestandes. Sie kommen zu dem Schluß, daß nie in der Geschichte der Vereinigten Staaten soviele Führungspersonen der Organisierten Kriminalität angeklagt und verurteilt wurden, wie es jetzt durch die RICO-Gesetzgebung möglich geworden ist.

weis von mindestens zwei Katalogtaten, die ein „Unternehmen“ nach einem bestimmten Muster beging, genügen, um diese Handlungen zu bestrafen. Er fordert deshalb die Strafverfolgungsorgane geradezu dazu heraus, sich mit der Analyse „krimineller Unternehmen“ zu beschäftigen und Beweise für ihre Struktur zu suchen. Schon eine Rollenverteilung unter mehreren Mittätern ist dabei eine „Struktur“.

Während der conspiracy-Tatbestand auf natürliche Personen abstellte, die eine Straftat vereinbart hatten, zielt RICO auf die Organisationsstruktur, die den Erfolg von kriminellen Vereinigungen begründet. Bei RICO ersetzt das „kriminelle Unternehmen“ – letztlich also eine größere Zahl von Tätern – das Individuum als Bezugspunkt im Verfahren. Obwohl die Verfolgung sich selbstverständlich gegen Individuen richtet, können diese, wenn sie die Delikte im Rahmen eines illegalen Unternehmens verüben, zu hohen Strafen verurteilt und zivilrechtlich belangt werden. Strafprozessual bestehen dadurch wesentlich bessere Möglichkeiten, um nicht nur die Strafbarkeit einzelner Täter festzustellen, sondern auch die Grundlagen der Gruppenkriminalität zu erhellen und sie zu zerstören.[262] Durch den einfachen „Kniff“ einer abstrakten Verknüpfung verschiedener, grundsätzlich voneinander unabhängiger Straftaten in einer Neudefinition wird durch RICO ein neuartiges konkretes *Delikt* gebildet.

---

[262] Vgl. *Goldsmith*, S. 774.

# Teil 2
# Wirtschaftswissenschaftliche Systemanalyse organisierter Straftätergruppen

## I. Ziel und Methode des wirtschaftswissenschaftlichen Ansatzes

Die vorangegangenen Ausführungen haben gezeigt, daß die in Deutschland zur Zeit noch weitgehend fehlenden Kenntnisse bezüglich der Struktur organisierter Straftätergruppen aus mehreren Gründen notwendig sind. Im Hinblick auf den hohen Stellenwert der Organisierten Kriminalität in der heutigen Kriminalpolitik sind einschlägige Untersuchungen nicht nur zur Verbesserung des kriminologischen Wissensstandes wünschenswert. Entsprechende Erkenntnisse haben vor allem auch unmittelbare praktische Auswirkungen auf die Bekämpfung der Organisierten Kriminalität, insbesondere auf die Begründung der Gefährlichkeit organisierter Straftätergruppen, auf die Bestimmung von Spezialzuständigkeiten der Verfolgungsbehörden sowie auf die Konzeption materiellrechtlicher Straftatbestände. Auch die Entwicklung von deliktsspezifischen Präventionsmaßnahmen erfordert einschlägiges Wissen.

Vor diesem Hintergrund entwickelt der folgende zweite Teil dieser Arbeit ein Konzept zur Analyse der Strukturen organisierter Straftätergruppen und des illegalen Marktes. Er untersucht dabei insbesondere – in Fortführung der amerikanischen Forschungsergebnisse zur „crime industry“ – inwieweit wirtschaftswissenschaftliche Überlegungen auf kriminelle Organisationen und Umweltbeziehungen übertragen werden können. Die dabei zugrundeliegende Hypothese, daß betriebswirtschaftliche Erkenntnisse – insbesondere die Einteilung von Unternehmen in Funktionsbereiche und die Bewertung von Umweltfaktoren – sich auf Straftäterzusammenschlüsse übertragen lassen, wird sowohl theoretisch entwickelt als auch empirisch überprüft. Die theoretische Konzeption erfolgt durch die Auswertung und Übertragung allgemeiner betriebswirtschaftlicher Grundsätze sowie die Berücksichtigung kriminologischer Erkenntnisse vor allem aus den USA. Die dadurch entwickelte Theorie zum Verhalten krimineller Organisationen aus der Sicht der Betriebswirtschaft wird dann empirisch mit Hilfe von Informationen überprüft, die im Rahmen des Forschungsprojekts „LOOK" in insgesamt 48 Experteninterviews erlangt wurden.

Die empirische Erhebung des Forschungsprojekts „LOOK" wurde von Januar 1992 bis Juli 1993 von der Verfasserin, unter Leitung und in Zusammenarbeit mit Prof. Dr. Ulrich Sieber von der Universität Würzburg, als Forschungsprojekt über die Logistik der Organisierten Kriminalität (LOOK) im Auftrag des Bundeskriminalamtes durchgeführt. Dieses Forschungsprojekt überprüfte die theoretisch entwickelte Hypothese zur „Logistik der Organisierten Kriminalität" durch eine Pilotstudie an zwei ausgewählten Bereichen der Organisierten Kriminalität: der internationalen Kfz-Verschiebung und der Kriminalität im Bereich des Nachtlebens (im letztgenannten Bereich wurde insb. die Ausbeutung von Prostitution, der Menschenhandel und das illegale Glücksspiel untersucht). Der aus den theoretischen Überlegungen dieser Studie resultierende Fragebogen über Logistikbereiche und -elemente der Organisierten Kriminalität wurde dazu in jeweils etwa drei- bis vierstündigen Interviews mit insgesamt 48 Experten auf dem Gebiet der Organisierten Kriminalität eingesetzt. Als Experten interviewt wurden Vertreter der Justiz (insbesondere Staatsanwälte aus OK-Schwerpunktstaatsanwaltschaften), der Polizei (insbesondere aus OK-Abteilungen), der Verwaltung (insbesondere aus den Bereichen der Gewerbeaufsicht und der Korruptionsbekämpfung), der Rechtsanwaltschaft, der Wirtschaft (insbesondere aus Schadensabteilungen von Versicherungen und aus Abteilungen für Fahrzeugdokumentation und -sicherung der Kfz-Industrie), der Prostituiertenvereinigung HWG e.V. sowie zwei zu Freiheitsstrafen verurteilte Täter. Die Auswahl der Experten erfolgte dabei primär unter dem Gesichtspunkt umfassenden und detaillierten Wissens über die Deliktsbegehung.[263]

Die empirischen Befunde der auf die Logistik organisierter Straftätergruppen zielenden LOOK-Studie erlauben die Überprüfung, ob sich allgemeine betriebswirtschaftliche Erkenntnisse auf organisierte Straftätergruppen übertragen lassen. Die im Mittelpunkt der LOOK-Studie stehende Logistik stellt eine Querschnittsfunktion im Rahmen der betriebswirtschaftlichen Funktionsbereiche dar. Aus diesem Grund wurden beim Entwurf des in der LOOK-Studie verwandten Fragebogens[264] auch allgemeine betriebswirtschaftliche Erkenntnisse herangezogen. Insbesondere stellten die betriebseinheitlichen Funktionsbereiche Beschaffung, Herstellung und Absatz – ergänzt um die Gewinnanlage – Hauptpunkte des Fragebogens dar. Auch die Umweltsituation (der illegale Markt) von organisierten Straftätergruppen wurde erhellt, insbesondere durch Fragen nach Konkurrenz, Einflußnahme, Rekrutierung neuen Personals, Beschaffungs- und Absatzmärkten. Damit können die in der LOOK-Erhebung

---

[263] Vgl. dazu näher *Sieber/Bögel*, Logistik der Organisierten Kriminalität, 1993, insb. S. 69 ff.

[264] Im Anhang abgedruckt.

gewonnenen Informationen über organisierte Tätergruppen auch als empirische Grundlage für die im folgenden vorgenommene umfassende Systemanalyse dienen.

Die im Rahmen der LOOK-Studie durchgeführten Interviews wurden dazu unter dieser neuen, erweiterten Zielsetzung erneut ausgewertet. Auch die im folgenden angeführten Beispielsfälle stammen gänzlich aus den Protokollen der 48 Interviews.

# II. Betriebswirtschaftlicher Ausgangspunkt und Möglichkeiten seiner Übertragung

## A. Betriebswirtschaftlicher Ausgangspunkt

### *1. Die betriebswirtschaftlichen Funktionsbereiche*

Um die in der Betriebswirtschaft erarbeiteten Grundsätze auf kriminelle Organisationen übertragen zu können, bedarf es zunächst einer kurzen Darstellung der Grundaussagen der Betriebswirtschaft. Zu diesem Zweck soll in verkürzter Form auf den Inhalt und die Zielsetzung der Wirtschaftswissenschaften eingegangen werden.[265]

Untersuchungsgebiet dieser Disziplin ist die Wirtschaft, also dasjenige Gebiet menschlicher Tätigkeiten, das der Bedürfnisbefriedigung dient. Die wirtschaftliche Tätigkeit umfaßt neben der Produktion von Sachgütern auch die Bereitstellung von immateriellen Gütern, d.h. Dienstleistungen. Während die menschlichen Bedürfnisse praktisch unbegrenzt sind, stehen die zur Bedürfnisbefriedigung geeigneten Mittel nicht in unbeschränkter Menge zur Verfügung. Das Spannungsverhältnis zwischen Bedarf und Deckungsmöglichkeit zwingt die Menschen zu wirtschaften.

Wie jedes zweckgerichtete menschliche Handeln unterliegt auch die wirtschaftliche Tätigkeit dem allgemeinen Vernunftsprinzip (Rationalprinzip), das fordert, ein bestimmtes Ziel mit dem Einsatz möglichst geringer Mittel zu erreichen. Dieses Rationalprinzip läßt sich als ökonomisches Prinzip mengen- oder wertemäßig formulieren. Die mengenmäßige Definition besagt, daß mit einem gegebenen Aufwand an Produktionsfaktoren der größtmögliche Güter-

---

[265] Dargestellt nach *Wöhe*, S. 1 ff.

ertrag zu erzielen, oder daß ein gegebener Gütertrag mit geringstmöglichem Einsatz von Produktionsfaktoren zu erwirtschaften sei. Die wertemäßige Definition verlangt, es sei so zu handeln, daß mit einem gegebenen Geldaufwand ein maximaler Erlösbetrag oder ein bestimmter Erlös mit einem minimalen Geldeinsatz erwirtschaftet werde. Das ökonomische Prinzip sagt dabei nichts über die zugrundeliegenden Motive aus, es charakterisiert lediglich die Art der Durchführung des wirtschaftlichen Handelns.

In der zu den Wirtschaftswissenschaften zählenden Betriebswirtschaftslehre ist Erkenntnisobjekt der Betrieb, der als eine planvoll organisierte Wirtschaftseinheit umschrieben wird, in der Sachgüter und Dienstleistungen erstellt und abgesetzt werden. Man faßt den Betrieb als eine Kombination von Produktionsfaktoren auf, mit denen der oder die jeweiligen Eigentümer bestimmte Ziele erreichen wollen, vor allem Maximierung ihres Einkommens, Verbesserung des Sozialprestiges oder Erringung wirtschaftlicher Macht. Gegenstände der Betriebswirtschaftslehre sind nach alledem Entscheidungen über den Einsatz von Mitteln, mit denen diese Ziele optimal realisiert werden können.[266]

Die Betriebe können nach unterschiedlichen Kriterien eingeteilt werden. Üblich ist die Unterscheidung der Betriebe nach Wirtschaftszweigen (Industrie-, Handels- und Dienstleistungsbetriebe), nach der Art der erstellten Leistung (Sachleistungsbetriebe, Dienstleistungsbetriebe) sowie nach dem aus der Sicht der Gesamtkosten anteilsmäßig vorherrschenden Produktionsfaktor (arbeitsintensive, anlageintensive und materialintensive Betriebe).[267]

Die Einteilung der Betriebswirtschaftlehre in Teildisziplinen erfolgt klassisch nach den in Wirtschaftsbetrieben abgrenzbaren Haupttätigkeitsbereichen. Beispielhaft kann hier die von *Wöhe* vorgenommene Einteilung nach Haupttätigkeitsbereichen angeführt werden: Betriebsführung, Finanzierung, Investition, Beschaffung, Lagerung, Leistungserstellung, Transport und Absatz. Schon bei dieser groben Einteilung der in Unternehmen anzutreffenden Aufgaben- bzw. Funktionsbereiche fällt der bereichsübergreifende Charakter einzelner Funktionen auf. So können beispielsweise die Kosten für die Beschaffung von Materialien nicht losgelöst von der möglichen Steigerung der Produktionskapazität oder den Absatzchancen des zu erstellenden Produktes optimiert werden, wenn ein kostenmäßiges Gesamtoptimum für das Unter-

---

266 *Wöhe*, S. 2.

267 Vgl. *Wöhe*, S. 14 ff.

nehmen angestrebt wird. Um zu einem plan- und kostenmäßigen Gesamtoptimum für ein bestimmtes Unternehmen zu gelangen, müssen daher die Interdependenzen zwischen den Funktionen beachtet werden. Die einzelnen Funktionsbereiche können damit voneinander losgelöst weder analysiert noch betriebsgerecht gestaltet werden.[268] Folgerichtig sind im neueren betriebswirtschaftlichen Schrifttum die Funktionsbereiche in verschiedene Gruppen eingeteilt worden. Teilweise wird zur weiteren Verdeutlichung der Interdependenzen mit Matrixgliederungen[269] gearbeitet. Als Funktionen werden heute anerkanntermaßen genannt: Beschaffung, Produktion, Absatz und Finanzierung. Regelmäßig als eigene, übergeordnete Funktion wird die Unternehmensführung angesehen. Als weitere selbständige Funktionsbereiche werden ausgewiesen: Personalwirtschaft (die auch bei der Beschaffung mitbetrachtet werden kann), Informationswirtschaft (die aus der Betriebsführung ausgegliedert wird), Forschung und Entwicklung (die auch beim Absatz berücksichtigt wird) sowie Logistik (die auch bei den Funktionen Beschaffung, Produktion und Absatz mitbetrachtet werden kann).[270]

Die *Unternehmensführung* ist allen anderen betrieblichen Funktionen übergeordnet und durchdringt diese zugleich. Führung ist zielorientierte Gestaltung,[271] d.h., die Unternehmensführung setzt Ziele fest und bestimmt auch die grundsätzlichen Wege, um diese zu erreichen. Einzelaspekte der Führung sind Planung, Entscheidung, Kontrolle, Organisation und Überwachung.

Der im Mittelpunkt der Tätigkeit von Unternehmen stehende *Leistungsbereich* – die Erstellung von Gütern und Dienstleistungen für den Markt – kann in die drei Funktionen Beschaffung, Produktion und Absatz eingeteilt werden. Die Beschaffung ist für die Erlangung und Bereitstellung der für Erstellung und Verwertung der Produkte eines Betriebes erforderlichen Güter zustän-

---

[268] Vgl. *Jacob*, S. 57, der davon spricht, daß „alles betriebliche Geschehen ... unlösbar miteinander verbunden ist"; vgl. auch *Haussmann*, S. 9 ff., der die Entstehung des Systemdenkens erläutert.

[269] Die Funktionen werden bei Matrixgliederungen eingeteilt in betriebswirtschaftliche Grundfunktionen – die direkt aus der Marktaufgabe abgeleitet werden, wie Beschaffung, Produktion und Absatz – und in diese Grundfunktionen durchdringende Querschnittsfunktionen, die von der Marktaufgabe unabhängig sind – wie Finanzierung, Personal, Information, Logistik sowie Forschung und Entwicklung. Als übergeordnete, gleichsam alle anderen Funktionen durchdringende Funktion wird regelmäßig die Unternehmensführung angesehen. Vgl *Bestmann*, S. 3; *Pfohl*, S. 34.

[270] *Albach*, S. 2 ff.; *Bea/Dichtl/Schweitzer*, S. 5 ff.; *Bestmann*, S. 3 ff.; *Jacob*, S. 56 ff.; *Luger/Geisbüsch/Neumann*, S. 2 ff.; *Specht*, S. 116 ff.; *Ulrich*, S. 2 ff.

[271] Vgl. *Bea/Dichtl/Schweitzer*, Bd. 2, S. 1.

dig.[272] Beschaffung von Gütern und Dienstleistungen ist sowohl bei Industriebetrieben erforderlich, die Sachgüter erzeugen, als auch bei Handelsbetrieben, die Dienstleistungen anbieten. Unter Produktion versteht man kurz die Leistungserstellung im Betrieb, also die Schaffung von Gütern und Werten. Im weitesten Sinne beschreibt der Begriff Produktion den gelenkten Einsatz von Gütern und Dienstleistungen, um andere Güter und Dienstleistungen zu erzeugen.[273] Die Funktion Absatz betrifft die physische und dispositive Weiterleitung von Gütern an andere Institutionen, in der Regel an andere Wirtschaftspartner. Der den Absatz einschließende Begriff Marketing umfaßt darüber hinaus auch die aktive Gestaltung von Märkten, d.h., die Unternehmensaktivitäten werden auf aktuelle und potentielle Märkte ausgerichtet.[274] Es geht also beim Marketing nicht nur um die Deckung, sondern auch um die Erweckung bzw. die Steigerung von Nachfrage. Regelmäßig wird auch die Forschung und die Entwicklung neuer Produkte aufgrund der Sachnähe im Absatzbereich miteinbezogen.

Der *Finanzbereich* eines Unternehmens umfaßt im Gegensatz zum Leistungsbereich alle Vorgänge die Einzahlungen, Auszahlungen und Zahlungsmittelbestände betreffen. Der Begriff Finanzierung schließt konkret alle Maßnahmen der Mittelbeschaffung und -rückzahlung und damit die Gestaltung der Zahlungs-, Informations-, Kontroll- und Sicherungsbeziehungen zwischen Unternehmen und Kapitalgebern ein.[275]

Die bislang beschriebenen Funktionen sind nach der Art der Verrichtung gegliedert und strukturieren den Betrieb aus dieser Perspektive. In der neueren betriebswirtschaftlichen Literatur wird daneben dem Umstand Rechnung getragen, daß einige objektbezogene Problemstellungen in all diesen Funktionsbereichen auftreten und daher querschnittsartig ebenfalls als eigenständige Funktionen betrachtet werden können. Zu diesen nach dem sogenannten Objektgliederungsprinzip[276] zu bildenen Funktionen zählen insbesondere die Personalwirtschaft, die Informationswirtschaft und die Logistik. Die Personalwirtschaft beschäftigt sich mit der Bereitstellung, Verhaltenssteuerung und Verwaltung der Mitarbeiter des Betriebes. Neben wirtschaftlichen Zielen (vor allem der Arbeitsproduktivität) stehen bei der Personalwirtschaft soziale Ziele

---

[272] Vgl. *Küpper*, in: Vahlens Kompendium, S. 195.

[273] Vgl. *Bea/Dichtl/Schweitzer*, Bd. 3, S. 70.

[274] *Schneider*, S. 254.

[275] Vgl. *Bea/Dichtl/Schweitzer*, Bd. 3, S. 258.

[276] Vgl. *Bea/Dichtl/Schweitzer*, Bd. 3, S. 339.

(z.B. die Zufriedenheit der Mitarbeiter). Zwischen den verschiedenen Zielen existieren umfangreiche Interdependenzen. Als Bereiche der Personalwirtschaft lassen sich die Bedarfsermittlung, die Beschaffung, die Entwicklung, die Ausbildung, der Einsatz, die Führung und die Organisation aufführen.[277] Die Informationswirtschaft beschäftigt sich mit der Beschaffung, Aufbereitung, Weitergabe und Interpretation von Informationen innerhalb eines Betriebes.[278] Sie wird oftmals nicht als eigenständige Funktion angesehen, sondern im Rahmen der Unternehmens-führung mitbetrachtet. Die Logistik schließlich beschäftigt sich mit dem Materialfluß, d.h., sie sorgt dafür, daß ein Empfangspunkt je nach Bedarf von einem Lieferpunkt mit dem richtigen Produkt (in Menge und Sorte) im richtigen Zustand zur richtigen Zeit am richtigen Ort zu den dafür minimal notwendigen Kosten versorgt wird.[279]

### *2. Betrieb und Umwelt*

Neben der vorstehend dargestellten Einteilung der Betriebswirtschaft nach den betrieblichen Funktionsbereichen steht die Betrachtung der Außenbeziehungen der Betriebe, die allgemein als „Betrieb und Umwelt“ bezeichnet wird. Die wichtigsten Außenbeziehungen können von den einzelnen Funktionen abgeleitet werden: So steht neben der Beschaffung der Beschaffungsmarkt, neben dem Absatz der Absatzmarkt, neben der Finanzierung der Kapitalmarkt und neben der Personalwirtschaft der Personalmarkt.

Unter dem Begriff des Marktes wird allgemein der ökonomische Ort des Austausches von Gütern und anderen Tauschobjekten verstanden. Markt bezeichnet damit die „gedankliche Zusammenfassung aller Bedingungen, unter denen Angebot und Nachfrage von Gütern, Dienstleistungen etc. zusammentreffen“.[280] Ein vollkommener Markt läge dann vor, wenn die angebotenen Güter sachlich absolut gleichwertig wären, die unbestimmt große Anzahl der Verkäufer in den Augen aller Käufer (die ebenfalls in unbestimmt großer Anzahl vorhanden sein müßten) personell gleichwertig wären, weder zeitliche noch räumliche Unterschiede zwischen den einzelnen Anbietern und Nachfragern aufträten und zudem eine völlige Markttransparenz bestünde. Dieser Idealfall des Marktes, bei dem es einheitliche Marktpreise (sogenanntes „law

277 Vgl. *Domsch*, in: Vahlens Kompendium, S. 505.

278 Vgl. *Bea/Dichtl/Schweitzer*, Bd. 2, S. 185.

279 Vgl. *Pfohl*, S.12.

280 Vgl. *Frisch/Müller/Olten/Stegner*, S. 294.

of indifference")[281] gäbe, da keine Konkurrenzvorteile bestünden, ist in der Praxis jedoch kaum anzutreffen. Vorherrschend sind unvollkommene Märkte, bei denen sich unterschiedlich hohe Preise für die konkurrierenden Erzeugnisse bilden. Ursache für die unvollständige Konkurrenz für ein Gut auf dem Markt ist zunächst die Zahl der Marktteilnehmer. Das ist beispielsweise der Fall, wenn nicht – wie beim (theoretisch) vollkommenen Markt – sehr viele Marktteilnehmer vorhanden sind, sondern (getrennt nach Angebots- und Nachfrageseite) nur wenige oder gar nur ein Marktteilnehmer existieren bzw. existiert.

Nach der Anzahl der Marktteilnehmer werden verschiedene Marktformen unterschieden: das Monopol (wenn auf Angebots- oder Nachfrageseite nur ein Marktteilnehmer vorhanden ist), das Oligopol (wenn auf Angebots- oder Nachfrageseite wenige Markteilnehmer stehen) und das Polypol (wenn auf Angebots- und Nachfrageseite viele Marktteilnehmer sind). Dabei existieren auch Zwischenformen, wie das Teilmonopol (ein Marktteilnehmer mit großem Marktanteil, viele weitere Marktteilnehmer mit kleineren Marktanteilen) und das Teiloligopol (wenige Teilnehmer mit großen, viele Teilnehmer mit kleinen Marktanteilen).[282] Diese Einteilung in bestimmte Marktformen zielt vornehmlich darauf, die Preispolitik von konkurrierenden Unternehmen im Hinblick auf die Maximierung des jeweiligen Unternehmensgewinnes zu bestimmen. Die Unternehmen versuchen, die gewinnmaximale Preis-Mengen-Kombination[283] (also zu welchem Stückpreis das Gut bei variierender Menge verkauft werden soll) zu erreichen. Die Preis-Absatz-Funktion, d.h. der optimale Preis für ein Gut, um es in möglichst hoher Stückzahl abzusetzen, wird durch das Nachfrageverhalten des Marktes mitbestimmt. Da am Markt die nachgefragte Menge gewöhnlich steigt, wenn der Preis des Gutes sinkt, können die Unternehmen durch die Wahl eines entsprechend niedrigen Preises für das Gut den „idealen Preis" erreichen. Ideal ist der Preis für das Unternehmen, wenn die größtmögliche Menge des Gutes auf dem Markt zu einem Preis nachgefragt wird, an dem das Unternehmen verdient.

Das Nachfrageverhalten des Marktes wird allerdings entscheidend geprägt durch die herrschende Konkurrenzsituation. Beim Monopol und Polypol ist der Markt weitestgehend passiv, d.h., eine bestimmte Preis-Absatz-Funktion stellt sich für das jeweilige Gut am Markt ein und muß von den Unternehmen

---

[281] Vgl. *Schumann*, S. 212.

[282] Vgl. *Schumann*, S. 279.

[283] Sogenannter „Cournotscher Punkt", vgl. *Marr* in: Vahlens Kompendium, S. 51.

nur dort abgelesen werden. Daraus folgt, daß die am Markt teilnehmenden Unternehmen zielgerichtete Preispolitik betreiben können, da die auf den Absatzmarkt bezogene Umweltsituation für sie weitgehend durchschaubar ist.[284] Anders stellt sich die Situation bei einem Oligopol dar, das in der Wirtschaftspraxis vorherrscht. Die wichtigste Umweltsituation der Unternehmen – der Markt – ist beim Oligopol nicht übersichtlich, da von den wenigen großen Konkurrenten jeder durch seine aktive (aggressive) Preispolitik die Marktsituation für alle verändern kann. Beim Oligopol kann somit keine (zwingende) Handlungsempfehlung für die einzelnen Unternehmen abgegeben werden. Das führt – aus der Sicht der Betriebswirtschaft – zu verschiedenen Handlungsalternativen für die Konkurrenten. Einmal kann ein Unternehmen beispielsweise den Preis senken und so eine spürbare Veränderung der Absatzsituation auch für die anderen Oligopolisten herbeiführen. Die mitanbietenden (oder mitnachfragenden) Oligopolisten werden auf diese neue Situation reagieren. Das wirkt wiederum auf das Unternehmen zurück, das als erstes den Preis veränderte. Eine als Spieltheorie[285] bezeichnete Handlungsvariante versucht dieser Abhängigkeit der Oligopolisten voneinander gerecht zu werden. Bei geplanten Aktionen werden die erwarteten Reaktionen der übrigen Oligopolisten von Beginn an in die Überlegungen des die Marktbedingungen verändernden Unternehmens einbezogen.[286] Die andere Möglichkeit, die „oligopolistischen Interdependenzen"[287] in den Griff zu bekommen und einen für die Gewinnmaximierung günstigen Preis am Markt durchzusetzen, besteht darin, mit den Konkurrenten Vereinbarungen über die Preisgestaltung oder die Angebotsmengen zu treffen oder Kartelle zu bilden. Auf diese Weise kann der einzelne Oligopolist die Marktumwelt in dieser Hinsicht wieder abschätzen, die Preispolitik kann – ähnlich dem Polypol oder Monopol – zielgerichtet erfolgen.

Wie diese Ausführungen aufzeigen, stellt der Markt den Teil der betrieblichen Umwelt dar, der im System der Marktwirtschaft die größte Bedeutung für den Bestand und die Entwicklung von Unternehmen hat.[288]

---

[284] Vgl. *Marr* in: Vahlens Kompendium, S. 51.

[285] Vgl. *Marr* in: Vahlens Kompendium, S. 52.

[286] Vgl. *Marr* in: Vahlens Kompendium, S. 52; *Schumann*, S. 326.

[287] So *Schumann*, S. 326.

[288] Vgl. *Marr* in: Vahlens Kompendium, S. 51.

## B. Zielsetzung krimineller Organisationen – Ausgangsüberlegungen zur Übertragung des betriebswirtschaftlichen Ansatzes

*Becker* stellte 1971 fest: „Even illegal behavior and the forces, both monetary and psychic, that determine entry into criminal activities can be usefully analysed within an economic framework.“[289] Während diese Übertragung des ökonomischen Prinzips sich auf die Frage beschränkt, warum und wann eine einzelne Person illegale Aktivitäten aufnimmt, wird im folgenden versucht nachzuzeichnen, warum, wann und wie sich Straftäterzusammenschlüsse bilden. Ausgangspunkt ist die These, daß Teilnehmer und Organisationen am illegalen Markt ebenso zweckrational dem ökonomischen Prinzip folgen wie Teilnehmer und Organisationen am legalen Markt. Insofern wären auch ihre Verhaltensweisen (ökonomisch) zielgerichtet und damit in einem bestimmten Umfang vorhersehbar. Die Anwendung der allgemeinen ökonomischen Rationalitätsannahme und der daraus abgeleiteten betriebswirtschaftlichen Überlegungen auf Straftäterzusammenschlüsse erscheint fruchtbar, da gerade diese Form der Kriminalität sich durch geschäftsähnliche, genau kalkulierte Handlungen auszeichnet.[290] Diese geschäftsähnliche Planung und Verwirklichung der Straftaten belegen – neben der Tatsache, daß organisierte Straftätergruppen keine Affekttaten[291] begehen – die bereits oben aufgrund der Literaturauswertung dargestellten Deliktsbereiche, in die Straftäterzusammenschlüsse eindringen. Als solche Deliktsbereiche gelten in Deutschland heute vor allem: Rauschgiftkriminalität, Waffenhandel und -schmuggel, Kriminalität im Zusammenhang mit dem Nachtleben (vor allem Zuhälterei, Prostitution, Menschenhandel, illegales Glücks- und Falschspiel), Schutzgelderpressung, unerlaubte Arbeitsvermittlung und Beschäftigung, illegale Einschleusung von Ausländern, Warenzeichenfälschung (Markenpiraterie), Goldschmuggel, Subventionsbetrug und Eingangsabgabenhinterziehung, Kapitalanlagenbetrug, Fälschung und Mißbrauch unbarer Zahlungsmittel, Herstellung und Verbreitung von Falschgeld, Verschiebung hochwertiger Kraftfahrzeuge sowie Lkw-, Container- und Schiffsladungen, Betrug zum Nachteil von Versicherungen, Einbruchsdiebstahl in Wohnungen, illegale Entsorgung von Sonderabfall und illegaler Technologietransfer.[292] Diesen Deliktsbereichen ist unter anderem

---

[289] *Becker*, Economic theory, S. 2.

[290] Vgl. auch die in der Praxis anerkannte Definition, oben Teil 1, III.A.

[291] Affekttaten können nicht ökonomisch-rational nachvollzogen werden.

[292] Vgl. die Aufstellung von *Küster*, Kriminalistik 1990, S. 627.

gemeinsam, daß sie – geschäftsähnlich aufgebaut – hohe Profite versprechen und eine längerfristige, gleichmäßige Ausbeutung zulassen.

Auch die oben durchgeführte Betrachtung der Entwicklung von Formen Organisierter Kriminalität in Italien und den USA[293] kann diese – vor allem auf der geschäftsähnlichen Organisation der Straftaten aufbauende – Parallele von kriminellen Organisationen zu legalen Wirtschaftsbetrieben stützen: In Sizilien führte die Schwäche des formellen Herrschaftsapparates schon im 13. Jahrhundert zur Ausbildung eines informellen Systems von Selbsthilfegruppen innerhalb der Agrargesellschaft.[294] Nach der Proklamation des italienischen Nationalstaates schlossen sich die Großgrundbesitzer und ihre Helfer zu einer großen Geheimgesellschaft, der „onorta società" (ehrenwerte Gesellschaft) zusammen. Gemäß der ländlichen Sozialstruktur Siziliens entfaltete die Mafia ihre größte Macht auf dem Gebiet der Steuerpacht und bei Landtransaktionen.[295] Im Ersten Weltkrieg wurde der Schwarzhandel von der Mafia kontrolliert. Im Zentrum ihrer Aktivitäten standen Viehraub und die Lieferung von Ersatzteilen für die Armee. Diese Entwicklung zeigt, daß ökonomische Motive sowohl bei der Entstehung als auch dem Aufstieg der Mafia eine entscheidende Rolle spielten.

In ähnlicher Weise kann auch die oben dargestellte Entwicklung des „organized crime" in den USA unter ökonomischen Aspekten betrachtet werden: Die Verbrecherorganisationen nahmen in den zwanziger Jahren dieses Jahrhunderts den entscheidenden Aufschwung. Wichtigster Grund war die Einführung der Prohibition (Alkoholverbot) im Jahre 1919, die alle legale Konkurrenz ausschaltete und den risikobereiten Verbrecherorganisationen große Gewinne bescherte. Die Zunahme illegaler Aktivitäten war vor allem in den Großstädten zu beobachten, die einen idealen Nährboden hierfür darstellten. Im Gegensatz zu den ländlichen Strukturen in Sizilien und den Einnahmequellen dort, bildete sich in den USA die „Unterwelt" folglich in Großstädten. Vollkommen offen für neue Aktivitäten wurde die Cosa Nostra im Jahre 1933 mit dem Ende der Prohibition. Es begann ein Eindringen in das Drogengeschäft, den Waffenschmuggel, das illegale Glückspiel, die Schutzgelderpressung, die Prostitution und andere hohe Gewinne versprechende Deliktsbereiche. Ermöglicht und erleichtert wurde die Orientierung in diesen neuen

---

[293] Vgl. ausführlich oben Teil 1, I.

[294] Vgl. auch *Schneider*, JURA 1984, S. 171.

[295] *Hess*, auch zur Struktur „mafioser Gruppierungen", S. 82-133.

„Geschäftszweigen“ durch die vorhandenen Strukturen der Organisation, die finanziellen Ressourcen und die aufgebauten Verbindungen.[296]

Der ökonomische Erklärungsansatz könnte auch Gründe dafür finden, warum in Deutschland nach dem Stand der Forschung (bislang) lockere Straftäterzusammenschlüsse gegenüber hierarchisch fest sturkturierten Täterverbindungen überwiegen. Die ökonomischen, sozialen und politischen Umweltbedingungen sowie die konkrete Strafverfolgung könnten in Deutschland andere Formen der Straftätergruppierungen „fördern“ als in anderen Ländern.

Nach alledem streben Straftäterzusammenschlüsse oder kriminelle Organisationen danach, möglichst hohe Gewinne zu erwirtschaften. Daß daneben bei den verschiedenen Gruppen weitere Ziele – wie sozialer Aufstieg, persönliches Ansehen oder politische Macht – in unterschiedlichem Ausmaß eine Rolle spielen, steht der Übertragung des ökonomischen Ansatzes nicht entgegen. Auch bei den Teilnehmern der legalen Wirtschaft, die ihre Handlungen ebenfalls primär am Gewinn orientieren, existieren Motivbündel, wie das oben genannte. Auch der vermutlich entscheidende Unterschied zwischen legalen Unternehmen und Straftäterzusammenschlüssen – die für Straftäter notwendige Absicherung vor Strafverfolgung – engt diesen Ansatz nicht ein. Die Strafverfolgung stellt lediglich eine zusätzliche Umweltbedingung für illegale Gruppen dar. Die Normen eines Staates – d.h. neben zivilrechtlichen auch die Strafnormen – sind darüber hinaus auch für legale Unternehmen eine – für den Erfolg der Unternehmung – äußerst relevante Umweltbedingung. Im Unterschied zu legalen Unternehmen schlagen illegale Gruppen gerade aus der Übertretung bestehender Normen Kapital und schaffen – neben Einzeltätern und Banden – den illegalen Markt.

## III. Analyse der Funktionsbereiche krimineller Organisationen

Schon die verschiedenen Bezeichnungen für moderne Straftäterzusammenschlüsse – wie z.B „kriminelle Organisationen“, „Organisierte Kriminalität“, „organisiertes Verbrechen“ oder „organized crime“ – versuchen als entscheidendes Merkmal von Straftäterzusammenschlüssen und als das besondere Bedrohungspotential die Organisation herauszustellen.

[296] Vgl. *Caldwell*, Criminology 1956, S. 81 ff.

Das aus dem Französischen stammende Substantiv „Organisation" beschreibt die Tätigkeit des zweckmäßigen Gestaltens gesellschaftlicher Gebilde sowie das Ergebnis dieser Tätigkeit.[297] Organisieren in Sozialgebilden bedeutet eine koordinierende, integrativ-strukturierende Tätigkeit, die auf die Regelung des Zusammenwirkens von Menschen und Sachmitteln in Raum und Zeit zur Erfüllung gesetzter Ziele gerichtet ist. Der Aufbau der Organisation einer (legalen) Unternehmung umfaßt abstrakt gesprochen die Bildung von Stellen (Funktionsbereiche von Personen) nach verschiedenen Verfahren, die Besetzung von Stellen, die Schaffung von Leitungssystemen (Zentralisation bzw. Dezentralisation durch entsprechende Instanzenbildung), die Berücksichtigung von Stabsstellen, den Aufbau von Kommunikationssystemen, die den Arbeitszusammenhang zwischen den Stellen durch geeignete Informationsbeziehungen, unter Umständen auch mittels Einrichtung von Kollegien sicherstellen.[298]

Diese abstrakte Beschreibung der Organisation deutet die komplexen Zusammenhänge an, die durch die Wechselwirkungen zwischen den einzelnen Elementen entstehen. Die Betriebswirtschaft hat, um der Komplexität, die in der Organisation von Betrieben auftritt, Rechnung zu tragen, die Systemforschung entwickelt.[299] Das Prinzip des analytischen Systemdenkens, das in der Wissenschaft Tradition hat, beruht auf der Zerlegung von komplexen in einfache, verständliche Vorgänge, um mit der anschließenden Betrachtung des Zusammenwirkens der einzelnen Vorgänge (Elemente) zu einem Verständnis des Ganzen (Systems) zu gelangen.[300] Bei der Analyse von Betrieben führte dies zur Zerlegung und Einteilung der ablaufenden Vorgänge in verschiedene Funktionsbereiche.

Im folgenden soll nun versucht werden, eine „kriminelle Organisation" zu analysieren. Dazu werden die in der Betriebswirtschaft entwickelten Funktionsbereiche als Grundlage für die Untersuchung herangezogen. Man könnte dabei nur hierarchisch fest strukturierte Straftäterzusammenschlüsse betrachten. Nach den bisherigen Forschungsergebnissen über die Struktur der organisierten Straftätergruppen in Deutschland[301] können die gemeinschaftlich handelnden Straftäter aber nicht immer eindeutig einer hierarchisch fest struktu-

---

[297] Vgl. *Brockhaus* Enzyklopädie, Stichwort Organisation.

[298] *Brockhaus* Enzyklopädie, Stichwort Organisation.

[299] Vgl. *Haussmann*, S. 9.

[300] Vgl. *Haussmann*, S. 9 ff.

[301] Vgl. oben Teil 1, II.B.

rierten Organisation zugeordnet werden. Diese Straftätergruppen scheinen, auch was die „Mitarbeiter“ angeht, flexibler zu sein als legale Unternehmen, insbesondere wechseln einige Täter, je nach Gelegenheit, öfters den Aufgaben- bzw. Deliktsbereich. Im Rahmen dieser Untersuchung soll unter „krimineller Organisation“ deshalb nicht nur die hierarchisch fest strukturierte Gruppe verstanden werden, sondern der Begriff auch Täterverbindungen umfassen, die innerhalb eines bestimmten Zeitraumes (ein Jahr) mehr als zweimal gemeinsam Straftaten begehen.[302]

Die von einer Tätergruppe zur Erwirtschaftung materieller Gewinne unternommenen Tätigkeiten lassen sich grob gliedern in Tatvorbereitung, Tatausführung und Beuteverwertung. Ordnet man die betriebswirtschaftlichen Funktionsbereiche diesen Hauptbereichen kriminellen Vorgehens zu, ergibt sich folgende Einteilung:

- Tatvorbereitung: Führung, Personalwirtschaft und Logistik
- Tatausführung: Beschaffung, Herstellung
- Beuteverwertung: Absatz, Finanzierung und Geldanlage

Nach dieser Einteilung werden im folgenden die Funktionsbereiche krimineller Organisationen untersucht. Die betrieblichen Funktionsbereiche werden dabei zunächst kurz betriebswirtschaftlich beschrieben (jeweils unter a)), sodann theoretisch auf ihre Relevanz übeprüft (jeweils unter b)); anschließend werden empirisch erlangte Erkenntnisse damit verglichen (jeweils unter c)). Für die Analyse der Funktionsbereiche krimineller Organisationen wird damit folgender Aufbau gewählt:

A. *Tatvorbereitung*: Führung (unten A.1.), Personalwirtschaft (unten A.2.) und Logistik (unten A.3.)

B. *Tatausführung*: Beschaffung (unten B.1.) und Herstellung (unten B.2.)

C. *Beuteverwertung*: Absatz (unten C.1.), Finanzierung und Geldanlage (unten C.2.).

---

[302] Organisiert i.S.d. Definition von 1991, vgl. oben Teil 1, III.A.

## A. Tatvorbereitung

### *1. Führung*

#### a) Betriebswirtschaftlicher Ausgangspunkt

Allgemein kann Führung als „zielorientierte Gestaltung“ beschrieben werden.[303] Grob kann man personenbezogene und sachbezogene Führungsaufgaben unterscheiden. Während die Personalführung vor allem den Grad der Einwirkung auf das Verhalten der im Betrieb beschäftigten Personen festlegt und damit den sogenannten Führungsstil prägt, befaßt sich die sachbezogene Unternehmensführung mit der Vorgabe von Unternehmenszielen und der Bestimmung von Grundlagen der Unternehmenspolitik. Als Führungsinstrumente gelten Planung, Kontrolle, Organisation und Information.[304] Als Unternehmensziele sind neben dem (regelmäßigen) Primärziel[305] der Gewinnmaximierung noch die weiteren monetären Ziele der Umsatzsteigerung und des Strebens nach Marktwirtschaftlichkeit sowie als nichtmonetäre Ziele das Streben nach Marktanteilen, höherer Produktivität, kontinuierlichem Wachstum, Sicherheit, Unabhängigkeit sowie nach Macht und Prestige von Bedeutung.[306]

Der Hauptzweck der Planung besteht darin, Soll-Größen oder Ziele vorzugeben und Probleme frühzeitig zu erkennen, während die Kontrolle die Ist-Größen feststellt und die Prämissen der Planung überwacht und anpaßt. Für eine erfolgreiche Planung ist eine umfassende Information über entscheidungsrelevante Tatsachen erforderlich. Ein gut funktionierendes Informationssystem ist daher Basis einer auf sicherer Grundlage fußenden Planung. Als Organisation im engeren Sinne versteht man die zielorientierte, ganzheitliche Strukturierung eines Systems.[307] Elemente des Organisationssystems sind

---

[303] So *Bea/Dichtl/Schweizer*, Bd. 2, S. 1.

[304] Vgl. *Bea/Dichtl/Schweizer*, Bd. 2, S. 2.

[305] Vgl. *Korndörfer*, S. 40: „Für die meisten unter marktwirtschaftlichen Bedingungen arbeitenden privatwirtschaftlichen Unternehmen haben deshalb andere Unternehmensziele als das Gewinnstreben in aller Regel nur nachgeordnete Bedeutung.“

[306] Vgl. *Korndörfer*, S. 38 f.: Eine empirische Analyse von 25 Unternehmen nach Art und Rangordnung von Unternehmenszielen erbrachte folgende Rangordnung: 1. Gewinn, 2. Sicherheit, 3. Soziale Verantwortung gegenüber der Belegschaft, 4. Marktanteil, 5. Unabhängigkeit, 6. Kundenpflege, 7. Wachstum, 8. Prestige.

[307] Vgl. *Bea/Dichtl/Schweizer*, Bd. 2, S. 101.

Aufgaben, Personen und Sachmittel. Dabei sind die Aufgaben aus den Unternehmenszielen abgeleitet und geben vor, welche Verrichtung an welchem Objekt von welcher Stelle mit Hilfe bestimmter Sachmittel durchgeführt werden soll. Im Rahmen der ihnen zugewiesenen Stelle erhalten die einzelnen Personen Kompetenz und Verantwortung.

### b) Theoretischer Ansatz

Die Tatvorbereitung umfaßt als erstes den Beschluß, welche konkreten Straftaten in welchem Umfang begangen werden sollen. Diese Entscheidung steht am Beginn der Planung, die von der Führung der Straftätergruppe vorgenommen werden muß. Ziel der Planung werden primär die illegal erwirtschafteten Gewinne und deren Maximierung sein. Als sekundäre Ziele kommen unter anderem Prestigegewinn und Machtentfaltung in Betracht. Um das Zusammenwirken mehrerer Menschen ökonomisch sinnvoll ausnutzen zu können, bedarf es einer durchdachten Steuerung und Koordination. Nicht nur eine feste, auf längere Dauer angelegte und hierarchisch strukurierte Tätergruppe benötigt eine Leitung. Auch Täter, die nur gelegentlich oder gar nur zu einer bestimmten Tat in einer bestimmten Zusammensetzung zusammenwirken, brauchen eine Führung, die zielorientiert ihre Handlungen gestaltet. Die Führungskriterien der Betriebswirtschaft, d.h. Planung, Kontrolle, Organisation und Information, lassen sich ohne weiteres übertragen. Um die Vorteile einer Tätergruppe ausnutzen zu können, muß eine Organisation bestehen. Diese kann allein darin liegen, wer welchen Arbeitsschritt ausführt, aber auch ein differenziertes Führungssystem mit verschiedensten Aufgabenbereichen und Zuständigkeiten umfassen. Die konkrete Organisation wird, wie in der legalen Wirtschaft auch, von bestimmten objektiven und subjektiven Determinanten wie Deliktsfeld, Gruppengröße, Strafverfolgungsdruck, Spezialisierung usw. abhängen. Welchem Führungsmodell[308] in einer konkreten Gruppe gefolgt wird – Extreme sind das autoritäre (die Führenden oder Vorgesetzten entscheiden allein und ordnen an) und das demokratische Modell (die Gruppe entscheidet in einem Willensbildungsprozeß und führt das Ergebnis durch) – hängt von der Einstellung der Mitglieder und der Machtverteilung unter ihnen ab und läßt sich nicht grundsätzlich theoretisch vorherbestimmen. Denkbar ist allerdings, daß sich eine hierarchische Gruppenstruktur mit autoritärem Führungsstil für gewisse Deliktsbereiche besser eignet als lockere, kooperative

---

[308] Vgl. zum Führungsmodell bzw. zu den Führungsstilen *Bea/Dichtl/Schweitzer*, Bd. 2, S. 8 ff.

Straftäterzusammenschlüsse. Das wird dann der Fall sein, wenn eine größere Gruppe die notwendigen Arbeitsschritte ökonomisch sinnvoller erledigen kann.

Für die Führung einer größeren Tätergruppe ist zudem ein gut funktionierendes Informationssystem unentbehrlich. Um die Begehung von Straftaten professionell zu planen, müssen Handlungsalternativen, Märkte, Personen, Ziele, Risiken etc. bekannt sein. Diese Informationen müssen einerseits gesammelt, andererseits unter den Beteiligten ausgetauscht werden.

### c) Empirische Feststellungen

In den im Rahmen der LOOK-Studie empirisch untersuchten Deliktsbereichen werden alle theoretisch möglichen Führungsmodelle beobachtet: Autoritär geführte, fest strukturierte Gruppen, die mit einem strengen Befehls- und Gehorsamssystem agieren, neben Gruppen mit einem kooperativen oder gar demokratisch zu bezeichnenden Führungsstil. Viele Gruppen stehen zwischen diesen Extremen. Als Grundregel kann aber jedenfalls festgehalten werden, daß Tätergruppen mit überwiegend ausländischen Mitgliedern eher autoritär, Tätergruppen mit deutschen Tätern eher kooperativ geführt werden. Als gemeinsames Ziel der Tätergruppen konnte weiter die Gewinnmaximierung eindeutig nachgewiesen werden. Inwieweit daneben die Erlangung von Prestige und Macht für die in der Täterhierarchie an höheren Stellen stehenden Personen eine Rolle spielt, war nicht eindeutig zu klären. Zumindest im Bereich des Nachtlebens, insbesondere bei Delikten im Zusammenhang mit der Ausbeutung der Prostitution, ist der Versuch einzelner Tätergruppen, Macht zu entfalten, aber als sekundäres Ziel neben der Gewinnmaximierung auszumachen. Wie die Gruppe ihre Macht demonstriert und welchen Einfluß sie nachweislich im Milieu ausübt, ist Gradmesser für den (auch monetären) Erfolg der Gruppe. Die Informationsgewinnung und der Informationsfluß weisen in allen Deliktsbereichen eine Grundkonstante auf: „man kennt sich", d.h., unter den Straftätern bestehen mannigfaltige Kontakte, die zum Austausch von Informationen genutzt werden. Für den gruppeninternen Informationsaustausch gilt in vielen Fällen, daß zwischen den Führenden der Gruppe und denjenigen, die die konkret entdeckungsgefährdeten Straftaten ausführen, in aller Regel kein direkter Kontakt besteht, sondern spezielle Kontaktpersonen den Informationsaustausch vermitteln.

Die Führung internationaler *Kfz-Verschiebergruppen* baut meist auf einer strengen Organisation auf. Den einzelnen Mittätern werden konkrete Handlungsanweisungen übergeben. Die Struktur wird geprägt durch den Einsatz von „Residenten", die die Tätergruppe in einer Stadt oder einem gewissen Gebiet vertreten. Sie erhalten von der Hauptorganisation Zielvorgaben (d.h. genaue Bestellungen bezüglich der Zahl und Art der zu beschaffenden Fahrzeuge) und erhalten auch eine eventuell notwendige Vorfinanzierung. Wie sie die Fahrzeuge konkret beschaffen, bleibt häufig ihnen überlassen. Die Residenten schaffen sich wiederum einen personellen Unterbau, den sie steuern. Fertigt man Organigramme von Kfz-Verschiebergruppen, läßt sich die Gruppenstruktur bildlich nachweisen: Von einzelnen, zentralen Personen (Residenten) gehen sternförmig Kontakte zu Mittätern aus, die sich untereinander nicht zwangsläufig kennen. Daneben haben diese (und nur diese) zentralen Personen, teilweise über einen Mittelsmann, Kontakt zur Haupttätergruppe. Die Hauptorganisation, d.h. die Hauptätergruppe, ist regelmäßig mit dem Absatz der Fahrzeuge beschäftigt und daher in der Lage, die Gesamtplanung der Fahrzeugverschiebung vorzunehmen. Häufig halten sich diese Haupttäter auch im Absatzgebiet auf. Die Kontrolle der Mittäter ist auch bei größeren Gruppen durch die Struktur gewährleistet: jeweils der direkte Kontaktmann ist verantwortlich für die von ihm angestellten und gesteuerten Täter. Der Führungsstil in den Verschiebergruppen ist gewöhnlich autoritär, d.h., dem untergeordneten Straftäter wird konkret gesagt, welche Aufgabe er hat und wie er entlohnt wird, wenn er seinen Auftrag erfüllt. Ob dieser auf den unteren Ebenen der Gruppen erkennbare Führungsstil auch das Verhältnis der Haupttäter untereinander prägt, konnte nicht abschließend geklärt werden.

In einigen Gruppen konnte beobachtet werden, daß die Führungsstrukturen und Führungsmechanismen in den oberen Ebenen der Täterhierarchie weitgehend den (festen) Strukturen in einem legalen Unternehmen ähneln, in den unteren Ebenen – d.h. bei den Tätern, die die Straftaten ausführen – dagegen ein relativ einfach strukturiertes Befehls- und Gehorsamssystem besitzen. Als Ursache kann man vermuten, daß man auf höheren Ebenen – also bei Personen, die einen Einblick in die Gesamtorganisation erhalten und am Gewinn beteiligt sind – einen kontinuierlich zusammenwirkenden Personenkreis ähnlich dem Management eines Unternehmens aufbauen will. Auf den unteren „ausführenden" Ebenen, die (mehr oder weniger) fest umschriebene Aufträge gegen vorbestimmte Bezahlung erledigen, ist der Aufbau eines solchen Personenkreises schon der Natur der Sache nach nicht möglich und für die Gruppen auch nicht erstrebenswert. Ein dauerhaftes Zusammenwirken von Tätern auf der unteren Ebene wird nämlich schon durch die Strafverfolgungsorgane verhindert. Zudem werden die „ausführenden" Täter aus Gründen der Abschottung nicht fester in die Tätergruppe integriert. Das bedeutet aber auch, daß Täter aus eigenem Entschluß zu einer anderen Gruppe abwandern oder gänzlich „aussteigen" und damit der Gruppe nicht mehr zur Verfügung stehen.

Als Beispiel ist eine große polnische Tätergruppe (mit weit über 200 Tätern) zu nennen, deren Hauptsitz in Danzig vermutet wird. In den oberen Ebenen ist ein fester Straftäterkreis dauerhaft etabliert. Konzernähnlich werden die verschiedensten Deliktsbereiche (neben der Kfz-Verschiebung) von der höchsten, persönlich verbundenen Täterebene aus gesteuert. Die Haupttäter, die eine Sparte leiten, besitzen einen Unterbau mit von ihnen abhängigen Straftätern, mit denen sie auch persönliche Kontakte pflegen. Diese Straftäter befinden sich auf der mittleren Ebene, zu der auch die Residenten in Deutschland gehören. Die Residenten wiederum schaffen sich einen eigenen Unterbau an Straftätern. Diese Straftäter kennen nur den Residenten (in Einzelfällen sogar nur einen von diesem zwischengeschalteten Kontaktmann, etwa bei einmalig engagierten Anmietern) und keine Mittäter der mittleren oder höheren Ebene. Darüber hinaus kennen sich die ausführenden Straftäter auch nicht alle untereinander. Die Gesamtorganisation bleibt ihnen ebenso verborgen, wie der konkrete Ablauf (insbesondere der Absatz) der von ihnen gestohlenen oder betrügerisch angemieteten Fahrzeuge.

Gestützt auf dieses Beispiel liegt die Vermutung nahe, in Deutschland beobachte die Polizei deshalb überwiegend lockere Straftäterzusammenschlüsse, weil es den Strafverfolgern regelmäßig nur gelinge, die unteren Täterebenen zu durchleuchten, deren Mitglieder aber eben auch nur in lockerer Verbindung zu- und untereinander stehen. Aus dem Umstand, daß nur lockere Straftäterzusammenschlüsse beobachtet und aufgedeckt werden, könnte demnach nicht (zwingend) gefolgert werden, daß es in Deutschland keine fest strukturierten (mafiaähnlichen) Tätergruppen gibt bzw. daß in Deutschland keine fest strukturierten Tätergruppen operieren. Hier ist weitere Aufklärungsarbeit zu leisten, um zu klaren Aussagen zu gelangen.

Der Informationsaustausch unter den Mittätern einer Kfz-Verschiebergruppe basiert meist auf einem festen Informationsnetz. Die in den oberen Ebenen zusammenwirkenden Straftäter kennen sich persönlich, so daß es zu einem natürlichen Informationsfluß kommt. Auf dieser Ebene werden Geschäftsabschlüsse bei persönlichen Treffen getätigt. Diese persönlichen Treffen dienen auch dazu, allgemeine Informationen auszutauschen und Aufsteiger in der Hierarchie neu einzuführen. Nach unten hin werden die Informationsströme zunehmend kanalisiert, d.h., es wird genau bestimmt, wem was mitgeteilt wird oder inwieweit ein bestimmter Mittäter informiert sein soll. Andererseits werden Informationen von unten nach oben gesammelt und über die jeweiligen Verbindungs- oder Kontaktleute weitergegeben. Der Informationsaustausch zwischen Residenten und den „ausführenden" Straftätern wird von dem Residenten gesteuert. Die Täter auf dieser untersten Ebene werden nur soweit über den Tatablauf informiert, als sie daran beteiligt sind. Andererseits leiten die Residenten gewichtige Informationen weiter, die sie erhalten. Teilweise wird den „ausführenden" Tätern auch eine Kontaktperson für Problemfälle zugeteilt, d.h., regelmäßig eine Telephonnummer übergeben, bei der sie anrufen und sich Rat holen können, wenn sie, beipielsweise an der Grenze, in Schwierigkeiten geraten.

Die *Ausbeutung der Prostitution* hat eine – im Vergleich mit den anderen hier untersuchten Deliktsbereichen – eigenständige Führungs- und Organisationsstruktur. Wer an der Rotlichtkriminalität beteiligt ist, hat neben der Gewinnerwirtschaftung auch die Machterlangung und -erhaltung zum Ziel, allein schon deshalb, weil diese beiden Ziele in diesem Bereich untrennbar miteinander verbunden sind. Täter im Rotlichtbereich sind Zuhälter, Wirtschafter und andere in Bordellen beschäftigte Bordellbetreiber oder -mitbetreiber sowie Täter, die mit diesen Tätern Geschäfte machen, wie (mittlere) Drogendealer, Hehler, Waffenhändler und Schutzgelderpresser. In den Großstädten agieren neben deutschen zunehmend ausländische Tätergruppen. Die Führungsstile sind grundsätzlich unterschiedlich und werden daher getrennt dargestellt.

Die an der Ausbeutung der Prostitution beteiligten deutschen Täter unterliegen einer weniger strengen Hierarchie mit nur partieller autoritärer Führung. Die einzelnen Täter sind nämlich nicht ununterbrochen in ein Befehls- und Gehorsamssystem eingebunden, sondern entscheiden vielmehr auf allen Ebenen selbst, welche Straftaten mit wem zusammen ausgeführt werden. Einer anerkannten Instanz mit Führungskompetenzen bedarf es regelmäßig dann, wenn Konflikte zwischen den Tätern entstehen. Die Täter lassen sich – anders als etwa die Mittäter einer Kfz-Verschiebergruppe – regelmäßig nicht in stabile Untergruppen einteilen. Sie sind vielmehr alle Angehörige des Rotlichtbereichs einer Stadt und haben Einfluß auf das Geschehen entsprechend ihrem Machtanteil. Nach Macht- oder Marktanteilen lassen sich die Täter aber in verschiedene Kategorien einteilen: Der untersten Kategorie gehören vor allem Bedienstete von Bordellen und Zuhälter mit nur wenig Einfluß an, die etwa nur eine Prostituierte ausbeuten; zur mittleren Kategorie rechnet man Bordellbetreiber und einflußreichere Zuhälter (die mehrere Prostituierte ausbeuten oder Standgeld an Straßen kassieren); zur obersten Kategorie zählen die im Milieu als „Größen" anerkannten Personen, die meist auf vielfältige Art an den illegalen Gewinnen beteiligt sind, nach außen häufig aber nicht mehr als Zuhälter oder Bordellbetreiber auftreten. Diese Größen, in einigen Städten nur eine Person („Nummer Eins"), haben im lokalen Rotlichtbereich die Macht. Das bedeutet aber nicht, daß sie als Manager jedes illegale Geschäft ihrer Untergebenen kontrollieren, sondern daß sie sich, wenn sie wollen, durchsetzen können, bei bestimmten Vorgängen ein Mitspracherecht besitzen (etwa beim Verkauf eines Bordells oder beim Eintritt eines Neuanfängers) und zudem bei auftretenden Konflikten von den anderen Milieuangehörigen als kompetente Entscheidungsinstanzen anerkannt sind. Die in Rotlichtbereichen bestehenden persönlichen Kontakte zwischen den Beteiligten sind Grundlage des Informationssystems. Gegenüber Nichtmitgliedern des Rotlichtbereiches – insbesondere der Polizei – gilt ein absolutes Schweigegebot. Die zur untersten Kategorie zählenden Täter versuchen, in den Wirkungs- und Schutzbereich eines Täters zu gelangen, der der mittleren Kategorie angehört. Auf der Grundlage der dadurch entstehenden engeren Verbindungen zwischen den verschiedenen Tätern findet ein detaillierter Informationsaustausch statt, der auch zur Absprache und Durchführung konkreter Straftaten führt.

Als Beispiele können die „Sammlungen" zählen, bei denen sich verschiedene Zuhälter und Bordellbetreiber zusammenfinden, um gemeinsam Rauschgift aufzukaufen. Jeder erhält anschließend den auf seinen Tatbeitrag und seine finanzielle Beteiligung entfallenden Anteil.

Ausländische Gruppen sind dagegen in aller Regel streng hierarchisch gegliedert. Die Führung der Gruppe pflegt einen autoritären Stil. Der jeweils organisatorisch übergeordnete Täter hat Befehlsgewalt über die ihm Untergeordneten und verlangt von diesen widerspruchslosen Gehorsam. Ordnet die Gruppenführung etwas an, so wird dies – notfalls mit Gewalt – von oben nach unten durchgesetzt. Informationen werden zwischen den eng zusammenwirkenden Tätern formlos weitergegeben.

Im Deliktsbereich *Menschenhandel* wurden, was die Führung der Straftätergruppen anbetrifft, bislang nur autoritär geführte und relativ fest strukturierte Gruppen, ermittelt. Hier sind die Tätergruppen bemüht, eine einmal aufgebaute Schleuserschiene, d.h. einen konkreten Weg, auf dem Reisende problemlos nach Deutschland einreisen können, möglichst extensiv zu nutzen. Die dazu notwendige Planung, Organisation und Kontrolle wird in aller Regel von einer Zentrale aus gesteuert, die über alle Vorgänge informiert ist. In dieser Zentrale sitzt gewöhnlich der „Kopf" der Tätergruppe.

In einem Fall saß der iranische Haupttäter einer internationalen Schleusergruppe in Schweden. Von dort aus steuerte er eine über 40 Mittäter umfassende Gruppe, die sich hauptsächlich mit der Einschleusung von iranischen Emigranten nach Deutschland beschäftigte (zwischen 1986 und 1991 wurden nachweislich über 7.000 Personen nach und durch Deutschland geschleust). Die Gruppe unterhielt Kontaktbüros im Iran und in Istanbul und verfügte über Mittäter in Deutschland. Die Kontaktbüros vermittelten den Ausreisewilligen die konkrete Reise. Die Reisenden mußten vor Reiseantritt auf die ihnen angegebene Kontonummer der Gruppe in Schweden die „Kosten" überweisen und konnten ihre Reise erst antreten, wenn aus Schweden der Eingang des Geldes (zwischen 5.000 und 10.000 US $ pro Person) bestätigt war. Von Schweden aus wurden die Kontaktbüros dann angewiesen, für die Emigranten die konkrete Reise zu arrangieren. Bei auftretenden Problemen wurde immer die Führung in Schweden eingeschaltet.

Im *Glücksspielbereich*, insbesondere bei der Veranstaltung des illegalen Glücksspiels in Spielcasinos, sind größere Gruppen ebenfalls durchweg fest strukturiert und werden meist autoritär geführt. Die Organisation des Glücksspielbetriebes in einem (regelmäßig legal eröffneten) Spielcasino wird von den Straftätern bewußt einer legalen Organisation angenähert.[309] Denn das Spielcasino soll möglichst nach außen legal – als Spielcasino, in dem erlaubtes Geschicklichkeitsspiel veranstaltet wird – auftreten können. Das bietet Vorteile gegenüber der Polizei und dem Finanzamt, dem die – fiktiv ausgewiesenen – Angestelltengehälter und Mietkosten angegeben werden, ist aber auch im Hinblick auf die „Laufkundschaft", die meint, in einem legalen Spielcasino zu spielen, von Nutzen. Das Spielcasino wird daher ähnlich einem legalen Spielcasino geführt. Ziel ist die Erwirtschaftung möglichst hoher Gewinne. Die Mittäter haben innerhalb der Organisation des Glücksspielbetriebes (häufig unterhält eine Gruppe mehrere Spielcasinos) fest zugewiesene Aufgaben. Ein Teil arbeitet in dem Spielcasino nach Anweisung des dort eingesetzten Geschäftsführers, der häufig nicht mit dem nach außen auftretenden Inhaber, der oft nur als Strohmann agiert, identisch ist. Die restlichen Mittäter sind mit der Kontrolle der verschiedenen Casinos und dem in unbestimmten Abständen erfolgenden Abkassieren beschäftigt. Dieser Personenkreis und die vor Ort eingesetzten Geschäftsführer leiten nach Anweisung des „Kopfes" der

---

[309] In – ursprünglich legal eröffneten – Spielcasinos (in denen nur Beobachtungsspiele mit begrenzten Einsätzen erlaubt sind) werden Glücksspiele (vor allem Roulette, Black Jack und Baccarat) nach den gleichen oder ähnlichen Regeln gespielt wie im legalen, staatlichen Casino.

Gruppe, der regelmäßig die Planung und Gesamtleitung übernimmt, alle übrigen Straftäter.

Als Beispiel einer Täterhierarchie im Glücksspielbereich ist eine Tätergruppe zu erwähnen, die über 20 Spielcasinos betrieb. Zeitweise wurden 1.400 Mittäter von einem Haupttäter und etwa 15 eng vertrauten Führungspersonen gesteuert. Die Casinos waren alle nach einem einheitlichen Muster organisiert, die dort Beschäftigten hatten klare Funktionsbereiche (etwa als Croupier, Aufseher, Türsteher, Bedienung). Zentrale Führungsausfgabe war die Kontrolle der Gewinnabrechnung der einzelnen Casinos. Mit Hilfe der Vertrauensleute gelang es, die einzelnen Casinos zu beaufsichtigen und die Gewinne einzustreichen. Das Informationssystem beruhte in diesem Fall auf einer Telephonnummer, unter der sich eine Kontaktperson meldete, die Weisungen weitergab oder die Verbindung zum autoritär führenden Haupttäter herstellte. Über Telefon mußten die einzelen Casinos auch täglich ihre Einnahmen bekannt geben.

Was Hütchenspielergruppen[310] betrifft, so werden die ausführenden Hütchenspieler von einer im Hintergrund bleibenden Führung „verwaltet". Nähere Erkenntisse zur Führung von Hütchenspielergruppen konnten bislang nicht gewonnen werden.

### 2. *Personalwirtschaft*

#### a) Betriebswirtschaftlicher Ausgangspunkt

Unter Personalwirtschaft versteht man die Probleme, die die Beschäftigung des Personals eines Betriebes mit sich bringt, und die Bemühung, sie zu lösen. Der Funktionsbereich wird untergliedert in den Personalbedarf, die Personalbeschaffung, die Personalentwicklung und den Personaleinsatz. Der Personalbedarf oder die Verfügbarkeit über Personal beschreibt die im Zeitablauf variable Zahl der Personen, die ihre Arbeitskraft gegen eine festgelegte Vergütung in den Dienst des Unternehmens stellen. Die Personalbeschaffung betrifft

[310] Ablauf des Hütchenspiels: Der Spielmacher zeigt dem Mitspieler zu Beginn des Spieles eine Kugel, über die er anschließend ein „Hütchen" stülpt. Dann tauscht der Spielmacher die Position dieses „Hütchens" mit zwei weiteren leeren „Hütchen". Dabei läßt der Spielmacher die drei „Hütchen" schnell und geschickt rotieren, damit der Spieler, der einen Einsatz geleistet hat, das „Hütchen", unter dem sich die Kugel befindet, nicht mehr wiederfindet. Der Spieler darf nach der durchgeführten Rotation auf das „Hütchen" zeigen, unter dem er die Kugel vermutet. Dieses Hütchen wird dann aufgedeckt, so daß sich der Spieler von dem Inhalt überzeugen kann. Hat der Spieler die Kugel entdeckt, so gewinnt er in der Regel das Doppelte seines Einsatzes. Entdeckt er die Kugel nicht, so hat er das Spiel verloren, sein Einsatz verbleibt beim Spielmacher als dessen Gewinn. Regelmäßig arbeiten mit dem Spielmacher drei bis vier Personen zusammen. Sie dienen als „Aufreißer", Aufpasser und als fiktive Mitspieler.

die konkrete Einstellung neuer Arbeitskräfte vom Arbeitsbeschaffungsmarkt. Dazu testet man die Bewerber auf ihre Eignung für die ihnen zuzuweisende Position z.B. durch die Auswertung der schriftlichen Bewerberunterlagen, eines Interviews oder eines psychologischen Tests. Daneben steuert die Personalbeschaffung auch die unternehmensinterne Beschaffung von Personal, d.h. das Umsetzen von Arbeitskräften auf freiwerdende Stellen. Die Personalentwicklung beschäftigt sich mit der Verbesserung des Leistungspotentials der Unternehmensmitglieder. Neben den Instrumenten der Laufbahnplanung, Entwicklungsbeurteilung und Qualitätszirkel (d.h. Kleingruppen, die über die Arbeitsergebnisse diskutieren) steht die betriebliche Bildung.[311] Der Personaleinsatz bestimmt, wie die im Betrieb verfügbaren Personen für die zu erfüllenden Aufgaben in quantitativer, qualitativer, zeitlicher und örtlicher Hinsicht verwendet werden.[312]

Neben diesen Einzelaspekten der Personalwirtschaft steht die Personalpolitik als betriebliche Grundentscheidung. Sie ist von der Unternehmenspolitik oder -kultur abgeleitet und beeinflußt Entscheidungen und Aktionen auf allen Hierarchieebenen. Gerade erfolgreiche Unternehmungen zeichnen sich durch eine ausgeprägte Unternehmenskultur aus. Als besonders günstig, vor allem was Effizienzsteigerung und Verbesserung der Wettbewerbssituation betrifft, hat sich eine erfolgreiche „Identitätsvermittlung" („corporate identity") erwiesen.[313]

### b) Theoretischer Ansatz

Das Personalmanagement einer Straftätergruppe muß grundsätzlich dafür Sorge tragen, daß die einzelnen Straftäter unterer Ebenen zur richtigen Zeit am richtigen Ort sind und möglichst wenige Möglichkeiten besitzen, einen umfassenden Einblick in die Geschäfte der kriminellen Organisation zu gewinnen. Darüber hinaus muß das Personalmanagement Strukturen aufbauen, die eine Kontrolle der einzelnen Mittäter aller Ebenen ermöglichen und eine gezielte Auftragsvergabe an Mittäter für einen gewissen Zeitraum regeln. Auch ist zu organisieren, wie Know-how beschafft und weitergegeben wird. Schließlich muß festgelegt sein, wie und wann Sanktionen durchzusetzen sind und wie neue Mittäter gewonnen werden. Grundprinzipien des Personalmana-

---

311 Vgl. *Hentze*, S. 325.

312 Vgl. *Hentze*, S. 390 ff.

313 Vgl. *Hentze*, S. 83 ff.

gements sind dabei der möglichst effektive Einsatz der einzelnen Straftäter und die Geheimhaltung aller Aktionen vor den Strafverfolgern.

Die Personalwirtschaft von Straftätergruppen unterscheidet sich schon bei theoretischer Betrachtung in einem grundlegenden Punkt von der Personalwirtschaft legaler Unternehmen: Es bestehen keine gerichtlich durchsetzbaren vertraglichen Verpflichtungen unter den Beteiligten. Aus diesem Grund verdient das Verhältnis der kriminellen Organisation zu ihren ständigen Mitgliedern und gelegentlichen Mitarbeitern besonderes Augenmerk. Denn jedes Mitglied einer kriminellen Organisation oder Straftätergruppe stellt ein Risiko für die anderen Straftäter dar. Der Einzelne weiß unter Umständen nicht nur Bescheid über vergangene Straftaten und die daran Beteiligten, sondern er weiß auch um geplante Straftaten und kennt Handelsverbindungen sowie Absatzwege. Darüber hinaus kann er nicht mittels eines gerichtlich nachprüfbaren Arbeitsvertrages zur Leistung angehalten werden. Schließlich ist es nicht möglich, Sanktionen (vgl. etwa §§ 60, 61, 74 HGB)[314] gerichtlich durchzusetzen, wenn sich ein Mitglied bereichert oder zur „Konkurrenz" überläuft. Die kriminelle Organisation muß demgemäß Anreize schaffen, damit ihre Mitglieder loyal bleiben und ihre Aufgaben korrekt (d.h., wie geplant) erfüllen. Eine Führungsstrategie kann daher sein, nur sorgfältig ausgewählte, spezialisierte Mitarbeiter zu rekrutieren und diese bei Erfolg durch hohe Zuwendungen zu belohnen. Die Spezialisierung des Einzelnen auf eine bestimmte Funktion im Gesamtablauf der kriminellen Tätigkeit der Organisation reduziert nämlich seine Fähigkeit, selbständig im „Geschäftsbereich" der Organisation tätig zu werden. Daneben verstärken hohe Gehälter auch die Motivation, im Falle der Inhaftierung die Sicherheit der Organisation nicht durch Informationsangaben vor Gericht zu gefährden, um die Geldquelle – u.U. auch für die Versorgung der Familie – nicht versiegen zu lassen.

Eine weitere Möglichkeit, sich der Loyalität der Mitglieder zu versichern, ist deren Einschüchterung. Die Mitglieder umgeben sich mit einer Aura, die das Gefühl einer Bedrohung für alle diejenigen vermittelt, die ihre persönliche

---

[314] § 61 I 1 HGB lautet: „Der Handlungsgehilfe darf ohne Einwilligung des Prinzipals weder ein Handelsgewerbe noch in dem Handelszweige des Prinzipals für eigene oder fremde Rechnung Geschäfte machen."

§ 74 I HGB lautet: „Eine Vereinbarung zwischen dem Prinzipal und dem Handlungsgehilfen, die den Gehilfen für die Zeit nach Beendigung des Dienstverhältnisses in seiner gewerblichen Tätigkeit beschränkt (Wettbewerbsverbot), bedarf der Schriftform und der Aushändigung einer vom Prinzipal unterzeichneten, die vereinbarten Bestimmungen enthaltenden Urkunde an den Gehilfen."

Freiheit oder den Geschäftsablauf der Organisation stören. Als Mittel der Bedrohung und Einschüchterung kommt neben der körperlichen Gewalt vor allem die Denunziation bei der Polizei in Betracht.

Letztlich kann außer den Instrumenten Geld und Bedrohung auch die Ausnutzung oder die Schaffung von nichtökonomischen Bindungen zur Loyalität der Mitglieder beitragen. So binden sowohl familiäre Beziehungen als auch ethnische Zugehörigkeit die Mitglieder aneinander. Daneben kommt auch die Schaffung einer fiktiven Familie durch einen „engsten Kreis" von Mittätern in Betracht. Zum besseren Zusammenhalt der ganzen Tätergruppe – gegenüber anderen Gruppen aber auch gegenüber der Polizei – ist auch eine Identitätsvermittlung denkbar, ähnlich der „corporate identity" im legalen Bereich.

Für den einzelnen Straftäter der kriminellen Organisation wächst die Gefahr, daß die Strafverfolgungsbehörden über seine Teilnahme an einer konkreten Straftat informiert werden, proportional zu der Anzahl der Mittäter, die über seinen Tatbeitrag Bescheid wissen. Auch unter diesem Aspekt haben einzelne Straftäter ein Interesse daran, daß möglichst wenige Mittäter über ihre Beteiligung informiert sind (z.B. mittels Aufteilung der organisierten Straftaten in mehrere voneinander unabhängige Untereinheiten) und daß die Organisation grundsätzlich nicht zu groß wird.

Zusammenfassend läßt sich festhalten, daß sich aus der möglichen Gefahrenquelle, die die einzelnen Straftäter füreinander darstellen, Konsequenzen für den Aufbau der kriminellen Organisation ergeben. Einerseits empfiehlt sich deshalb die Aufspaltung der Straftaten in selbständige Ausführungsbereiche, d.h. eine innere Abschottung, andererseits spricht vieles dafür, daß illegale Unternehmen nicht so groß wie legale werden können. Die Organisation kann aber auch einige Aufgaben von nicht an der Organisation beteiligten Straftätern, die damit kaum verwertbare Informationen über die Zusammenhänge der Organisation erlangen, gleichsam im Auftragsverfahren, durchführen lassen.

### c) Empirische Feststellungen

In den untersuchten Deliktsbereichen konnte übereinstimmend festgestellt werden, daß die Abschottung im Rahmen des Personalmanagements Priorität genießt. Grundsätzlich wird der in den Deliktsablauf vollständig eingeweihte Kreis an Mittätern so klein wie möglich gehalten, und die mit hohem Entdeckungsrisiko bedrohten Täter werden von diesen abgekoppelt oder nur vorübergehend herangezogen. Da es nicht möglich ist, geschlossene Vereinbarungen mit Mittätern gerichtlich durchzusetzen, arbeitet man regelmäßig mit einem System von Einschüchterung und Gewaltandrohung.

Die auf internationaler *Kfz-Verschiebung* spezialisierten Tätergruppen bauen ihr Personalmanagement auf einer betriebsähnlichen Funktionsteilung auf. Grundsätzlich sind in einer größeren kriminellen Organisation die Täterkreise, die für die Beschaffung der Fahrzeuge zuständig sind, und die Täter, die die Fahrzeuge absetzen, nicht identisch. Die Verbindung wird über die sogenannten Residenten hergestellt, die die Beschaffung der Fahrzeuge organisieren und auch den Transport in das Absatzgebiet veranlassen. Die vom Residenten engagierten Täter erfüllen alle eine ganz bestimmte Funktion als Autoaufbrecher, Anmieter, Fahrer, Fälscher oder Kfz-Mechaniker. Bei der Ausführung ihrer klar umrissenen Aufgabe sind die einzelnen Täter selbstverantwortlich tätig. Der Resident ist beispielsweise nur daran interessiert, ein bestimmtes Fahrzeug in den Besitz zu bekommen. Wie die Aufbrecher, die häufig in Kleingruppen zu zweit oder zu dritt zusammenarbeiten, dies bewerkstelligen, ist dem Residenten regelmäßig gleichgültig. Kontrolle üben die Residenten über die mit ihnen zusammenarbeitenden Täter vor allem dadurch aus, daß sie ihnen klare Aufträge erteilen (etwa wann wo ein bestimmtes Fahrzeug abgestellt werden soll) und sie nach der pünktlichen Erfüllung beurteilen. Die Residenten ihrerseits werden von den meist im Absatzgebiet ansässigen Haupttätern oder Finanziers der Verschiebung wiederum daran gemessen, wie sie die ihnen gestellten Aufgaben erfüllen. Da der Resident (zwangsläufig) einen recht tiefen Einblick in die Geschäftsorganisation erhält, wird dieser Posten nur an Vertrauensleute der Haupttäter vergeben. Das Vertrauen basiert häufig auf familiären Bindungen, einer gemeinsam erlebten Jugend, einer gemeinsamen Nationalität oder auf längeren gemeinsamen Gefängnisaufenthalten. Wird dieses Vertrauen gebrochen, sind die Konsequenzen – auch aus präventiven Gründen – bedeutend. Der Abtrünnige muß mit Angriffen auf seine Person rechnen, die u.U. bis zur Tötung führen. Auf der anderen Seite können sich ständige Mittäter in einer größeren Organisation gewöhnlich darauf verlassen, daß im Falle ihrer Inhaftierung alles unternommen wird, um sie baldmöglichst aus der Haftsituation zu befreien, insbesondere ein Rechtsanwalt beauftragt und bezahlt wird. Außerdem hält mindestens ein Mittäter Kontakt zum Inhaftierten und seinen Verwandten.

Das Personalmanagement bei den an der *Ausbeutung der Prostitution* beteiligten Tätern basiert auf dem bereits beschriebenen System der verschiedenen Täterkategorien. Solange sich die Interessen verschiedener Täter nicht überschneiden, arbeiten die Beteiligten für sich oder für eine Gruppe fest verbundener Straftäter. Kommt es zu Überschneidungen – sei es infolge einer Zusammenarbeit, sei es, weil ein Täter oder eine Gruppe einem anderen Täter oder einer anderen Gruppe Konkurrenz macht – so setzt sich regelmäßig der Täter oder die Tätergruppe mit dem innerhalb des Rotlichtbereiches höheren Renommee oder Machtpotential durch. Kleinere Zuhälter versuchen häufig, sich unter den Schutz eines Mächtigen zu stellen, da sie durch das Image, zu seinen „Freunden" zu gehören, ihr eigenes Prestige aufbessern und so selbst an Macht und Sicherheit innerhalb des Milieus gewinnen. Unter den Tätern im Rotlichtbereich entstehen dadurch die verschiedensten Vertrauensverhältnisse, die zum Teil auch vermittelt werden, d.h., eine Gruppe arbeitet mit einem Täter zusammen, zu dem einer aus der Gruppe in einem besonderen Vertrauensverhältnis steht. Auf diese Weise sind die einzelnen Täter zwar voneinander abhängig, es kommt aber auch zu Animositäten. Einige Täter arbeiten so bei Bedarf zusammen, andere werden als Konkurrenz empfunden und gemieden. Insgesamt kann, auf den Rotlichtbereich einer Stadt bezogen, zwar nicht von einer festen Personalstruktur gesprochen werden, aber das Personalmanagement wird durch die Täter der (oben beschriebenen) zweiten und ersten Kategorie entscheidend geprägt. Deutlich wurde dies in vielen Großstädten, als ausländische Tätergruppen begannen, das Milieu zu erobern: Diese prägten einen neuen Stil.

In Hamburg beispielsweise war mit dem Eindringen ausländischer Tätergruppen nach Aussage eines Praktikers „die Zeit der Nostalgie" vorbei. Der Profit rückte gegenüber anderen Zielen eindeutig in den Vordergrund und Machtkämpfe wurden nicht mehr auf höherer Ebene geschlichtet, sondern gewalttätig, teilweise blutig, ausgetragen. Das führte zu einer Veränderung bzw. Anpassung des Milieus. Auch die deutschen Täter waren gezwungen, sich stärker zu organisieren bzw. zusammenzuschließen, um gegen diese Konkurrenz bestehen zu können. Das Personalmanagement erhielt die neue Aufgabe, den Kampf um Marktanteile mit den Eindringlingen zu koordinieren.

Bei den auf *Menschenhandel* ausgerichteten Gruppen baut das Personalmanagement gewöhnlich auf einer fixen Aufgabenteilung auf. Jeder Täter hat innerhalb der personell konstanten Gruppen seine klar umrissene Position und ist für die Erledigung der ihm übertragenen Arbeiten verantwortlich. Die Bindung unter den Tätern fußt auf den bereits beschriebenen Vertrauensverhältnissen. Die Kontrolle der einzelnen ergibt sich aus der Verzahnung zwischen den Tätern.

Im *Glücksspielbereich* ist das Personalmanagement ebenso wie die Führung stark dem Personalmanagement von legalen Spielcasinos angepaßt. Eigenständig ist der engste Kreis an Vertrauensleuten, die die einzelnen Casinos und deren Geschäftsführer überwachen und für korrekte Abrechnungen sorgen. Dieser Personenkreis steht in der Hierarchie der Täter an oberster Stelle und stellt als „engster Kreis" häufig eine fiktive Familie dar.

### *3. Logistik*

#### a) Betriebswirtschaftlicher Ausgangspunkt

Logistik kann kurz definiert werden durch die vier „R": „Die Logistik hat dafür zu sorgen, daß ein Empfangspunkt gemäß seines Bedarfes von einem Lieferpunkt mit dem richtigen Produkt (in Menge und Sorte) im richtigen Zustand zur richtigen Zeit am richtigen Ort zu den dafür minimalen Kosten versorgt wird."[315] Logistische Aktivitäten werden auf allen Stufen und in allen (anderen) Funktionsbereichen der Betriebe notwendig.[316]

Die „logistische Spanne" umfaßt den gesamten Leistungsprozeß von der Beschaffung der Rohstoffe über die Produktion bis hin zur Auslieferung der Fertigerzeugnisse an die Abnehmer sowie die Rückführung (bzw. Aussonderung) der recyclebaren Stoffe in die Produktion. Damit werden alle inner- und zwischenbetrieblichen Transport-, Lager- und Umschlagvorgänge erfaßt. Hauptaufgabe der Logistik in einem Industriebetrieb ist es folglich, einen Material- und Informationsfluß zu organisieren und zu steuern, der unter Kostengesichtspunkten eine termin-, mengen- und qualitätsgerechte Auslieferung an den Kunden sicherstellt. Da fehlende bzw. langwierige Lieferbereitschaft insbesondere hohe Beschaffungs- und Verwaltungskosten verursacht und zu entgangenen Gewinnen führt (der Kunde ist nicht zu warten bereit, verärgert und kauft in Zukunft anderswo), ist schon die Optimierung der Lagerhaltung unter Kostengesichtspunkten eine notwendige betrieblich-logistische Aufgabe.

Da bereits früh erkannt wurde, daß eine getrennte Optimierung der Logistikkosten nicht zu einem Gesamtoptimum führt, wurde das Gesamtkosten-

---

[315] *H. C. Pfohl*, S. 12.

[316] *G.-B. Ihde* in HWO, S. 1226.

prinzip eingeführt.[317] Aus diesem Gesamtkostenprinzip folgt, daß diejenigen logistischen Aufgaben, über deren Gesamtkosten das Minimum zu suchen ist, im Unternehmen auch organisatorisch zusammenzufassen sind.[318] Dazu kommt, daß ca. 5-40% der Gesamtkosten von Industriebetrieben auf Logistikkosten entfallen.[319] So sollten etwa Transport- und Lagerhaltung einem Verantwortungsbereich zugeordnet werden, da bei getrennter Ansteuerung geringster Kosten kein Gesamtkostenoptimum zu erreichen ist, denn die Transportkosten nehmen ab, je größer die Bestellmenge ist, die Lagerkosten steigen aber bei größeren Mengen.

### b) Theoretischer Ansatz

Auch bei kriminellen Organisationen, die illegal erworbene Güter vertreiben oder illegale Dienste anbieten, sind vielfältige Transport-, Lager- und Umschlagvorgänge erforderlich, deren Kosten zur Gewinnmaximierung möglichst niedrig zu halten sind. Bei illegalen Transaktionen wird es Ziel der Logistik sein, diese Vorgänge so zu gestalten, daß sie möglichst sicher vor der Entdeckung durch die Strafverfolgungsbehörden ablaufen. Insofern können sich Abweichungen von der betriebswirtschaftlichen Logistik ergeben: Lager werden z.B. meist Verstecke sein oder Transporte werden getarnt durchgeführt. Um die Straftatbegehung dennoch ökonomisch sinnvoll zu gestalten, also bei einer wiederholten Begehung kostengünstig zu arbeiten, werden die Straftätergruppen eine ihren Bedürfnissen jeweils angepaßte Logistik aufbauen.

Logistische Fragestellungen treten in allen Funktionsbereichen auf. Unter Beschaffungslogistik sind die Strukturen zu verstehen, die der unentdeckten und möglichst kostengünstigen Übernahme von legalen oder illegalen Gütern aus dem legalen oder illegalen Markt in den räumlichen und organisatorischen Bereich der organisierten kriminellen Gruppe dienen. Als Strukturelemente kommen in diesem Bereich vor allem Zulieferungslager, Verstecke, Trans-

---

[317] Gesamtkostenprinzip bedeutet: Eine Senkung der Kosten in einem Teilsystem führt häufig zur Steigerung der Kosten in einem anderen System. Als Beispiel hierfür kann der Konflikt zwischen den Lager- und Transportkosten einerseits und den Kosten mangelnden Lieferservices andererseits angeführt werden. Sind der Lieferservice- und die Lieferbereitschaft groß, dann ist die Lieferzeit kurz. Hohe Lieferbereitschaft erfordert aber vergleichsweise hohe Lagerbestände. Diese wiederum haben hohe Lagerkosten und damit hohe Kapitalbindungskosten zur Folge. Vgl. *H. G. Bartels*, S. 59 ff.; *H. C. Pfohl*, S. 23.

[318] *G.-B.Ihde*, S. 1228; *H. G. Bartels*, S. 59.

[319] So *J. Bloech*, S. 7.

portketten, Treffpunkte zum Informationsaustausch und Kommunikationswege mit Amtsträgern in Betracht. Die Logistik der Herstellung kann in einer Straftätergruppe die Aufgabe haben, Güter, die auf irgendeine Art be- oder verarbeitet werden müssen, unentdeckt und möglichst kostengünstig, zu dem (jeweiligen) Verarbeitungszentrum zu verbringen. Strukturelemente könnten in diesem Bereich neben den beispielsweise als legale Unternehmen getarnten Verarbeitungszentren die Informationskanäle (Datennetz) und die Außenkontaktorganisation sein. Dem Bereich der Absatzlogistik unterfallen letztlich alle Strukturen, die der Verwertung der illegalen Güter auf dem legalen oder illegalen Markt und der Rückführung von Geld oder Waren (bei einem Gegengeschäft) in die Organisation dienen. Hierzu können auch Strukturen gehören, die der Erschließung neuer Märkte, Absatzwege und Kunden sowie der Information potentieller Kunden über die Verfügbarkeit der Güter dienen. Bei der Verknüpfung verschiedener Deliktsbereiche durch eine größere Straftätergruppe sind insbesondere im Bereich der Logistik Synergieeffekte denkbar. Beispielsweise kann ein Transportsystem, das weitgehend sicher davor ist, entdeckt zu werden, durchaus zur Beförderung der aus verschiedenartigen Delikten stammenden Güter dienen.

### c) Empirische Feststellungen

Der reibungslose Deliktsablauf bei der geschäftsähnlichen Straftatbegehung durch Straftätergruppen basiert auf einer ausgefeilten Logistik. Transportwege werden professionell ausgewählt, Verstecke und Tarnungen gezielt eingesetzt, um illegale Transaktionen vor Zugriffen der Strafverfolger zu sichern.

Deliktsübergreifend konnte festgestellt werden, daß auch Menschen als „logistische Komponenten“ eingesetzt werden, um Straftaten zu verdecken oder Ermittlungen zu erschweren. Das ist etwa der Fall, wenn von einer Tätergruppe eine Straftat bis ins Detail geplant und vorbereitet wird, zur Durchführung aber (auswärtige) Spezialisten anreisen. Kaum haben diese Spezialisten ihren Tatbeitrag geleistet, reisen sie wieder ab, so daß polizeiliche Ermittlungen ins Leere laufen. Eine von einer Straftätergruppe aufgebaute gut funktionierende Logistik wird oftmals auch dazu benutzt, in andere Deliktsbereiche einzudringen.

Eine gute Logistik ist bei der *Kfz-Verschiebung* Basis der geschäftsähnlichen Begehung von Straftaten. Schon die Beschaffung der Fahrzeuge wird mittels einer durchdachten Logistik gesteuert. Dazu zählen vor allem die

Auswahl, die Inbesitznahme, der Transport und die Lagerung der Fahrzeuge. Wichtig bei der Logistik der Herstellung sind Werkstätten zum Umbau der Fahrzeuge und die sogenannten „Fälscherbunker“ zum Herstellen und Fälschen von Fahrzeugpapieren. Die Logistik im Absatzbereich zeichnet sich durch den Aufbau von Transportwegen und das Auskundschaften von Verkaufsgelegenheiten aus und scheint entscheidende Bedeutung für die Dominanz der organisierten Kriminalität in diesem Bereich zu haben.

Die Aufspaltung des Deliktsablaufes in verschiedene Arbeitsgänge (die durch den Aufbau einer von Individuen unabhängigen Logistik gestaltet wird) birgt für größere Straftätergruppen entscheidende Vorteile. Die ausführenden Täter erhalten allein durch ihren Tatbeitrag keinen Überblick über den gesamten Verschiebevorgang oder die Gruppenstruktur. Das ist im Hinblick auf die Abschottung höherer Täterebenen vorteilhaft. Außerdem sind die nur auftragsweise an die kriminelle Organisation gebundenen zeitweiligen Mittäter nicht in der Lage, anschließend der Gruppe Konkurrenz zu machen, da ihnen der Gesamtablauf, insbesondere die Verbindung zu dem oder den Abnehmern, verborgen bleibt. Einen Gesamtüberblick haben nur die wenigen Personen, die sich jeweils in zentralen Positionen befinden. Ein kleiner Kreis von vollständig eingeweihten Personen kann mit einer gut aufgebauten Logistik folglich eine große kriminelle Geschäftstätigkeit entfalten und eine größere Zahl von Mittätern leiten.

Die Erwirtschaftung von Gewinn beruht bei der *Prostitution* grundsätzlich auf dem Angebot legaler Dienste.[320] Erst die Ausbeutung der Frauen vor allem durch Zuhälter und Bordellbetreiber[321] und die dabei zugleich auch begangenen Straftaten lassen die Tätigkeit illegal werden. Logistische Strukturen dienen in den Rotlichtbereichen der Großstädte vor allem dazu, das Angebot der Prostitution zu optimieren (insbesondere Bordelle, Straßenstrich und Wohnungsprostitution), die Prostituierten zu kontrollieren und die beteiligten Täterkreise zu koordinieren. Insbesondere bei der Ausführung nicht direkt mit der Prostitution zusammenhängender Taten wird eine geschäftsähnliche Logistik aufgebaut. Zu diesen anderen Straftaten zählt vor allem der Rauschgifthandel, der Waffenhandel, die Hehlerei und der Menschenhandel.

In Hamburg beipielweise fand in den letzten fünf Jahren kein größeres Verfahren im Nachtlebensbereich mehr statt, bei dem der Rauschgifthandel nicht zumindest eine Nebenrolle gespielt hätte. Die Verknüpfung der Ausbeutung von Prostitution mit an-

---

[320] Vgl. aber §§ 184a, 184b StGB.

[321] Vgl. §§ 180a, 181a StGB.

deren Straftaten wird dabei besonders deutlich am Beispiel einer türkischen Straftätergruppe in Hamburg. Sie benutzte das von ihnen mit über 20 Frauen betriebene Bordell hauptsächlich als Umschlagplatz für Heroinlieferungen. Sowohl die Lieferanten als auch die Händler waren als Freier gut getarnt. Das Bordell diente zudem als Lagerstätte für das Rauschgift.

Insbesondere am *Rauschgifthandel* wird die Bedeutung einer ausgefeilten Logistik deutlich. Der mit dem größten Entdeckungsrisiko behaftete Endverkauf wird auf eine möglichst große Zahl von Kleinsthändlern verteilt, um das Beschlagnahmerisiko zu minimieren und die wahren Handelswege zu verschleiern. Um dies zu bewerkstelligen, sind sichere Transportwege und getarnte Lager unumgänglich notwendig. Strukturelemente der Logistik im Rotlichtbereich sind insofern Lager und Verstecke, getarnte Transportwege und Informationssysteme.

Ein drastisches Beispiel für den Einsatz von Kleinsthändlern ist bei einigen ausländischen Tätergruppen festzustellen. Obwohl Prostituierte in den Rotlichtbereichen grundsätzlich kein Heroin erhalten, verabreichen einzelne Bordellbetreiber ihren Frauen Heroin. Sind die Frauen süchtig, so werden sie zum Dealen gezwungen. Auf diese Weise werden sie doppelt ausgebeutet, einmal als fügsame Dealer, zum anderen als Konsumenten, so daß die Bordellbetreiber den gesamten Prostitutionslohn als Entgelt für den Eigenkonsum der Frauen behalten können. Bauen die Frauen in Folge des Drogenkonsums körperlich ab, so werden sie aus dem Bordell „entlassen" und durch neue Frauen ersetzt.

Beim *Menschenhandel* basiert die geschäftsähnliche Deliktsbegehung weitgehend auf einer festen Täterstruktur, die vor dem Hintergrund einer eingefahrenen Logistik operiert. Die Einschleusung und die Verteilung der illegal in die Bundesrepublik Deutschland einreisenden Ausländer folgen immer dem gleichen Muster. Eine einmal eingefahrene „Schiene" wird so oft genutzt, wie die Schleusung ungestört vonstatten geht. Die Logistik wird von den dauerhaft zusammenarbeitenden Mittätern, die die ausreisewilligen Personen in den verschiedenen Abschnitten ihrer Reise betreuen, aufgebaut. Zu dieser Logistik zählen die Methoden der Anwerbung der Reisenden, insbesondere der Unterhalt eigener „Reisebüros", die Bestimmung der konkreten Reiseroute und der Transportmittel, die Beschaffung der notwendigen Reiseunterlagen (gefälschte Pässe, Flugtickets, Bahnfahrkarten etc.) und die Unterbringung der Einreisenden in der Bundesrepublik in eigens zu diesem Zweck angemieteten Wohnungen oder bei Mittätern.

Wie weit der Aufbau der Logistik in Menschenhandelsfällen geht, zeigt das Beispiel einer Tätergruppe, die, um die Transportkosten zu minimieren und Grenzkontrollen zu umgehen, ein Schiff zum Transport der geschleusten Personen kaufte.

Beim *illegalen Glücksspiel* in legal eröffneten Spielcasinos wird die Logistik bedeutsam, sobald eine Tätergruppe mehrere Spielcasinos betreibt. Neben der Beschaffung von Räumlichkeiten und Spielmaterialien sowie der Reparatur und Manipulation von Spieltischen muß vor allem die Kontrolle und das Abkassieren der Casinos koordiniert werden. Es bestehen „Fahrpläne", nach denen die Casinos überprüft und abkassiert werden. Auch die Auslagerung von Geld in Verstecken außerhalb der Casinos wird organisiert.

## B. Tatausführung

### *1. Beschaffung*

#### a) Betriebswirtschaftlicher Ausgangspunkt

Der Güterfluß beginnt mit der Versorgung[322] des Unternehmens mit den benötigten Erzeugnis- und Betriebsstoffen sowie mit Anlagen und Dienstleistungen. Die operative Tätigkeit des Versorgungsvorganges wird als Einkauf bezeichnet. Die Hauptaktivitäten stellen Marktforschung, qualifizierter Angebotsvergleich und Vergabeverhandlungen dar sowie der Abschluß von Verträgen, insbesondere Kaufverträgen, aber auch Leasing, Leihe, Gegengeschäft etc. und die Abwicklung der Bestellung. „Beschaffung" im engeren Sinne bezeichnet die sichere und kostengünstige Übernahme von Erzeugnis- und Betriebsstoffen vom Markt in die Unternehmung. Der nur in der Literatur gebräuchliche Begriff der „Beschaffung" im weiteren Sinne umfaßt darüber hinaus auch die Bereitstellung von Betriebsmitteln, Arbeitskräften und Kapital.[323]

Betriebswirtschaftliche Zielvorgaben sind bei der Beschaffung: Terminlich richtiger Anlieferungszeitpunkt, auf den Bedarf abgestimmte Menge, gefordertes Qualitätsniveau und günstiger Einstandspreis.[324] Da diese Zielvorgaben jedoch bei gleichzeitiger Berücksichtigung oft im Widerspruch zueinander stehen und zu Zielkonflikten führen (s.o.), muß man sich damit begnügen, folgende Kostenkategorien zu einem Gesamtoptimum zu führen: die Anschaf-

---

[322] Deswegen auch als Versorgungslogistik benannt, vgl. *Arnolds, Heege, Tussing,* S. 22.

[323] So *Arnolds,* S. 20.

[324] *Arnolds,* S. 23.

fungskosten (insb. Transportkosten), die Bestellungsabwicklungskosten, die Lagerhaltungskosten und die Fehlmengenkosten. Da Transport- und Lagerprobleme auch bei den Funktionsbereichen Herstellung und Absatz entstehen, werden sie (heute) insgesamt als Aufgaben der Logistik (siehe unter III.A.3.) betrachtet.

### b) Theoretischer Ansatz

Die Tatausführung kann bei der geschäftsähnlichen Straftatbegehung entweder in der Herstellung, der Besitzerlangung oder dem illegalen Erwerb von Gütern oder im Angebot illegaler Dienste liegen. Die Tatausführung setzt demnach eine Verbindung zum Markt voraus. Soweit die Beziehung zum Markt (insbesondere zu Lieferanten) betroffen ist, wird dies gesondert bei den Umweltbeziehungen der Straftätergruppen besprochen. Dieser Außenbeziehung zum Markt entspricht aber auch eine interne Organisation, denn die konkrete Straftatbegehung muß geplant und von einem dafür vorgesehenen Personenkreis auch ausgeführt werden. Entscheidend für eine Straftätergruppe wird beim Beschaffungsvorgang sein, daß er sowohl möglichst unentdeckt von Strafverfolgern als auch kostengünstig abläuft. Um betriebswirtschaftlich sinnvoll zu arbeiten, wird auch darauf zu achten sein, daß der Bestand an Gütern dem Absatz entspricht, die Beschaffung wird folglich eng mit dem Absatz verbunden sein.

### c) Empirische Erkenntnisse

In den untersuchten Deliktsbereichen war übereinstimmend festzustellen, daß die Straftätergruppen für die Tatausführung, insbesondere für den risikoreichen Teil der Beschaffung von Einsatzgütern oder des Angebots illegaler Dienste, bevorzugt Täter einsetzen, die nur lose an die Tätergruppe gebunden sind. Die ausführenden Täter sind problemlos austauschbare, auf einen bestimmten Tatbeitrag spezialisierte Personen. Beim Beschaffungsvorgang selbst wird versucht, ökonomisch sinnvoll vorzugehen, etwa Techniken zu optimieren, die Täter gleichmäßig auszubilden und zu informieren sowie nur Güter zu besorgen, deren Absatz am illegalen Markt auch sichergestellt ist und Gewinn verspricht.

Bei der illegalen *Kfz-Verschiebung* besteht der Beschaffungsvorgang in der Inbesitznahme fremder Fahrzeuge. Die Täter gehen hierbei höchst professionell vor: Zunächst werden die Fahrzeuge regelmäßig gezielt nach Bestellung beschafft. Um das geeignete Fahrzeug bei Abruf (Bestellung) zeitsparend aufzufinden, fertigen einige auf den Aufbruch spezialisierte Gruppen Pläne an, wo welches Fahrzeug nach Typ, Farbe, Ausstattung etc. häufig geparkt ist. Bei Bedarf wird dann gezielt dieser Ort angefahren, das Auto aufgebrochen und weggefahren. Beim Aufbruch selbst treten die Täter oft in Kleingruppen zu zweit oder dritt auf: Während einer oder zwei Wache halten, bricht der Dritte das Fahrzeug auf.

Eine Variation der Aufbruchmethode konnte bei polnischen Aufbrechergruppen in Berlin festgestellt werden: Sie fahren beipielsweise zu fünft in einem Fahrzeug nach Berlin. Am Tag, an dem sie eintreffen, erhalten sie von einem Mittelsmann vor Ort eine genaue Beschreibung, wo sie welche Fahrzeuge auffinden und aufbrechen sollen. In derselben Nacht brechen sie dann die (im vorliegenden Beispiel vier) Fahrzeuge auf und fahren damit in der gleichen Nacht zurück nach Polen. Für die Fahrzeuge haben sie auch vorbereitete Tarnkennzeichen und Papiere dabei, um sie ungehindert über die Grenze fahren zu können. Die Fahrzeugindentifikationsnummer (FIN) wird nach dem Aufbruch abgelesen und in die Papiere eingetragen.

Um möglichst professionell vorzugehen, werden die einzelnen Fahrzeugmodelle genau studiert und verschiedene Techniken erprobt. Ein einmal erfolgreicher, kostengünstiger Weg wird unter den Tätern weitergegeben und praktiziert, solange er funktioniert.

Ein für das professionelle Studium der Fahrzeuge eindrucksvolles Beispiel konnte bei einer polnischen Gruppe ermittelt werden. Als das Luxusmodell einer bekannten Automarke neu auf den Markt kam, sandte die Gruppe einen als integren Geschäftsmann auftretenden Mittäter nach Deutschland und ließ diesen bei einer Autovermietung ein Fahrzeug dieser Klasse mieten. Dieser fuhr das Fahrzeug nach Polen in eine Werkstatt. Dort wurde das Fahrzeug von Technikern der Gruppe in seine Einzelteile zerlegt. Ziel war es, das neue Sicherheitssystem zu studieren und einen Weg zu finden, es beim Aufbruch am leichtesten zu überwinden. Daneben wurden auch die am Fahrzeug angebrachten Identifikationsmerkmale untersucht. Nachdem die Studien an dem Fahrzeug abgeschlossen waren, wurde es wieder zusammengebaut, von dem Anmieter zurück nach Deutschland gefahren und der Mietwagenfirma zurückgegeben.

Als Beispiel für die Perfektionierung einer kostengünstigen Aufbruchmethode kann folgende Technik gelten: Bei Fahrzeugen einer bestimmten Marke war es Tätern gelungen, eine Art Schlüsselersatz anzufertigen, mit dem die Fahrzeuge durch eine kurze Drehbewegung – unter minimaler Beschädigung des Fahrzeuges – aufgebrochen werden konnten. Dieser „Steckschlüssel“ wurde in Polen hergestellt und vertrieben.

Andere Straftätergruppen gehen auf andere Weise vor, sie praktizieren die „Anmiet-“, die „Kooperations-“ oder die „Gewaltmethode“. Bei der „Anmietmethode“ mieten Täter unter der eigenen oder einer falschen Identität ein

Fahrzeug bei einer Autovermietung und übergeben es ihrem Auftraggeber, anschließend melden sie das Fahrzeug als gestohlen. Die „Kooperationsmethode“ beschreibt die Fälle der Zusammenarbeit des Eigentümers (oder Leasingnehmers) des Fahrzeuges mit einer Tätergruppe. Das Fahrzeug wird vom Eigentümer gegen eine bestimmte Entlohnung übergeben und anschließend als gestohlen gemeldet, um die Versicherungsleistung einzustreichen. Viele Praktiker schätzen, daß bis zur Hälfte der als gestohlen gemeldeten Fahrzeuge auf diese Art „verkauft“ wurden. Die „Gewaltmethode“ bildet in Deutschland bislang als Beschaffungsmethode die Ausnahme. In diesem Fall (in Amerika als „car jacking“ gefürchtet) zwingt der Täter den Fahrer eines Fahrzeuges mit Gewalt (etwa mit vorgehaltener Pistole), auszusteigen und dem Täter das Fahrzeug zu überlassen.

Die für Straftätergruppen arbeitenden Täter spezialisieren sich meist auf eine dieser Methoden. Da grundsätzlich mehrere Täter für eine Gruppe (bei Bedarf) arbeiten und die einzelnen Täter durchaus unterschiedliche Methoden praktizieren, kann allein von der angewandten Methode nicht auf die letztlich hinter der Kfz-Verschiebung stehende Gruppe geschlossen werden. Für die Gruppe spricht ein für die Personalwirtschaft zuständiger Mittelsmann potentielle Täter in sozial schwachen Gebieten der Großstädte für die jeweilige Tat an. Ihnen wird kurz geschildert, was sie zu tun haben, wo sie das gemietete Auto anschließend abgeben sollen und welche Entlohung sie dann erhalten. Meist wissen diese Täter nur den Vornamen des Auftraggebers und können dessen Person nur vage beschreiben.

Bei der *Ausbeutung der Prostitution* ist nur wenig zu beschaffen und dies geschieht regelmäßig legal. In Betracht kommen vor allem die Räumlichkeiten, in denen die Frauen arbeiten. Meist werden mit dem Eigentümer legale Miet- oder Pachtverträge abgeschlossen. In einigen Fällen weisen diese Verträge jedoch nicht die tatsächlich zu leistende monatliche Zahlung aus, sondern sind niedriger dotiert, um einer rechtlichen Überprüfung standzuhalten. Die von der Ausbeutung der Prostitution lebenden Täterkreise sind allerdings zusätzlich an der Beschaffung anderweitiger Güter wie Rauschgift, Waffen und sonstigem Diebesgut beteiligt. Erfolgt die Beschaffung durch mehrere Täter gemeinschaftlich, so finden sich diese oftmals für ein bestimmtes Delikt – „eine Gelegenheit“ – zusammen. War die Zusammenarbeit erfolgreich, so wird bei einer weiteren „Gelegenheit“ erneut zusammengearbeitet. Dieses Zusammenwirken bei Bedarf gilt allerdings nur für deutsche Täterkreise. Ausländische Tätergruppen agieren demgegenüber meist in fest gefügten hierarchischen Strukturen. Rauschgift beispielsweise beschaffen sich die Täter in allen Tatstufen durch die Angehörigen derselben Gruppe, d.h., aus dem Erzeugerland wird das Rauschgift von Gruppenangehörigen nach Deutschland gebracht und dort dann ebenfalls von Gruppenangehörigen abgesetzt.

Beim *Menschenhandel* wirft die Beschaffung im eigentlichen Sinn keine besonderen Probleme auf. Zu erwerben sind vor allem Flugtickets und sonstige Fortbewegungsmöglichkeiten. Dies ist auf legalem Weg möglich. Zur Beschaffung im weiteren Sinn zählt auch die Anwerbung von Frauen und Emigranten, jedenfalls wenn man Menschenhandel untechnisch versteht. Da die Menschenhändler an einer möglichst hohen Auslastung des beim Einschleusen nach Deutschland verwendeten Transportmittels interessiert sind, haben die Tätergruppen Methoden der Anwerbung entwickelt. Angeworben werden einmal Frauen, die schon in ihrem Heimatland der Prostitution nachgegangen sind. Die Schleppergruppe hat beispielsweise Kontakt zu einem Bordellbetrieb und rechnet den dortigen Frauen vor, wieviel mehr sie in einem Jahr in Deutschland verdienen können. In dem Glauben, nach diesem Jahr finanziell gut ausgestattet heimkehren zu können, lassen sich die Frauen dann von den Bordellen anwerben. Zum anderen werden aber auch Frauen unter Vorspiegelung falscher Tatsachen angeworben. Ein Mittäter der Schleppergruppe wiegt die Frauen hauptsächlich in Ländern mit hohem Armutsanteil in der trügerischen Hoffnung, daß seine Organisation in der Lage sei, den Frauen in Deutschland gut bezahlte Arbeitsplätze zu beschaffen. Um die Reisekosten aufzubringen, verschulden die Frauen daraufhin sich oder ihre Familien in dem Glauben, in Deutschland gut bezahlte Arbeit zu bekommen. Wie hoch der Anteil der Frauen ist, die über ihre wahre „Verwendung" getäuscht werden, konnte nicht geklärt werden. Nach Schätzungen der Experten dürfte es aber bei mindestens der Hälfte der nach Deutschland geschleppten Frauen so sein.

Als Herkunftsländer[325] der Frauen sind zu nennen: Südamerika (vor allem Brasilien, die Dominikanische Republik und Kolumbien), die Philippinen,

---

[325] In den letzten Jahrzehnten waren in der Bundesrepublik mehrere Wellen des Frauenhandels festzustellen, die jeweils durch das unterschiedliche Herkunftsland der Frauen geprägt waren:

- Zwischen 1976 und 1980 kamen die Frauen hauptsächlich aus Südamerika (vor allem der Dominikanischen Republik und Kolumbien),
- zwischen 1980 und 1983 vor allem von den Philippinen,
- zwischen 1984 und 1989 überwiegend aus Thailand,
- zwischen 1984 und 1985 kamen viele schwarzafrikanische Frauen (vor allem aus Ghana),

Thailand, Schwarzafrika (vor allem Ghana), die französischen Überseekolonien (Guadeloupe, Martinique und Réunion) und der ehemalige Ostblock (vor allem die Tschechische Republik, Polen, Ungarn, Rumänien und Rußland).

Flüchtlinge werden in eigens dafür unterhaltenen Reisebüros darüber informiert, wie sie eingeschleppt werden sollen, und bis zu ihrer Abreise von extra dafür eingesetzten Mittätern betreut. In gewissem Umfang machen Schleppergruppen in den Heimatländern der Emigranten auch Werbung für sich, um interessierte Menschen anzulocken.

Bei der Veranstaltung des illegalen *Glücksspiels* umfaßt die Beschaffung vor allem die Anmietung der notwendigen Räumlichkeiten, den Kauf der (teuren) Spielgeräte und des Spielmaterials sowie die Einholung gewerberechtlicher Genehmigungen, insbesondere einer Unbedenklichkeitsbescheinigung. Die Räumlichkeiten werden legal angemietet, zur Verschleierung der wahren Beteiligung wird allerdings der Mietvertrag häufig durch einen Strohmann abgeschlossen. Dieser Strohmann, der die erforderliche Zuverlässigkeit i.S.d. Gewerberechts besitzen muß, beantragt dann auch die gewerberechtliche Genehmigung[326] für das Spielcasino bei der zuständigen Verwaltungsbehörde. Die für die Spielgeräte vorzulegende Unbedenklichkeitsbescheinigung holt er zuvor beim Bundeskriminalamt ein. Bei den Hütchenspielern stellt sich das Problem der Beschaffung nicht, da sie auf der Straße spielen und nur geringwertige Gegenstände (Streichholzschachtel und Papierkügelchen) als Spielmaterial benötigen.

### *2. Herstellung*

#### a) Betriebswirtschaftlicher Ausgangspunkt

Unter Herstellung (oder Produktion) versteht man die betriebliche Leistungserstellung, die sich aus folgenden Komponenten zusammensetzt: a) der

– zwischen 1985 und 1988 stammten viele Frauen aus den französischen Überseekolonien (Guadaloupe, Martinique und Réunion),

– zwischen 1988 und 1989 traten dann vermehrt südamerikanische (v.a. brasilianische) Frauen auf,

– seit 1989 liegt der Schwerpunkt der nach Deutschland gebrachten Frauen bei Frauen aus dem ehemaligen Ostblock (vor allem aus der Tschechischen Republik, Polen, Ungarn, Rumänien und aus Rußland).

[326] Vgl. §§ 33d, 33e, 33i GewO.

Gewinnung von Rohstoffen in Gewinnungsbetrieben, b) der Herstellung von Erzeugnissen in Fertigungsbetrieben, c) der Bearbeitung von Rohstoffen und Fabrikaten in Veredelungsbetrieben und d) den Ausführungen von Dienstleistungen durch Dienstleistungsbetriebe. Als Grundfunktionen umschließt die Produktion in diesem Sinne den Transport, die Lagerhaltung und die Fertigung. Hinzu kommt die Ausführung von Dienstleistungen sowie die Verwaltung und Kontrolle der angeführten Bereiche.[327]

### b) Theoretischer Ansatz

Die Herstellung wird im illegalen Bereich vor allem das Angebot illegaler Dienste umfassen. Es sind aber auch Deliktsbereiche denkbar, in denen eine Herstellung im technischen Sinne Ausgangspunkt der Straftatbegehung ist (insbesondere bei Rauschgift und Falschgeld). Daneben wird es Deliktsbereiche geben, in denen die Herstellung eine untergeordnete, aber für den reibungslosen Tatablauf notwendige Rolle spielt. Hier kommen alle Delikte in Betracht, die die Fälschung von Papieren oder die Veränderung von Identifizierungsmerkmalen an erworbenen Gütern nötig machen. Da die Herstellung in all diesen Fällen illegal ist, müssen die Straftäter Mittel und Wege finden, diese von den Strafverfolgungsbehörden unentdeckt durchführen zu können.

### c) Empirische Feststellungen

Übereinstimmend konnte festgestellt werden, daß die Straftätergruppen bei der Herstellung einen hohen Spezialisierungsgrad aufweisen. Die Spezialisierung ist nicht nur hilfreich, um Entdeckungen durch die Strafverfolger zu vermeiden, sondern ermöglicht auch eine kostengünstige und damit ökonomisch sinnvolle Deliktsbegehung.

Bei der *Kfz-Verschiebung* ist die Herstellung „sauberer" Fahrzeuge ein wesentlicher Funktionsbereich. Die gestohlenen oder unterschlagenen Fahrzeuge müssen, um vor Entdeckungen durch die Polizei oder Grenzbeamte sicher zu sein, so verändert werden, daß die ursprüngliche Identität des Fahrzeuges nicht oder nurmehr schwer nachweisbar ist. Zudem müssen Aufbruchschäden (etwa Schließanlage oder Fenster) vor dem Endverkauf ausgebessert werden, um den optimalen Preis für das jeweilige Fahrzeug zu erzielen. Viele Straftätergruppierungen besitzen zu diesem Zweck eine eigene Kfz-Werkstatt oder

---

[327] *Wöhe*, S. 487.

haben Verbindung zu einer Werkstatt, die im Auftragsverfahren arbeitet. Die Werkstatt kann aus einer Hinterhofgarage bestehen, häufiger ist sie jedoch eine offiziell angemeldete Kfz-Werkstatt. Das dient zudem als Tarnung. Bearbeitet werden die Fahrzeuge von darauf spezialisierten Mittätern. Zunächst werden Aufbruchschäden ausgebessert, indem Originalersatzteile der Kfz-Hersteller eingebaut werden. Auch um Originalersatzteile zu beziehen, ist es vorteilhaft eine legal angemeldete Werkstatt zu besitzen. Neben der Reparatur müssen auch die Identifizierungsmerkmale der Fahrzeuge verändert werden. Hauptidentifizierungsmerkmal ist die Fabrikationsidentifikationsnummer (FIN), die unter anderem im Motorraum eingeschlagen ist. Sie wird vor allem durch Umschlagen der Nummer (aus einer 3 wird eine 8) oder durch Ausbau des die Nummer tragenden Teiles und Einschweißen eines anderen Teiles verändert. Die „Ersatzteile" stammen regelmäßig vom Schrottplatz. Dabei ist es vorteilhaft für die Täter, wenn sie zu einem Schrottfahrzeug auch die passenden Papiere erwerben können. Aus den Fahrzeugen werden auch die an anderen Stellen vom Hersteller aus eingeklebten Identifizierungsmerkmale (Klebestreifen) entfernt.

Neben den am Fahrzeug vorzunehmenden Veränderungen müssen auch entsprechende Papiere erstellt werden. Die meisten Gruppen haben jemanden, der sich auf das Anfertigen und Fälschen von Papieren spezialisiert hat. Dementsprechend gut ausgerüstet – die Praktiker sprechen von „Fälscherbunkern" – ist der Fälscher. Teilweise werden Originalvordrucke verwendet, die aus Einbrüchen in Zulassungsstellen stammen oder von bestochenen Mitarbeitern erworben wurden. Daneben gibt es auch Totalfälschungen und Fälschungen gestohlener Papiere. Bei einem Teil der Verschiebungen, vor allem in die Richtung der ehemaligen Ostblockstaaten, werden die Fahrzeuge lediglich mit falschen Kennzeichen und Papieren ausgestattet und ohne Veränderung der FIN über die Grenze gefahren. Die Täter nutzen dabei ihren Zeitvorsprung aus, d.h., bevor das Fahrzeug in die Fahndung kommt, ist es bereits aus Deutschland ausgeführt.[328] Schließlich ist noch zu erwähnen, daß die Ausstattung mit falschen Papieren nach einem sogenannten „Dublettenfahrzeug" erfolgt. Dahinter verbirgt sich ein ebenso einfaches wie wirkungsvolles System: Von einem bau- und typengleichen Fahrzeug wird das Kennzeichen ermittelt und zwar entweder über einen bestochenen Mitarbeiter einer Zulassungsstelle, der dann gleich die Halterdaten mitliefert oder einfach durch das Beobachten vorbeifahrender Fahrzeuge an einer vielbefahrenen Kreuzung einer Großstadt.

---

[328] Vgl. den Slogan „Heute gestohlen, morgen schon in Polen".

Für das gestohlene Fahrzeug werden dann Kennzeichen und Papiere nach diesem Vorbildfahrzeug angefertigt. Von außen ist das Fahrzeug dann für Polizei- und Grenzbeamte mit dem Dublettenfahrzeug identisch, nach dem nicht gefahndet wird. Auch eine Halteranfrage bleibt erfolglos, da die Anfrage sich ja auf das nicht entwendete Dublettenfahrzeug bezieht.

Bei der *Ausbeutung der Prostitution* ist das Angebot der Dienste (was als Herstellung im Dienstleistungsbereich verstanden wird) durch die Prostituierten grundsätzlich nicht strafbar.[329] Strafbar ist aber die Organisation eines Bordelles gemäß § 180a Abs. 1 StGB, wenn der Täter „gewerbsmäßig einen Betrieb unterhält oder leitet, in dem Personen der Prostitution nachgehen und in dem 1. diese in persönlicher oder wirtschaftlicher Abhängigkeit gehalten werden oder 2. die Prostitutionsausübung durch Maßnahmen gefördert wird, welche über das bloße Gewähren von Wohnung, Unterkunft oder Aufenthalt und die damit üblicherweise verbundenen Nebenleistungen hinausgehen". Der Betrieb eines reinen Dirnenwohnheims, in dem die Prostituierten ihrer Tätigkeit selbständig nachgehen, wird dadurch nicht erfaßt.[330] Strafbar ist aber die betriebliche Organisationsform eines Bordells. Täter ist derjenige, der den Betrieb gewerbsmäßig unterhält oder leitet, also einen bestimmten Einfluß auf die Betriebsführung ausübt (das liegt z.B. vor bei der Zuteilung der Freier, der Auferlegung von Anwesenheitspflichten, der Einteilung eines Schichtdienstes, der Festsetzung bestimmter Quoten von Gästen und bei zentralem Kassieren und Verteilen des eingegangenen Geldes).[331]

In der Praxis herrscht die betriebliche Organisationsform von Bordellen vor. Einmal ermöglicht diese Form ein optimales Zusammenwirken der Frauen. Denn die Frauen werden so eingeteilt, daß sie im Schichtdienst arbeiten und das Bordell immer vollständig ausgelastet ist. Zum anderen ist diese Betriebsform auch für die Frauen selbst angenehmer, da sie eine geregelte Arbeitszeit haben und auch für ihre Sicherheit professionell gesorgt wird (zum Teil mit Videokameras auf den Gängen und Möglichkeiten, bei Gefahr schnell Hilfe herbeizuholen, etwa durch eine im Zimmer verborgen angebrachte Klingel). Bei den Bordellen gibt es unterschiedliche Klassen – von der

---

[329] Strafbar sind – neben der Prostitution im Sperrgebiet (§ 184a StGB) und Handlungen zum Nachteil von Minderjährigen (insb. §§ 180, 184b StGB) – lediglich bestimmte Formen der Förderung und Ausbeutung der Prostitution: die Förderung der Prostitution (§ 180a StGB), der Menschenhandel (§§ 180b und 181 StGB) und die Zuhälterei (§ 181a StGB). Ordnungswidrig sind die verbotene Ausübung der Prostitution und die Werbung für Prostitution (§ 120 OWiG).

[330] Vgl. schon BGH MDR 1955, S. 528.

[331] Vgl. hierzu BT-Drs. VI/1552, S. 26; BGH StV 1986, S. 297; *Laufhütte*, LK, § 180a Rdnr. 6.

Absteige, die dem Dirnenwohnheim am ähnlichsten ist, bis hin zum Edelbordell, in dem für eine gehobene Atmosphäre von den Kunden entsprechend gezahlt werden muß. Die Kontrolle über den täglichen Betrieb üben sogenannte Wirtschafter oder bei Edelbordellen Geschäftsführer aus. Wieviele weitere Beschäftigte ein Bordell hat, hängt von dessen Größe ab. Die Frauen erhalten in den Bordellen gewöhnlich auch genaue Verhaltensvorschriften bezüglich dessen, was erlaubt und was tabu ist, und was sie für gewisse Dienste zu verlangen haben. Zur Kontrolle der Frauen werden sogenannte „Testfreier" eingesetzt.

Außerhalb der Bordelle arbeiteten die Frauen in den letzten Jahren zunehmend in Wohnungen. Die Freier werden dann über Annoncen in Zeitungen gewonnen. Meist teilen sich mehrere Frauen eine in einer anonymen Wohnlage angemietete Wohnung. Frauen oder Männer, die den Betrieb einer Wohnung leiten, können sich nach § 181a Abs. 1 StGB strafbar machen. Der Tatbestand der Zuhälterei gemäß §181a Abs. 1 StGB[332] setzt voraus, daß der Täter „1. einen anderen, der der Prostitution nachgeht, ausbeutet, oder 2. seines Vermögensvorteils wegen einen anderen bei der Ausübung der Prostitution überwacht, Ort, Zeit, Ausmaß oder andere Umstände der Prostitutionsausübung bestimmt oder Maßnahmen trifft, die den anderen davon abhalten sollen, die Prostitution aufzugeben, und im Hinblick darauf Beziehungen zu dem anderen unterhält, die über den Einzelfall hinausgehen". Ein „Ausbeuten" der Prostitution wird von der Rechtsprechung[333] dann angenommen, wenn der Täter die Prostituierte im Hinblick auf die Prostitutionsausübung „ohne Rücksicht auf deren wohlverstandenes Interesse und ohne Rücksicht auf spätere Folgen eigensüchtig und planmäßig als Erwerbsquelle für sich mißbraucht". Es genügt dabei nicht, daß sich jemand von der Prostituierten im Hinblick auf deren gutes Einkommen überhöhte Preise bezahlen läßt.[334] Dieser Tatbestand erfaßt auch die einfachen Zuhälter die – nach Schätzungen der Praktiker – über 80% der Frauen für sich arbeiten lassen.

Insgesamt betrachtet bestehen die illegalen Dienste in der Ausbeutung der Prostitution und nicht in der Prostitution selbst – anders gesagt verdienen die

---

[332] § 181a StGB kam 1900 (RGBl. I, S. 301) durch die sog. *lex Heinze* in das StGB.

[333] Vgl. BGH bei Holtz, MDR 1983, S. 91; *Laufhütte*, LK, § 181a Rdnr. 2.

[334] Vgl. zur strafrechtlichen Erfassung der Ausbeutung der Prostitution neben der allgemeinen Kommentar- und Lehrbuchliteratur insb. die folgenden Darstellungen: *Androulakis*, ZStW Bd. 78 (1966), S. 432; *Horstkotte*, JZ 1974, S. 84; *Jescheck*, ZStW Bd. 83 (1971), S. 299; *Schroeder*, in Festschrift für Welzel, S. 859.

Täterkreise an der Ausübung der Prostitution, die sie organisieren und überwachen. Beim Rauschgift- und Waffenhandel, den der gleiche Täterkreis organisiert, üben die Täter mit Ausnahme einiger ausländischer Tätergruppen nur eine nachgeordnete Händlerfunktion aus und stellen die Güter damit nicht her.

Beim *Menschenhandel* kann der Funktionsbereich Herstellung in zwei unterschiedliche Bereiche unterteilt werden: Einmal in die Fälschung und die Verteilung von Pässen, zum anderen in die illegale Dienstleistung im eigentlichen Sinn, nämlich den Schleusungsvorgang. Das Fälschen der Pässe wird bei den größeren Gruppen gewöhnlich zentral von einem auf die Fälschung spezialisierten Täter vorgenommen. Um die Wirtschaftlichkeit zu erhöhen, bauen einige Gruppen ein System auf, das es ermöglicht, einen Paß mehrmals zur Einreise verschiedener Personen zu benutzen. Zunächst wird ein Originalpaß für die Einreise präpariert, insbesondere werden erforderliche Visa eingefügt. Ist die Person mit dem Paß dann in Deutschland angekommen, so wird sie beauftragt, diesen noch vom Transitraum des Flughafens aus an eine bestimmte Adresse zurückzuschicken. Gegenüber den Grenzbeamten behauptet der eingereiste Ausländer dann, er habe den Paß verloren und beantrage Asyl. Dann wechselt die Tätergruppe das Bild aus und fälscht damit den Paß erneut. So kann ihn eine weitere Person zur Einreise nutzen.

Beim Einschleusen selbst nennen die Täter den Emigranten oder Frauen eine Reiseroute, die sie genau einhalten müssen. Als Dienstleistung bieten die Gruppen dabei an, die notwendigen Tickets zu besorgen, bei Autofahrten das Fahrzeug und einen Fahrer zu stellen, Kontaktleute im Zielland zu benennen und letztlich das Know-how zu vermitteln, wie sich die Reisenden während der Reise zu verhalten haben und was sie vor Behörden angeben sollen.

Das konkrete illegale Dienstleitungsangebot beim Veranstalten *illegalen Glücksspiels* in Spielcasinos besteht darin, Croupiers und Spielmacher bereitzustellen, die mit den Kunden die gewünschten Spiele durchführen. Die Spielregeln werden vom Veranstalter bestimmt und sind regelmäßig den in legalen Casinos geltenden Regeln nachempfunden. Wichtig für die Kunden – und den Ruf des Casinos – ist dabei, daß in dem Casino nicht (offensichtlich) betrogen wird und Gewinne an Spieler auch ausbezahlt werden. Bei den Hütchenspielern besteht die illegale Dienstleistung schlicht im konkreten Spiel.

## C. Beuteverwertung

### *1. Absatz*

#### a) Betriebswirtschaftlicher Ausgangspunkt

Der Absatz „schließt den betrieblichen Wertkreislauf, indem er über die Verwertung der Betriebsleistungen, also durch Verkauf von Sachgütern und Dienstleistungen, den Rückfluß der im Betriebsprozeß eingesetzten Geldmittel einleitet und damit die Fortsetzung der Produktion ermöglicht".[335] Zur Absatzpolitik gehört neben der Befriedigung der bestehenden Nachfrage auch die Erzeugung neuer Nachfrage, vor allem indem neuartige Bedürfnisse (z.B. mittels der Werbung) geweckt werden. Unter moderner Marketingpolitk versteht die Betriebswirtschaft eine „systematische, zielgerichtete und am Absatzmarkt orientierte Gesamtunternehmenspolitik" (die neben der Marktforschung auch die Forschung und Entwicklung neuer Produkte beinhaltet).

Hauptziele des Absatzes sind einmal, „die produzierten Leistungen dem Nachfrager am Ort und Zeitpunkt des Bedarfes in für ihn geeigneten Mengeneinheiten zur Verfügung zu stellen"[336], und daneben potentielle Abnehmer darüber zu informieren, daß die betreffenden Güter verfügbar sind.

#### b) Theoretischer Ansatz

Auch bei der Straftatbegehung mit Gewinnerzielungsabsicht müssen die illegal erlangten oder illegalen Güter an Dritte abgesetzt werden, um Kapital zu erlangen. Der Absatz ist damit bei Delikten, die sich mit der Herstellung illegaler Güter (hauptsächlich von Drogen) oder der illegalen Inbesitznahme von Gütern beschäftigen (insbesondere durch Diebstahl), ein für die mit Gewinnerzielungsabsicht handelnden Straftäter ebenso entscheidender Funktionsbereich wie es der Absatz für ein legales Unternehmen ist. Für eine organisierte Straftätergruppe – deren Hauptziel die Erwirtschaftung von Gewinnen ist – muß man damit annehmen, daß sie ihr strafbares Handeln weitgehend am Absatz orientiert.

---

[335] *Wöhe*, S. 619.

[336] *Wöhe*, S. 619.

Um den Absatz eines konkreten Produktes am (illegalen) Markt[337] zu ermöglichen, muß eine Straftätergruppe gewisse Strukturen aufbauen: Die Kunden sind über das Angebot zu informieren, und sie müssen in die Lage versetzt werden, es auch wahrzunehmen. In großen legalen Unternehmen findet deshalb eine Dezentralisierung verbunden mit einer Divisionierung in autonome Abteilungen statt.[338] Die Überprüfung der einzelnen Abteilungen (etwa bezüglich des erzielten Nutzens von investiertem Kapital, bezüglich der Umsätze etc.) wird mittels modernster Technologien durchgeführt. Neben Telephon und Telefax werden Computerpools, On-line-Verbindungen und ähnliches mehr zur Kontrolle von Abteilungen und Filialen eingesetzt. Während ein legales Unternehmen viele Zweigstellen und Lager unterhält, um einen möglichst großen Kundenkreis durch größtmögliche Marktnähe zu erreichen, tut eine illegal operierende kriminelle Organisation gut daran, ihre Aktivitäten auf städtische Ballungsräume zu beschränken.

Durch die Divisionierung, die mit einer Dislozierung verbunden ist, tun sich den illegalen Unternehmen verschiedene Gefahrenquellen auf, denn die Organisationen sehen sich dann durch die Präsenz in mehreren Orten mit einer größeren Anzahl von Strafverfolgungsbehörden (evtl. mit unterschiedlichen Strategien) konfrontiert. Daneben erhöht die notwendige Kommunikation das Risiko, abgehört und entdeckt zu werden. Außerdem können entfernte Untergruppen eine Eigendynamik entwickeln und so zu einer Konkurrenz für die kriminelle „Mutterorganisation" werden. Wie schon erwähnt, versuchen rivalisierende kriminelle Gruppen auch, einander mit Hilfe der Polizei auszuschalten, indem sie die Strafverfolgungsbehörden gezielt über Aktionen des Rivalen informieren. Ein weiteres Risiko erwächst aus den Transportwegen: Größere Mengen von Gütern sind über weite Strecken kostengünstiger zu transportieren als kleinere Mengen. Proportional zur Transportmenge steigt aber das Verlustrisiko. Bei der Entdeckung großer Mengen durch die Strafverfolgungsbehörden ist nicht nur der Kapitalverlust bei der Beschlagnahme höher, sondern meist auch die Strafmaßerwartung der überführten Täter. Diese überführten Täter sind wiederum potentielle Informanten der Behörden.

In der Divisionierung liegen demnach große Gefahren für die kriminelle Organisation, die nur schwerlich durch den Nutzen aufgewogen werden. Die kriminelle Organisation kann aus der Divisionierung nicht so viele Vorteile ziehen wie die legale Wirtschaft. Der Hauptvorteil z.B. der weltweiten Fran-

---

[337] Vgl. dazu näher unten Teil 2.IV.

[338] Siehe *Wöhe*, S. 185 ff.

chisesysteme liegt nämlich darin, daß ein „good-will" entsteht, der an den Firmennamen gekoppelt ist und die Kunden in neu eröffnete oder heimatferne Zweigstellen lockt (vgl. McDonald's, Autokonzerne etc.). Wie dargelegt, können kriminelle Organisationen aber nur in sehr begrenztem Umfang einen „good-will" bilden. Damit ist der Anreiz zu divisionieren für Straftätergruppen nicht so groß wie für legale Unternehmen. Die entsprechenden Vorteile der Divisionierung zeigen sich allerdings in gewissem Umfang in Italien. Dort war (und ist) die Mafia – im Gegensatz zu der (bisherigen) Situation in Deutschland – eine anerkannte oder zumindest geduldete Wirtschaftsmacht.[339] Sie bildete so einen „good-will", der es Untergruppen erlaubte, Marktanteile auch in anderen Städten unter Berufung auf ihre Mitgliedschaft in der „Mafia" in Anspruch zu nehmen und damit zu divisionieren.[340]

Am legalen wie am illegalen Markt beobachtet man Entwicklungen, etwa die neuer Produkte, und wenn sich die (massenweise) Beschaffung und der Absatz gewinnversprechend durchführen lassen, wird das Betätigungsfeld erweitert. Auch am illegalen Markt ist es denkbar, daß eine Organisation durch Diversifikation, d.h. mittels einer Erweiterung des Warensortiments, einerseits ihre Stabilität erhöhen kann, indem sie fortan weniger abhängig von der produktspezifischen Marktsituation wird, und andererseits freies Kapital nutzen kann. Beim Eindringen in neue Deliktsbereiche wird eine Straftätergruppe auch überprüfen, wie sie die bereits aufgebauten Strukturen (insbesondere ihr Personal, ihre Logistik, ihr Absatzsystem usw.) nutzen und dabei sich ergebende Synergieeffekte ausnutzen kann.

Bei der Diversifikation potenziert sich für eine illegale Organisation jedoch auch die Gefahr einer Entdeckung, da sie sich an mehreren Stellen exponiert. Eine illegale Organisation wird nur dann bereit sein, dieses gesteigerte Risiko zu tragen, wenn die zu erzielende Gewinnspanne – verglichen mit der weiteren Expansion im ursprünglichen Deliktsbereich – entsprechend lukrativ ist.

### c) Empirische Feststellungen

Deliktsübergreifend zeigte die Untersuchung hinsichtlich der Bedeutung des Absatzes für die Entwicklung einer Straftätergruppe ein weitgehend einheitliches Bild. Nur mit einer funktionierenden Absatzorganisation kann eine größere Straftätergruppe aus der illegalen Besitznahme monetäre Gewinne

---

339 Vgl. *Hess*, S. 3 ff.; *Pantaleone*, S. 20.

340 Vgl. *Kreyenbühl*, S. 41.

erwirtschaften. Marktnähe erreichen die illegalen Gruppierungen dadurch, daß sie eine große Zahl von Endverkäufern einsetzen.

Bei der *Kfz-Verschiebung* stellt Deutschland hauptsächlich ein Beschaffungsland dar. Die in Deutschland gestohlenen oder unterschlagenen Fahrzeuge werden zum größten Teil im Ausland abgesetzt. Als Absatzgebiete sind zu nennen: Die ehemaligen Ostblockstaaten (insb. Polen, Rumänien, Bulgarien und die GUS), der Nahe Osten (insb. Saudi-Arabien, Kuwait, Libanon, Syrien u.a.), Afrika (insb. Ghana und Senegal), Japan, das ehemalige Jugoslawien, die Türkei, Griechenland, Marokko und die USA. Wichtigste Voraussetzung für den Absatz im Ausland sind kontinuierliche Kontakte zu Importeuren und Zwischenhändlern. Im jeweiligen Absatzgebiet oder in einem Durchgangsland – Polen ist beispielsweise häufig nur Transitland für Kfz-Lieferungen in die GUS – müssen Mittelsmänner der Organisation ansprechbar sein, die den Absatz vor Ort organisieren. Kundenkontakte sind schon vor der Verschiebung vor allem deswegen notwendig, um den genauen Bedarf am Markt zu analysieren und die Beschaffung hierauf auszurichten.

Die konkrete Absatzorganisation beginnt bereits bei der Ausfuhr der Fahrzeuge aus Deutschland. Der arbeitsteilig durchgeführte Transport erfolgt auf unterschiedlichen Wegen. Grob können Einzel- und Massentransporte unterschieden werden. Insbesondere in die Staaten des ehemaligen Ostblocks werden die Fahrzeuge häufig einzeln gefahren. Die Fahrer werden regelmäßig vom Residenten angestellt und erhalten genaue Weisung, welche Route sie zu fahren haben und wo das Fahrzeug abgestellt werden soll. Nachdem der Zielort erreicht ist, kehrt der Fahrer (per Bahn, Bus oder Flugzeug) wieder nach Deutschland zurück. Nach der Grenze wird das Fahrzeug entweder einem von der „Absatzgruppe" angeheuerten Fahrer übergeben, oder der Fahrer hat Weisung, das Fahrzeug auf einem bestimmten Parkplatz abzustellen und den Schlüssel zu deponieren, beispielsweise in dem Auspuff des Fahrzeugs zu verstecken oder in einen Briefkasten zu werfen.

Für die Massentransporte verwendet man andere Verkehrsmittel. Die Fahrzeuge werden per Bahn, Schiff und Flugzeug über größere Strecken transportiert. Der Schiff- und Flugzeugtransport wird häufig unter Einschaltung einer Spedition durchgeführt. Die Spedition nimmt die Fahrzeuge an Häfen und Flughäfen in Empfang und regelt die Formalitäten. Für die Fahrzeuge müssen, bevor sie in Container verladen werden, Ladepapiere (sogenannte „bill of loading") ausgefüllt werden. In diese Papiere wird die FIN eingetragen und es genügt, einen Empfänger zu benennen. Dieser Empfänger kann, wenn er die

„bill of loading“ in Besitz hat, die Container am Empfangsort entgegennehmen, ohne daß er sein Eigentum nachweisen muß. Inwieweit die Speditionen bei Ausführung ihrer Tätigkeit bösgläubig sind, konnte nicht eindeutig geklärt werden.

In einem Fall, in dem eine rumänische Tätergruppe Fahrzeuge auf dem Seeweg nach Saudi- Arabien verschob, arbeitete der Angestellte einer Spedition mit den Tätern zusammen. Dieser Angestellte füllte die „bill of loading“ entsprechend den Angaben der Tätergruppe aus (regelmäßig mit falscher FIN) und sorgte für die Versiegelung der Container mit den gestohlenen Fahrzeugen. Die übrigen Mitarbeiter und die Geschäftsführung des Speditionsbetriebes waren gutgläubig.

Im Zielland angekommen, werden die Fahrzeuge auf verschiedenen Wegen an die Endabnehmer verkauft, die häufig ein konkretes Fahrzeug bestellt haben. Neben dem Direktverkauf an den Kunden werden die Fahrzeuge auf privaten Automärkten und auch in offiziellen Autosalons im Gebrauchtwagenhandel angeboten.

In Polen kam die Polizei bei einer Fahndung einem Händler auf die Spur, der über 60 in Deutschland gestohlene hochwertige Fahrzeuge in seinem (legal angemeldeten) Gebrauchtwagenhandel ausstellte. Die Fahrzeuge standen auf einem großen Parkplatz. Als die Polizei zugreifen wollte, wurden gerade die letzten Fahrzeuge weggefahren, die Kontrolle war den Tätern offensichtlich vorab bekannt geworden.

Diese Phasen des Absatzes werden in aller Regel von Tätern im Zielland organisiert, die häufig mit den Haupttätern der Gruppe in enger Verbindung stehen oder mit ihnen identisch sind.

Anders ist der Absatz organisiert, wenn es um Fahrzeuge geht, die im europäischen Ausland gestohlen worden sind. Für sie ist Deutschland ein Absatzgebiet oder zumindest eine Durchlaufstation. Da es diesbezüglich an internationaler Zusammenarbeit mangelt, können Fahrzeuge in Deutschland zugelassen werden, ohne daß sie dazu verändert werden müßten. Im Ausland gestohlene oder – was in letzter Zeit zunimmt – dort geliehene oder geleaste Fahrzeuge werden, noch bevor sie in diesen Ländern zur Fahndung ausgeschrieben sind, über die Grenze nach Deutschland gefahren (momentan geschieht dies häufig mit Fahrzeugen aus Italien oder Frankreich). In Deutschland werden die Fahrzeuge dann mit ihren Originalpapieren, soweit vorhanden, und der Original-FIN sowie dem Nachweis, daß der Zoll entrichtet wurde, bei einer Zulassungsstelle angemeldet. Die Zulassungsstelle prüft vor der Zulassung zwar, ob das Fahrzeug in der Fahndung steht. Beim zuständigen Kraftfahrtbundesamt sind jedoch nur deutsche Fahrzeuge aufgenommen, so daß eine entsprechende Anfrage regelmäßig negativ verläuft. Die Fahrzeuge erhalten damit deutsche Papiere, die den Vorteil haben, „echt" zu sein. Das Fahrzeug ist „sauber" und kann im legalen Handel zu Höchstpreisen verkauft werden.

In einem Fall konnte in Italien eine Leasinggesellschaft ermittelt werden, die nur zu dem Zweck gegründet worden war, Fahrzeuge nach Deutschland zu verschieben. Die Leasingnehmer waren von der Tätergruppe angeheuert worden, um als ihre Kunden aufzutreten. Nachdem die Fahrzeuge nach Deutschland verschoben waren, wurden sie in Italien als gestohlen gemeldet und die Leasinggesellschaft nahm ihre Versicherung in Anspruch. Auf diese Weise verdienten die Täter an jedem von ihnen verleasten Fahrzeug doppelt.

In einigen Fällen konnten bereits Tätergruppen ermittelt werden, die sich nicht ausschließlich mit der Kfz-Verschiebung beschäftigen, sondern auch andere Delikte geschäftsmäßig begehen. Hierzu zählen zunächst Kompensationsgeschäfte (für ein Luxusauto wird etwa eine bestimmte Menge Rauschgift geliefert). Zudem ließen sich „konzernähnlich" organisierte Tätergruppen ausmachen. Konzernähnlich heißt in diesem Zusammenhang, daß eine Tätergruppe unter einer Gesamtleitung in (auch personell) verschiedene Konzernschienen aufgeteilt ist. Die verschiedenen Konzernschienen beschäftigen sich jeweils mit einer anderen Deliktsgruppe, die Organisation hat diversifiziert. Innerhalb eines Deliktsbereiches stehen allerdings nur einige wenige Mittäter in festem Kontakt zu der „Konzernleitung". Ansonsten setzt sich jede Schiene aus eigenem Personal zusammen und organisiert die Begehung der Delikte eigenständig. Ob dabei beispielsweise Absatzwege (Transportsysteme etc.) von mehreren Schienen gemeinsam benutzt werden, konnte nicht geklärt werden.

Als Beispiel für die konzernähnliche Organisation verschiedener Deliktsbereiche kann eine polnische Tätergruppe dienen. Sie ist streng hierarchisch aufgebaut. Unter den Haupttätern der obersten Ebene („Konzernleitung") bestehen weitäufige Familienbande. Die für eine Konzernsäule verantwortlichen „Unterbosse" sind in der Organisation der Deliktsbegehung weitgehend frei, sie erhalten von der Hauptgruppe aber die Finanzierung und Zielvorgaben. Die unteren Täterebenen sind regelmäßig nur über ihren Tatbeitrag informiert und haben keine Kenntnis der wahren Machtverhältnisse. Die in einer Säule erwirtschaftete Gewinne werden in weitere Straftaten dieser oder einer anderen Abteilung investiert, die gerade Geld benötigt. Als Deliktsbereiche, mit denen sich die Tätergruppe befaßt, konnten ermittelt werden: Kfz-Verschiebung, Schmuggel (hauptsächlich Alkohol, Zigaretten aber auch andere Luxusgüter, die im ehemaligen Ostblock noch schwer erhältlich sind), Gold-, Devisen- und Antiquitätenschmuggel sowie Rauschgifthandel.

Bei der *Prostitution* ist eine Absatzorganisation nur für die Straftaten erforderlich, welche die Zuhälter neben der Ausbeutung der Prostitution begehen. Das von den Tätern erworbene Rauschgift muß ebenso zu zahlungskräftigen

Kunden gelangen wie die erlangten Waffen und die sonstige Hehlerware. Häufig werden im Rotlichtbereich die erlangten Verbindungen zwischen den Tätern auch zum Absatz dieser Güter ausgenutzt. Zuhälter verkaufen etwa Rauschgift in mittleren Mengen an Bordellbetreiber, die es den Freiern ihrer Frauen und (so vor allem bei Kokain) den Frauen selbst anbieten, es sozusagen im Haus verkaufen. Daneben werden auch bekannte Kleindealer, die häufig selbst rauschgiftsüchtig sind, mit mittleren Mengen Rauschgifts beliefert. Auch das Absatzsystem in einem Rotlichtbereich beruht damit auf dem bereits beschriebenen Beziehungsgeflecht. Ausländische Tätergruppen organisieren den Absatz des von ihnen nach Deutschland geschmuggelten Rauschgifts selbst. Das bedeutet, daß auch die Verkäufer zur Tätergruppe gehören. Allerdings schützen sich auch diese Gruppen durch eine Abschottung der oberen Ebenen, die Endverkäufer kennen also nur Mittelsmänner, die mit ihnen Kontakt halten. Zum Endverkauf setzen sie auch Personen gleicher Nationalität ein, die sie in Asylbewerberheimen und sozial schwachen Gebieten der Großstädte als Mittäter anwerben, indem sie ihnen einen bestimmten Verdienst versprechen.

Im Rahmen des *Menschenhandels* spielt der Absatz im eigentlichen Sinne keine Rolle, da die Schleppergruppen sich im wesentlichen darauf beschränken, die illegale Dienstleistung durchzuführen. Als Absatz im weiteren Sinne sind allerdings die Verbindungen von Menschenhändlerringen zu Bordellbetreibern und Zuhältern anzusehen. In einigen Fällen konnte beobachtet werden, daß Frauen von Bordellbetreibern oder Zuhältern bei Schleppergruppen regelrecht bestellt werden. Gegen eine im voraus abgesprochene Summe liefern die Menschenhändler eingeschleuste Frauen zu einem vereinbarten Zeitpunkt bei den Bordellbetreibern oder Zuhältern ab. Die Menschenhändler erhalten das versprochene Geld (die Frau wird „ausgelöst") und übergeben die Frau und ihren Paß dem Auftraggeber. Der Paß wird den Frauen zuvor abgenommen. Die Frauen haben dann keine andere Möglichkeit als der Prostitution nachzugehen, um sich selbst vom Bordellbetreiber oder Zuhälter freizukaufen. In einigen Fällen glaubten die Frauen, bis sie an ein Bordell abgeliefert wurden, daß sie an eine sozial anerkannte Arbeitsstätte vermittelt würden. Wenn die Frauen sich nicht freiwillig zur Prostitution bereit erklären, nachdem sie ihre ausweglose Lage erkannt haben, werden sie dazu gewaltsam gezwungen.

Weitere Verbindungen zwischen Menschenhändlern und Bordellbetreibern bestehen regelmäßig nicht, so daß von einer Art „Absatz" der Frauen gesprochen werden kann. In Einzelfällen sind die Bordellbetreiber jedoch mit den Menschenhändlern identisch, d.h., sie organisieren die Einschleusung der in ihren Bordellen arbeitenden Frauen selbst.

Dies konnte beispielsweise bei einer thailändischen Tätergruppe festgestellt werden, die ihre Familienbande zum Aufbau eines Menschenhändleringes ausnutzten. Die Frauen wurden in der Bundesrepublik dann in eigenen Bordellen beschäftigt.

Bei der Veranstaltung des *illegalen Glücksspiels* in Spielcasinos erschöpfen sich die illegalen Tätigkeiten in der Durchführung des Spielbetriebes, eine besondere Absatzorganisation ist insofern nicht erforderlich.

## 2. *Finanzierung und Geldwäsche*

### a) Betriebswirtschaftlicher Ausgangspunkt

Der Begriff Finanzierung beschreibt die Beschaffung und Bereitstellung von Kapital für Investitionen. Die Finanzierung umfaßt folglich alle Maßnahmen der Mittelbeschaffung und -rückzahlung und damit auch die Gestaltung der Zahlungs- Informations-, Kontroll- und Sicherungsbeziehungen zwischen Unternehmen und Kapitalgebern oder dem Kapitalmarkt.[341] Der Finanzbereich eines Unternehmens steht damit im „Mittelpunkt eines Netzes von Zahlungsbeziehungen"[342] und ist mit der Planung, Steuerung und Abstimmung von Zahlungsströmen beschäftigt. Der Finanzbereich hat konkret dafür Sorge zu tragen, daß gültige Zahlungsverpflichtungen rechtzeitig erfüllt und für Investitionen notwendiges Kapital (zu möglichst günstigen Bedingungen) rechtzeitig bereitsteht.

Im Leistungsbereich eines Unternehmens kann Kapital für Investitionen, die zum Wachstum notwendig sind, aber erst künftig durch Einnahmen erwirtschaftet werden, auf dem Weg der internen und der externen Finanzierung zur Verfügung gestellt werden.[343] Die interne Finanzierung bedarf keiner Kapitalzufuhr von außen und hat demgemäß keine Verbindung zum Kapitalmarkt. Die externe Finanzierung, bei welcher dem Unternehmen von außen Kapital zugeführt wird, besteht entweder in einer (verzinsten) Kapitalauf-

---

[341] Vgl. *Bea/Dichtl/Schweitzer*, Bd. 3, S. 258.

[342] Vgl. *Hax*, in: Vahlens Kompendium, S. 387.

[343] Der Begriff Finanzierung umfaßt allgemein Maßnahmen, die der Beschaffung von Geld bzw. geldwerten Einlagen dienen, vgl. *Bea/Dichtl/Schweizer*, S. 257.

nahme am Kreditmarkt oder in der Aufnahme neuer Teilhaber.[344] Zu welchen Bedingungen (vor allem Tilgungsbestimmungen, Zinssätzen und Sicherheiten) am Kapitalmarkt Mittel aufgenommen werden können, hängt neben der allgemeinen Konjunkturlage hauptsächlich von der wirtschaftlichen Lage des Unternehmens ab. Der Kreditnehmer ist regelmäßig weit besser über die wirtschafliche Lage informiert als die Kapitalgeber („Der Informationsvorsprung von Eigentümern ist kaum aufholbar.")[345]. Um einen möglichst günstigen Kredit zu bekommen, lassen sich Unternehmen daher häufig von unabhängigen Wirtschaftprüfern analysieren, auf deren Urteil externe Kapitalgeber vertrauen. Auch wenn eine gute wirtschaftliche Lage nachgewiesen ist, können am freien Kapitalmarkt Gelder nur gegen Kreditsicherheiten aufgenommen werden.

Die Geldanlage stellt demgegenüber bei Unternehmen keinen Teilbereich des Finanzbereichs der Unternehmung dar. Die nach Abzug aller Kosten erwirtschafteten Gewinne eines Unternehmens werden an den oder die Gesellschafter oder den Unternehmer ausgeschüttet. Mit Ausnahme der internen Finanzierung ist es Privatsache der jeweiligen Empfänger, wie sie das Geld anlegen.

### b) Theoretischer Ansatz

Der Finanzierungsbereich muß bei illegalen Zusammenschlüssen ebenfalls ein zentraler Funktionsbereich sein. Viele Straftaten bedürfen einer Vorfinanzierung (so beispielsweise der Drogen- oder Waffenhandel) oder verursachen Unkosten (beispielweise die Kfz-Verschiebung oder Menschenhandel), die von der Gruppe aufgebracht werden müssen. Auch wenn sich eine Straftätergruppe vergrößern oder diversifizieren will, bedarf sie einer Finanzierung.

Diese Finanzierung wird dadurch erschwert, daß Straftätergruppen wesentlich schwerer einen Kredit am Kapitalmarkt aufnehmen können als ein legales Unternehmen. Das steigert – auf der anderen Seite – natürlich den Anreiz für illegale Organisationen, in ein legales Unternehmen einzudringen. Illegale Unternehmen sind aus folgenden Gründen kreditunwürdig: Sie können keine von unabhängiger Seite geprüften Bücher vorlegen, denn sie werden im eigenen Interesse keine Bücher führen; sie können meist keine Sicherheiten anbieten, so daß der Kreditgeber, ohne in die kriminelle Organisation einbezogen

[344] Zu Finanzierung vgl. *Hax*, in Vahlens Kompendium, S. 383 ff.

[345] So *Bea/Dichtl/Schweizer*, S. 260.

zu werden, keine Sicherheit erhält. Letztlich existiert eine kriminelle Organisation nicht unabhängig von ihren Mitgliedern, so daß der Kreditgeber damit vom Schicksal des Kreditnehmers (d.h. der kriminellen Organisation) abhängig ist. Da der potentielle Geldgeber einerseits nur die Angaben des Darlehennehmers als Grundlage für einen Kredit hat, andererseits i.d.R. keine Sicherheit erhalten kann, sind die Zinsen entsprechend hoch. Aus all diesen Gründen vermeiden es illegale Organisationen möglichst, Gelder am Kapitalmarkt aufzunehmen.

Da keine Bücher geführt werden, ist es auch schwerer, „Teilhaber" zu finden. Einen legalen Unternehmer wird das Risiko der Strafverfolgung von einer Kooperation meist abhalten. Darüber hinaus kann eine kriminelle Organisation auch kaum einen Marktwert unabhängig von einzelnen Transaktionen erzielen, da weder eine Garantie für Kundenloyalität existiert noch ein „goodwill" am Branchennamen besteht.

Das Wachstum einer kriminellen Organisation kann damit größtenteils nur durch Reinvestition von Profiten finanziert werden. Die Profite hängen allerdings stark von dem Betätigungsfeld der kriminellen Organisation und der Risikobereitschaft der einzelnen Straftäter ab. Im Heroingeschäft kann eine erfolgreiche Aktion das Kapital verdoppeln und dies sogar bar, so daß externes Kapital in der Regel nur zu Beginn der Transaktionen benötigt wird, solange und soweit keine staatliche Beschlagnahme erfolgt. Beim illegalen Glücksspiel dagegen kann jederzeit ein sehr hoher Betrag zur Auszahlung fällig werden, ein gewisser Kapitalstock muß daher permanent zur Verfügung stehen.

Zusammenfassend bleibt festzuhalten, daß die Finanzierung von Straftaten weitgehend durch die aus anderen Straftaten erwirtschafteten Gewinne erfolgen wird und nicht auf dem Wege einer Kapitalaufnahme.

Schwierig wird es für die Straftäter in ihrem „internen" Finanzierungssystem dann, wenn sie versuchen, Gewinne vor dem Zugriff der Strafverfolger[346] zu sichern. Das gleiche gilt, wenn die Straftäter beabsichtigen, ihre angehäuften Gewinne weiterzugeben (beispielsweise zu vererben) oder wenn sie aus der Illegalität „aussteigen" wollen. Dazu müssen sie nämlich versuchen, die Gewinne am legalen Kapitalmarkt zu investieren oder sie in legalen Unternehmen anzulegen. Die Anlage illegaler Gelder am Kapitalmarkt oder die

[346] Mit dem OrgKG sind in Deutschland die Möglichkeiten des Zugriffes auf das Vermögen des Straftäters erweitert worden, vgl. insbesondere §§ 43a, 73d StGB.

Investitionen in legale Geschäfte erfordern ein erhebliches Know-how. Deshalb stellt auch die „Geldwäsche" eine eigenständige Aufgabe innerhalb des Finanzierungsbereiches von Straftäterzusammenschlüssen dar.

Aufgabe der Geldwäsche ist es, die durch Straftaten erwirtschafteten Güter (vor allem Bargeld) so in den legalen Finanz- und Wirtschaftskreislauf einzubringen, daß sie nicht mehr als Gewinne aus illegalen Tätigkeiten zu identifizieren sind. Bereits ohne die Kenntnis praktischer Fälle kann man sich vorstellen, daß man dazu das Finanz- und Rechtssystem der verschiedenen (für die Geldwäsche interessanten) Staaten kennen muß, gute Verbindungen („connections") braucht und Tarnadressen oder Tarnfirmen benötigt werden.

### c) Empirische Feststellungen

In allen vier Deliktsbereichen war nicht zu erkennen, daß der externe Kapitalmarkt eine Rolle bei der Durchführung der Straftaten spielt. Die Straftätergruppen finanzieren vielmehr weitere Delikte gewöhnlich aus den bereits erzielten Gewinnen begangener Straftaten. Das Startkapital erwerben sich die Haupttäter entweder als Einzeltäter, oder es handelt sich bei ihnen um „Geldanleger", d.h., sie haben ihr Kapital legal erworben, sehen nun aber eine Chance, es durch die Investition in den illegalen Markt besser zu vermehren als dies am legalen Markt möglich wäre. Die Refinanzierung weiterer Straftaten ist für die Straftäter attraktiv, da die Gewinnmaximierung am illegalen Markt weitaus bessere Rendite bringt als bei einer Invetition in eine legale Branche. Trotzdem wurde festgestellt, daß die Geldwäsche – also der Versuch in den legalen Finanz- und Wirtschaftskreislauf einzudringen – in allen Deliktsbereichen einen zentralen Funktionsbereich innerhalb der Organisation der Straftäterzusammenschlüsse bildet. Die Führungspersonen, die die größten Gewinne aus den (unter ihrer Gesamtleitung) begangenen Straftaten erzielen, sind bestrebt, neben der Maximierung ihrer Gewinne durch die Reinvestition in weitere Straftaten, einen Teil der Gewinne auch durch die Geldwäsche vor Zugriffen der Strafverfolger in Sicherheit zu bringen. Höhere Täterebenen, d.h. häufig die Initiatoren und Finanziers der Straftaten, versuchen darüber hinaus sich selbst immer weiter von den Straftaten zu entfernen und im gesellschaftlichen Leben ebenfalls eine gehobene Stellung einzunehmen. Ob auch in Deutschland Straftäterzusammenschlüsse überdies das Ziel verfolgen, die legale Wirtschaft zu unterwandern, um ihre Macht vom illegalen auch in den legalen Sektor auszudehnen, konnte nicht nachgewiesen werden.

Bei der *Kfz-Verschiebung* können die von Straftätergruppierungen zu erzielenden Gewinne nicht pauschal angegeben werden. Der Verkaufspreis für ein entwendetes Fahrzeug liegt in dem für die Täter günstigsten Fall 10-15% unter dem für das entsprechende Modell angegebenen Listenpreis (die sog. „Schwacke-Liste“). Der Listenpreis orientiert sich außer am Modell an Alter und Kilometerzahl des speziellen Fahrzeuges. Aus diesem Grunde sind möglichst neuwertige Fahrzeuge für Autoaufbrecher am attraktivsten, weil sie die größten Gewinnspannen bieten. Im Regelfall liegt der am illegalen Markt für ein gestohlenes Kfz zu erzielende Preis jedoch weit niedriger.

Wie bereits festgestellt, wird auch der illegale Markt von Angebot und Nachfrage beherrscht. Dafür bietet die Situation in Polen ein gutes Beispiel. Dort kostete beispielsweise ein entwendeter sechs Monate alter Audi 80 im Jahre 1990 rund 10.000 DM. Im Folgejahr konnten, wegen eines sich einstellenden Überangebotes, nur noch rund 5.000 DM erzielt werden. Beim Absatz der Fahrzeuge vor allem in Ländern des ehemaligen Ostblocks muß dazu beachtet werden, daß die Kaufkraft der einheimischen Währungen nicht mit der Kaufkraft der DM übereinstimmt. Auch darauf muß sich der illegale Absatzmarkt - ebenso wie die legale Exportwitschaft - einstellen und die Preise entsprechend senken.

Hohe Gewinne stellen sich bei der Autoverschiebung trotzdem ein, da die notwendigen „Investitionen“ verglichen mit den am illegalen Markt zu erzielenden Preisen gering sind und organisierte Autoverschiebergruppen mit hohen „Stückzahlen“ arbeiten, also viele Fahrzeuge in kleinen Zeiträumen verschieben.

Der so erwirtschaftete Gewinn verteilt sich in einer fiktiven Autoverschiebergruppe beispielsweise wie folgt: Der „Resident“ erhält neben dem „Präsidenten“ (Kopf der Gruppe bzw. Haupttäterkreis) einen Großteil des Erlöses aus dem Verkauf eines Fahrzeuges. Anmieter, Aufbrecher, Kuriere, Fälscher und Kontaktleute verdienen einen bestimmten Lohn pro Fahrzeug bzw. erwiesenem Dienst. Bei einem Luxusfahrzeug, das auf dem Schwarzmarkt beispielsweise 40.000 US $ erzielt, erhält der „Präsident“ ca. 20.000 US $, der „Resident“ etwa 10.000 - 15.000 US $, die Aufbrecher oder Anmieter zwischen 1.000 und 2.000 US $ (Drogenabhängige arbeiten auch schon für weit weniger), die Fahrer ebenfalls zwischen 1.000 und 2.000 US $. Kontaktleute bekommen in der Regel ca. 1.000 US $. Weitere Unkosten wie Ersatzteile für das Fahrzeug, „Schmiergelder“ und die Kosten für die Bezahlung der Fälscher und Techniker trägt der „Resident“.

Die Täter, die Fahrzeuge beschaffen, erhalten damit einen festen Preis pro Wagen. Für ein besonderes Modell, das am illegalen Markt einen sehr hohen

Verkaufswert hat, kann es eine Zulage geben. Die Höhe der Entlohnung beginnt in etwa bei 1.000 DM und kann sich bis etwa 5.000 DM steigern, je nach Klasse des entwendeten Fahrzeuges. Bei diesen Zahlenangaben überrascht, daß die mit dem größten Entdeckungsrisiko behaftete Tätigkeit nicht mehr Verdienst für die entsprechenden Täter abwirft. Dies läßt sich möglicherweise damit erklären, daß die Aufbrecher keine Kontakte zum Absatzmarkt haben und so regelmäßig nicht in der Lage sind, das gestohlene Fahrzeug zu einem angemessenen Preis selbst zu verkaufen.

Die Hintermänner bzw. die den Absatz organisierenden Straftäter erhalten den Löwenanteil des am illegalen Markt erzielten Verkaufspreises. Regelmäßig verbleiben ihnen mindestens 40% des Verkaufspreises.

Schätzungen bezüglich des Gesamtgewinns der Tätergruppen können sich lediglich an den Zahlen über nicht wiederaufgefundene Fahrzeuge orientieren. Im Jahr 1992 waren dies in der Bundesrepublik Deutschland beispielsweise 61.000 Fahrzeuge. Legt man einen durchschnittlichen Verkaufswert eines entwendeten Fahrzeuges von nur 10.000 DM zugrunde, so konnten insgesamt 610 Millionen DM auf diese Weise „erwirtschaftet“ werden. Geht man weiter davon aus, daß mindestens die Hälfte dieser Fahrzeuge durch organisierte Verschiebergruppen entwendet und verkauft wurden, so kann man bei diesen Gruppen Gesamteinnahmen von mindestens 305 Millionen DM annehmen. Da die Kfz-Verschiebung mit einigen Kosten verbunden ist (vor allem Transportkosten und die Entlohnung der Beschaffergruppen und der ortsansässigen Residenten), dürfte der Gewinn der Hintermänner (nach vorsichtiger Schätzung) insgesamt wiederum bei etwas über der Hälfte dieser Einnahmen liegen. Man kann damit von einem Mindestjahresgewinn der organisierten Autoverschiebergruppen von 160 Millionen DM für das Jahr 1992 ausgehen. Wie sich diese Gewinne auf einzelne Straftätergruppen oder Straftäter verteilen, kann nicht abgeschätzt werden, da keine ausreichenden Informationen über die Anzahl der in diesem Deliktsbereich agierenden Straftäter existieren.

Außergewöhnlich ist der Fall einer deutschen Tätergruppe, die sich darauf spezialisiert hatte, hochwertige Fahrzeuge (u.a. Daimler-Benz S-Klasse und Ferrari) in Frankreich zu beschaffen, sie dann nach Deutschland (insbesondere Frankfurt) zu verbringen und hier zu „frisieren“. Ihr konnte der Verkauf von 125 Fahrzeugen innerhalb eines halben Jahres nachgewiesen werden, aus dem Einnahmen in Höhe von ungefähr 18 Millionen DM resultierten. Pro verkauftem Fahrzeug wurden damit im Schnitt 144.000 DM erzielt, was in der Nähe des tatsächlichen Wertes der Fahrzeuge gelegen haben dürfte. Diese außerordentlich hohen Einnahmen lassen sich damit erklären, daß für im Ausland gestohlene Fahrzeuge in der Bundesrepublik Deutschland verhältnismäßig einfach eine legale Zulassung zu erhalten ist. Sind die Fahrzeuge aber legal zugelassen, so können sie – über entsprechende Verbindungen einer Tätergruppe – auch in den legalen Wirtschaftskreislauf (zu dessen Preisen) zurückgeführt werden.

Bei der Gewinnanlage und Geldwäsche sind im Bereich der Kfz-Verschiebung die (ausführenden) Täter der unteren Ebenen von den Tätern der höheren (anordnenden) Ebenen deutlich zu trennen. Von den Tätern der unteren Ebenen (also etwa Dieben, Anmietern, Fälschern, Kurieren, Technikern) wird der Großteil des aus kriminellen Aktivitäten gewonnenen Geldes zur Steigerung des eigenen Lebensstandards verwendet. Es wird schlicht „verjubelt", etwa für Kleidung, Nahrung, Autos, Luxushotelübernachtungen, Schmuck, Spielleidenschaft etc.

Zu einer echten Geldanlage sind in der Regel nur die Täter der oberen Ebenen, d.h. die Köpfe und die anderen Großverdiener der Organisation, in der Lage. Der Gewinn aus den illegalen Autoverschiebungen wird häufig in das eigene, nebenher geführte Unternehmen investiert und auf diese Weise auch „gewaschen". Die Gewinne des Unternehmens werden dann versteuert, wodurch die illegale Investition „sauber" wird. Eine beliebte Geldanlage sind auch Luxusvillen im Ausland (meist in Feriengebieten). Daneben werden Bargeldbeträge in die Schweiz oder nach Österreich gebracht und dort auf Nummernkonten eingezahlt.

Neben Investitionen in legale Unternehmen investieren die Täter auch in illegale Aktivitäten. Zum einen werden zukünftige Transaktionen innerhalb des Deliktsbereiches (Beschaffung und Transport von Fahrzeugen) vorfinanziert, zum anderen wird auch in andere Deliktsbereiche investiert, um die Gewinne zu maximieren. In welche anderen kriminellen Aktionen ein krimineller Großverdiener investiert, hängt dabei vor allem von seinen Verbindungen ab.

Auf welche Weise die Gewinnmaximierung durch den Schmuggel von Konsumgütern (vor allem Zigaretten, Spirituosen, Fernsehgeräten und Nahrungsmitteln) in die Länder des ehemaligen Ostblocks erfolgt, kann folgendes Beispiel verdeutlichen: Aus dem offenen Zollager in Rotterdam erstand ein polnischer Täter einen Container mexikanischer Zigaretten für 170.000 US $. Mit Hilfe von bestochenen Grenzbeamten wurde der Container als Milchpulver (30 t) deklariert und verplombt. Diese Papiere reichten die Täter dann bei der EG-Kommission in Brüssel ein und kassierten eine beträchtliche Ausfuhrsubvention. Den Container ließen sie von einer Spedition abholen und nach Polen transportieren. Da die Grenzbeamten an der polnischen Grenze davon ausgingen, daß der Container (in Polen benötigtes) Milchpulver enthielt, fiel kein Einfuhrzoll an. Am Bestimmungsort angekommen, wurden die Zigaretten an einen Großmarkt verkauft, der nur verlangte, daß die Zigaretten an sein Zentrallager geliefert wurden. Der Großmarkt zahlte für einen Container etwa 630.000 US $, so daß der Investor nach Abzug seiner Kosten (Containerkauf, Transport und Bestechungsgelder) bereits ohne die betrügerisch erlangten Subventionen über 450.000 US $ an diesem „Geschäft" verdiente.

Neben dem Schmuggel von Konsumgütern maximieren die Haupttäter ihre Gewinne auch durch Investitionen in die legale Wirtschaft ihres jeweiligen Heimatlandes.

Beispielsweise kaufte ein polnischer Täter eine Fensterfirma in Danzig zum Kaufpreis von umgerechnet 100 Millionen DM auf. Da diese Firma kurz zuvor den Auftrag erhalten hatte, in allen Armeekasernen der GUS-Streitkräfte die Fenster zu erneuern, konnte mit einem Gewinn von einer halben Milliarde DM gerechnet werden. Bei den Kaufverhandlungen wurde sowohl mit Korruption (gegenüber der Verwaltung) als auch mit Bedrohung (gegenüber mitbietenden Konkurrenten) gearbeitet.

Die Großverdiener unter den Straftätern wenden sich, ebenso wie Großverdiener in der Privatwirtschaft, an Geldberater bzw. Finanziers, um ihre Gewinne möglichst ertragreich anzulegen. Diese Anlage kann auch über gut beleumundete Strohmänner erfolgen.

Größere Geldbeträge werden auch durch Geldboten (oft in einem einfachen Koffer) ins Ausland verbracht. Einfacher ist die Überweisung von Geldern auf ausländische Banken. Eine Möglichkeit, Geld außer Landes zu bringen, besteht dabei darin, im Ausland eine fiktive Firma zu gründen, auf deren Konten die Täter dann von der Bundesrepublik Deutschland aus Geld transferieren, etwa um angebliche Geschäftsverbindlichkeiten (beispielsweise aus dem Gebrauchtwagengeschäft) zu begleichen.

Als Geldanlage im Ausland sind – neben Immobilienkäufen – Nummerkonten in der Schweiz, Österreich oder Luxemburg beliebt. Dort werden Konten eröffnet, große Summen Bargeld eingezahlt und in Aktien oder Wertpapieren angelegt. Diese Anlagemöglichkeiten des Schwarzgeldes sind für die Straftäter unkompliziert. Spezieller Kontakte bedarf es nicht; es genügt, selbst oder durch einen Strohmann ein Konto zu eröffnen. Dazu reicht meist die Vorlage des Reisepasses aus.

Bei einem Test, den eine Schweizer Zeitschrift durchführte, wurden Schauspieler absichtlich wie „Mafiosi" gekleidet und mit größeren Summen Bargeld in einem Koffer in verschiedene Banken geschickt. In keinem einzigen Fall erfolgte eine besondere Prüfung der „Kunden", sondern die jeweiligen Bankangestellten nahmen das Geld ohne weitere Nachfragen in Empfang und eröffneten Konten.

Bei den Versuchen, Gelder in legale Geschäfte (beispielsweise Versicherungen oder Boutiquen) zu investieren, verstehen es die Straftäter, sich geschickt zu tarnen. Sie treten dabei häufig als Händler mit einem legal angemeldetem Gewerbe (z.B. Import/Export) auf. Damit besteht für die Vertreter der legalen Wirtschaft scheinbar eine normale Geschäftsverbindung ohne den Verdacht einer strafbaren Handlung. Wenn etwa einem Einkaufszentrum Zigaretten zu üblichen Preisen angeboten werden, ist die illegale Herkunft der Ware meist nicht erkennbar. Kontakte zur legalen Wirtschaft sind daher für die Gewinnanlage in der Regel unumgänglich. Für die Täter ist es dabei vergleichsweise einfach, diese Kontakte unter dem Deckmantel der Legalität herzustellen, da die legale Wirtschaft kaum in der Lage ist, die Herkunft der Wirtschaftsgüter aufzudecken.

Außerdem sind viele Unternehmer auch nicht bereit, mit der Polizei zusammenzuarbeiten und reagieren auch dann nicht, wenn wichtige Indizien darauf hindeuten, daß illegal erworbene Güter gekauft wurden. Hintergrund dürfte sein, daß man in der Wirtschaft häufig allein auf den sicheren Gewinn für die eigene Firma bedacht ist.

Ein Beispiel hierfür war die Reparatur eines in Belgien gestohlenen Fahrzeugs der Marke Porsche in einer deutschen Kfz-Werkstatt. Das Fahrzeug hatte einen Motorschaden, der für 18.000 DM repariert wurde. In den später sichergestellten Unterlagen teilte die Kfz-Werkstatt dem Kunden mit, sie könne für die ausgeführte Reparatur keine Garantie übernehmen, da das Fahrgestell keine reguläre Nummer enthalten habe. Hier wird deutlich, daß die Kfz-Werkstatt nur an der Abwicklung ihres Reparaturauftrages interessiert war, obwohl sie eindeutig erkannte, daß das Fahrzeug illegal beschafft worden war.

Deutsche Kriminelle haben damit sehr viele Möglichkeiten, ihr illegal erworbenes Geld in den deutschen Wirtschaftskreislauf einzubringen, und sind häufig nicht auf das Ausland angewiesen. Doch haben die „Großverdiener" unter den Straftätern darüber hinaus in der Regel internationale Kontakte für die Geldwäsche („rein deutsche Tätercliquen gibt es nicht mehr"). Die internationale Geldanlage und Geldwäsche bietet den Tätern den Vorteil, daß der Geldfluß hier wesentlich schwieriger zu verfolgen ist als bei nationalen Transaktionen. Damit können sie die jeweils günstigste Gelegenheit zur Geldwäsche ausnutzen.

Bei den Einnahmen und der Anlage von Gewinnen, die im Nachtlebensektor, insbesondere bei der *Ausbeutung der Prostitution*, erzielt werden, sind die verschiedenen Deliktsbereiche und Personenkreise getrennt zu betrachten, um verwertbare Aussagen machen zu können.

## Einnahmen im Nachtlebenssektor

– Prostituierte

Die Einnahmen einer Prostituierten hängen davon ab, in welchem Bordell sie arbeitet und ob sie einen Zuhälter hat.[347] Nach Schätzungen aus dem Bereich der Strafverfolgung, denen lediglich die befragten Prostituierten widersprachen, haben in der Bundesrepublik zwischen 80% und 95% der Prostituierten einen Zuhälter. Daneben werden nahezu alle Prostituierten vor allem durch Betreiber von Absteigen, Sexclubs oder Bordellen oder durch die Vermieter von Wohnungen zusätzlich ausgebeutet.

Eine „durchschnittliche" Prostituierte kann in einem Bordell zwischen 300 DM und 1.000 DM pro Tag einnehmen. Das ergibt eine Monatseinnahme zwischen 7.000 und 30.000 DM, wenn die Prostituierte sechs oder sieben Tage die Woche sechs bis acht Stunden täglich arbeitet. Es ist aber für eine gut aussehende Prostituierte auch möglich, mehr als 5.000 DM an einem erfolgreichen „Geschäftstag" einzunehmen.

Der Prostituierten verbleibt jedoch in den meisten Fällen fast nichts von ihren täglichen Einnahmen. Von den eingenommenen Geldern muß sie dem Bordellbetreiber die Schichtmiete für das Zimmer bezahlen, dem Wirtschafter sein Trinkgeld geben (sog. „Tip") und den Rest ihrem Zuhälter abliefern. Ein „großzügiger" Zuhälter beläßt der Frau 10% des abgegebenen Geldes, häufiger aber erhalten die Prostituierten täglich nur 10 DM bis 20 DM „Taschengeld". Der Zuhälter „finanziert" daneben u.a. ihre Kleidung, Friseurbesuche und Taxifahrten.

– Zuhälter

Ein Zuhälter kann bei einer Prostituierten täglich im Durchschnitt 500 DM „abschöpfen". Die ohnehin geringen notwendigen Ausgaben (Kleidung, Friseur u.a.) sind hierbei bereits berücksichtigt. Das ergibt einen durchschnittlichen Monatsverdienst von 15.000 DM. Da der Großteil der Zuhälter keinerlei Steuern zahlt, ist dies bereits der durchschnittliche Nettomonatsverdienst bei

---

[347] In größeren Bordellen existieren unterschiedliche „Tarife": In den unteren (billigen) Etagen bieten ältere Prostituierte ihre Dienste bereits ab 30 DM an, auf den höheren Etagen verlangen die Prostituierten im Schnitt zwischen 80 und 150 DM pro Freier. In Bordellen der gehobeneren Klasse oder in Saunaclubs sind für die Leistungen der Frauen festgesetzte Preise zwischen 200 und 500 DM üblich. „Edelprostituierte" arbeiten regelmäßig nicht unter 1.000 DM.

Ausbeutung einer Prostituierten. Der durchschnittliche Jahresverdienst eines Zuhälters mit einer Prostituierten beträgt damit ca. 180.000 DM.[348]

– Bordellbetreiber

Der Verdienst der Bordellbetreiber ist je nach Art und Ausstattung ihres Betriebes sowie der Anzahl der dort tätigen Prostituierten verschieden. In den verschiedenen Städten und Betrieben wird auch unterschiedlich abgerechnet. Die Abrechnung zwischen dem Bordellbetreiber, für den regelmäßig der Wirtschafter kassiert, und einer Prostituierten erfolgt gewöhnlich über eine tägliche „Bezahlung der Zimmerbenutzung": Die Prostituierte bezahlt dem Bordellbetreiber einen bestimmten Festsatz. In verschiedenen Städten erfolgt die Bezahlung allerdings nicht schichtweise, sondern die Prostituierte muß pro Freier für die Zimmerbenutzung bezahlen.[349] In Edelbordellen und Clubs rechnen Betreiber und Prostituierte meist über die Getränke ab.[350]

Zwei Beispiele sollen dies veranschaulichen:

In einem Hamburger Sexclub rechneten fünfzehn Frauen über „Sektflaschenbestellung" ab. Eine Flasche Sekt, die für jede Stunde des Aufenthalts von einem Freier bestellt werden muß, kostete 380 DM, davon behielt der Betreiber 190 DM. Geht man von drei Freiern pro Frau und Tag (zwischen einem und sechs Kunden sind im Bereich der Edelbordelle üblich) aus, so verdiente der Betreiber täglich 8.550 DM. Daraus läßt sich ein durchschnittlicher Monatsumsatz von 256.500 DM errechnen. Im Jahr kann ein derartiger Sexclub demgemäß ca. 3 Millionen DM einnehmen. Von diesen Einnahmen mußte der Betreiber allerdings noch die Pacht an den Eigentümer bezahlen.

In einer Frankfurter Absteige zahlten die Frauen 220 DM „Schichtmiete". Täglich arbeiteten dort 10 Frauen im Schichtbetrieb jeweils acht Stunden in den vorhandenen fünf Zimmern. Der Betreiber nahm so im Schnitt täglich 2.200 DM ein. Daraus läßt sich eine Monatseinnahme von 66.000 DM errechnen, die einer Jahreseinnahme von 792.000 DM entspricht.

---

[348] Zuhälter, die mehrere Prostituierte ausbeuten, verdienen ein Vielfaches: Bei der Ausbeutung von drei Prostituierten kann ein Zuhälter beispielsweise 45.000 DM monatlich und damit bis zu 540.000 DM jährlichen Gewinn erzielen.

[349] Bezahlt eine Prostituierte in Frankfurt beispielsweise für ein besseres Zimmer in einem Bordell pro Schicht ca. 220 DM an den Bordellbetreiber, so wird in Berlin pro Freier für die Zimmerbenutzung zwischen 30 DM und 70 DM verlangt.

[350] Der Freier „kauft" eine Flasche Sekt und damit die Dienste einer Prostituierten für eine Stunde. Nach der Schicht erhält die Prostituierte ihren Anteil pro verkaufter Flasche. Der Preis für eine Flasche Sekt, d.h. für die Dienste einer Prostituierten pro Stunde, beträgt je nach Etablissement zwischen 380 DM und 600 DM.

Bei der Wohnungsprostitution kassieren die Vermieter regelmäßig eine Tagesmiete. Die Frauen müssen diesen Mietpreis auch entrichten, wenn sie krank oder aus einem anderen Grund abwesend sind. Da Wohnungen ebenfalls im Schichtbetrieb genutzt werden, kann pro Wohnung und Tag die „Miete" auch mehrfach verlangt werden. Vermieter dieser „Modellwohnungen" unterhalten oft mehrere Wohnungen in verschiedenen Stadtteilen.[351]

– Eigentümer

Die Betreiber der Sexclubs, Bordelle oder Absteigen müssen von ihrem Monatsverdienst nicht nur die Personalkosten aufbringen, die in der Regel gering sind, da der Wirtschafter pro Tag ca. 100 DM erhält und die Reinemachefrauen den ortsüblichen Stundenlohn bekommen. Entscheidend ist vielmehr die Entrichtung der Pacht oder Miete an den Eigentümer. Die Höhe der Pacht oder Miete, die der Eigentümer monatlich für seine Immobilie verlangt, hängt neben deren Größe, Ausstattung und Lage auch von den Umsatzmöglichkeiten ab. Wie hoch die jeweilige Pacht oder Miete tatsächlich ist, läßt sich aus zwei Gründen nicht genau bestimmen: Erstens nennen die Pacht- oder Mietverträge aus steuerlichen Gründen in der Regel wohl weit niedrigere Pacht- oder Mietzinsen als tatsächlich bezahlt werden. Zweitens wird gegen die Eigentümer meist nicht strafrechtlich ermittelt, da sie nicht wegen Zuhälterei oder Förderung der Prostitution belangt werden können. Schätzungen zufolge kassieren die Eigentümer aber einen Großteil der monatlichen Einnahmen der Bordellbetreiber als Pacht oder Miete. Dem Bordellbetreiber oder einem zwischengeschalteten Pächter verbleiben zwischen 30% und 45% der monatlichen Einnahmen, von denen der Eigentümer zwischen 55% und 70% verlangt. Es kommt hier ganz auf die Abrede zwischen Betreiber und Eigentümer an, die sich nach den Regeln der Marktwirtschaft richtet: Wer mehr an monatlicher Pacht oder Miete als der Konkurrent zahlen kann, erhält den Zuschlag. Für die Räumlichkeiten eines Edelsexclubs könnte der Pachtzins folglich bei monatlichen Einnahmen von 250.000 DM mehr als 130.000 DM betragen. Man kann nur spekulieren, ob tatsächlich „Pachtzins" in dieser Höhe

[351] So hatte in Hamburg ein Vermieter 25 Wohnungen, die er an insgesamt 40 Frauen vermietet hatte. Bei einer täglich pro Frau und Schicht zu entrichtenden Miete von 100 DM nahm der Vermieter täglich 4.000 DM ein. Das entspricht einer monatlichen Einnahme von 120.000 DM und einem Jahresverdienst von 1,44 Millionen für den Vermieter. Errechnet man aus diesen Beträgen die durchschnittliche Monatsmiete einer Wohnung, so kommt man auf einen Betrag von 4.800 DM. Bei einem tatsächlichen Mietwert von 600-1.000 DM kann man erkennen, wie sich die Mieteinnahmen steigern lassen, wenn an Prostituierte vermietet wird.

verlangt wird. In einem Fall ließ sich aber eine Pacht in Höhe von 50.000 DM bis 60.000 DM pro Monat für einen „Edelsexclub" nachweisen.

Vergleicht man die jeweils erwirtschafteten Gewinne der an der Prostitution Beteiligten mit einer gedachten Pyramide der bestehenden Abhängigkeiten, so verdienen die Prostituierten auf unterster Stufe beinahe nichts, während die Zuhälter auf der mittleren Stufe bereits überdurchschnittlich gut verdienen und die Bordellbetreiber auf der oberen sowie die Eigentümer auf der obersten Stufe den größten Gewinn machen. Betrachtet man diese „Ausbeutungspyramide", wird verständlich, warum Zuhälterei und Förderung der Prostitution strafbar sind, obwohl sich die Prostituierte selbst grundsätzlich nicht strafbar macht.

– Gewinne aus Begleitgeschäften

Über die bei Begleitgeschäften zu erzielenden Gewinne lassen sich kaum allgemeingültige Aussagen treffen. Im Drogengeschäft kann eine bestimmte Kapitaleinlage zum Ankauf von Rauschgift, etwa im Kilogrammbereich, beim erfolgreichen Endverkauf im Grammbereich immens (beispielsweise 20-fach) vervielfacht werden. Im Waffengeschäft und bei der Hehlerei hängt die Gewinnspanne stärker vom jeweiligen Einzelgeschäft ab. Da die Güter aber regelmäßig illegal erworben werden, sind die Ausgaben weit geringer als die am Markt dafür zu erzielenden Preise.

Die Bordellbetreiber ermitteln ihre Gewinne gewöhnlich täglich und nur ausnahmsweise wöchentlich, d.h., jeden Abend wird eine Abrechnung erstellt. Diese Abrechnung ist nicht sonderlich kompliziert: Die meisten Mitarbeiter in einem Bordell erhalten einen Festlohn, während die Prostituierten (d.h. meist deren Zuhälter) entweder einen Tagessatz zahlen müssen oder in Edelbordellen und Clubs am Umsatz beteiligt sind. In Clubs und Edelbordellen notieren die Barfrauen, wieviel Zeit eine Frau mit dem jeweiligen Freier verbracht hat bzw. wieviele Getränke sie bestellt hat.

Sind mehrere Personen an einem Bordell beteiligt, so partizipieren sie entsprechend ihrer „Einlage" am erwirtschafteten Gewinn. Die „Szenengröße" erhält ebenfalls ihren Anteil, wenn sie die Macht besitzt, diesen Anspruch auch durchzusetzen. Oft erfolgt die Abrechnung über einen besonderen Getränkelieferungsvertrag, häufig aber auch einfach als prozentuale Beteiligung zum „Wohl und Schutz" des Bordells.

Die Zuhälter errechnen das von der jeweiligen Frau pro Schicht eingenommene Geld an Hand der Aufzeichnungen der Wirtschafter, die meist „Strichlisten", teilweise aber auch schon Computerabrechnungen führen. Sie wissen genau, wieviel Geld die Prostituierte an den Bordellbetreiber täglich bezahlen muß und können deshalb feststellen, ob die Frau die gesamten täglichen Einnahmen abgibt. Da das „Bunkern" (Verstecken) von Geld im Milieu schwer bestraft wird, versuchen es die Frauen auch nur selten und liefern im Regelfall widerstandslos die Tageseinnahmen ab.

## Gewinnanlage im Nachtlebenssektor

Über die *Gewinnanlage* im Bereich der Ausbeutung von Prostitution weiß man wenig. Doch lassen sich gewisse Tendenzen erkennen. Insbesondere legen die an der Ausbeutung der Prostitution Beteiligten ihr Geld nicht einheitlich an. Deutliche Unterschiede lassen sich zwischen Zuhältern, Bordellbetreibern und Eigentümern[352] ausmachen.

– Zuhälter

Die Zuhälter verwenden meist einen großen Teil ihrer Einnahmen, um einen luxuriösen Lebenswandel zu führen. Neben Auto, Kleidung und Schmuck zählen dazu auch der Aufenthalt in Hotels und Restaurants der Luxusklasse, der Urlaub und eine exquisit ausgestattete Privatwohnung. Die Zuhälter wollen gewöhnlich „leben und nicht sparen". Viele Zuhälter nehmen zudem an illegalem Glücksspiel teil und „verzocken" einen beträchtlichen Teil ihrer Einnahmen.

Neben der Steigerung des eigenen Lebensstandards sind aber auch die Zuhälter daran interessiert, die aus der Prostitution erwirtschafteten Gewinne möglichst zu maximieren. Die renommierteren Zuhälter, die sich im Milieu bereits einen gewissen Namen gemacht haben und regelmäßig mehr als eine Frau ausbeuten, versuchen ihre Gewinne durch die Investition in andere kriminelle Aktivitäten zu vergrößern. Ihr Ziel ist es, soviel Geld anzusammeln, daß sie in ein Bordell als Beteiligte oder Betreiber (mit-)einsteigen können. Neben der Reinvestition in die Prostitution (eine weitere Prostituierte wird gegen Ablösesumme „erworben") engagieren sie sich beispielsweise im Dro-

---

[352] Auf die Eigentümer wird mangels greifbarer Erkenntnisse nicht näher eingegangen.

genhandel (z.B. mit der Beteiligung an einem Sammeleinkauf), im Waffenhandel oder bei der Hehlerei.

– Bordellbetreiber

Auf der Ebene der Betreiber von Bordellen – der Begriff wird hier umfassend von der Absteige bis zum Edelsexclub verstanden – gewinnt die Gewinnanlage im Rahmen der Gesamtaktivitäten der Täter Bedeutung. Die hohen Gewinne werden auf vielfältige Weise in den legalen und illegalen Wirtschaftskreislauf zurückgeführt. Auch die Bordellbetreiber leben im Luxus. Sie nehmen ebenfalls gewisse Reinvestitionen in die Prostitution vor, indem sie z.B. versuchen, weitere Bordelle zu eröffnen und bei einer sich bietenden Gelegenheit auch Eigentümer einer entsprechenden Immobilie zu werden.

Die hohen Bargeldbeträge investieren Bordellbetreiber regelmäßig in andere kriminelle Aktivitäten. Ziel dieser „Investitionen" ist es, die aus der Prostitution gezogenen Gewinne zu maximieren.[353] Über diese Anlagen im „klassischen Nachtlebensektor" hinaus werden hohe Bargeldbeträge von Bordellbetreibern vor allem in den Drogenhandel investiert. Der Hauptgrund hierfür dürfte sein, daß der Drogenhandel die größte Gewinnspanne eröffnet und somit das vorhandene Kapital am besten angelegt ist. Daß diese Rendite nur um den Preis der Illegalität zu erlangen ist, nehmen die Bordellbetreiber in Kauf.[354]

Außer in den Drogenhandel investieren diese Täter in alle illegalen und legalen Geschäfte, die eine hohe Rendite erwarten lassen. Hohen Profit versprechen momentan neben Waffenhandel, Glücksspiel und Hehlerei beispiels-

---

[353] Die alleinige Reinvestition in das Prostitutionsgewerbe scheidet oft schon aus rein technischen Gründen aus. Denn der Markt der meisten westdeutschen Städte ist schon gesättigt, und außerdem wirkt ein gewisser Konkurrenzdruck einer schrankenlosen Expansion einzelner Bordellbetreiber regelmäßig entgegen. Daher konnte in den letzten Jahren ein „Osttrend" der Zuhälter und Bordellbetreiber beobachtet werden. In den ostdeutschen Städten werden „Filialen" eingerichtet, d.h., „Szeneangehörige" westdeutscher Städte eröffnen dort ein Bordell und setzen einen Geschäftsführer ein, der das Tagesgeschäft führt. Damit haben die Bordellbetreiber nicht nur ihren Machtbereich und ihr Ansehen vergrößert, sondern ihre Gewinne erfolgsversprechend in dem „Gewerbe" angelegt, in dem sie sich auskennen.

[354] Dafür gibt es im wesentlichen zwei Erklärungen: Erstens sind die Bordellbetreiber im Milieu großgeworden und üben bereits im „Hauptberuf" eine illegale Tätigkeit (Förderung der Prostitution) aus. Sie besitzen folglich keine ausgeprägte Gesetzestreue. Außerdem verfügen sie über die nötigen Verbindungen zum illegalen Markt oder können solche Verbindungen als Milieuangehörige relativ leicht aufbauen. Zweitens sind ihre beträchtlichen Bargeldbeträge „Schwarzgeld", da sie den Großteil ihrer Einnahmen nicht versteuern. Bei einer Investition in kriminelle Aktivitäten ist dies jedoch nicht von Bedeutung.

weise Geschäfte im Kapitalanlagebereich, und zwar insbesondere dann, wenn Täter von Anfang an nur das Ziel verfolgen, die eigene Einlage auf Kosten gutgläubiger Anleger zu vervielfältigen.

In Hamburg beispielsweise gründete ein Kreis von Zuhältern und Bordellbetreibern eine „Warenterminfirma“, die sich auf die Vermittlung von Warentermingeschäften spezialisierte. Man gab gegenüber telefonisch angesprochenen Kunden vor, man wolle in den Warenterminbereich einsteigen, und brachte sie dazu, Geld zu überweisen. In Wahrheit wurde das Geld an der Warenterminbörse oft gar nicht plaziert und den Kunden anschließend nur der „Spekulationsverlust“ mitgeteilt.

Neben diesen illegalen Geldanlagen versuchen die Großverdiener im Milieu auch, ihr aus illegalen Aktivitäten erwirtschaftetes Geld in den legalen Wirtschaftskreislauf einzubringen. Hauptgrund dafür ist nicht der Profit als solcher, der im illegalen Bereich regelmäßig höher ist, sondern die Legalisierung des Profites. Neben den illegalen Geschäften, etwa dem Unterhalt eines Bordells und dem Drogenhandel auf der mittleren Händlerebene, bemüht man sich, ein legales Standbein aufzubauen. Der Vorteil dieser „Diversifikation“ besteht darin, daß man, wenn man erst einmal erfolgreich in die legale Wirtschaft eingedrungen ist, im Regelfall für die Strafverfolgungsbehörden schwer erreichbar wird. Die illegalen Transaktionen stehen immer unter einem gewissen Aufdeckungsrisiko durch die Strafverfolgungsbehörden.[355]

Das Eindringen in die legale Wirtschaftswelt ist auch aus einem weiteren Grund bedeutsam: Straftäter erhalten so Zutritt zu den „gehobenen Kreisen“ der Gesellschaft. Diesen Anschluß suchen einige Kriminelle, um außerhalb des Milieus auch gesellschaftlich anerkannt zu werden. Ist dieser Prozeß (den insgesamt gesehen nur wenige Bordellbetreiber oder Eigentümer erfogreich beenden) abgeschlossen, gewinnen die Täter zudem „politische“ Macht, die wiederum für illegale „Geschäfte“, etwa auf dem Bausektor, ausgenutzt werden kann. Aus dem „einfachen Kriminellen“ ist damit auch eine gesellschaftliche Größe geworden. Er tritt dann nicht mehr persönlich als Bordellbetreiber auf, sondern gibt vor, ein gutsituierter Geschäftsmann zu sein.[356] Die

[355] Die Täter schweben dabei nicht nur in der Gefahr, in Strafhaft zu gelangen, sondern auch, die illegalen Güter zu verlieren (z.B. durch Schließung des Bordells oder durch Beschlagnahme der Drogen). Dieses Risiko kann bei „legalen“ Wirtschaftsaktivitäten (bislang) nahezu ausgeschlossen werden. Was dem Täter selbst, eventuell auch der Ehefrau oder sonstigen Strohleuten, legal gehört, war dem Zugriff der Strafverfolgungsbehörden bisher entzogen. Auf diesem Wege können sich Straftäter daher mit der Zeit eine gesicherte Existenz aufbauen.

[356] Solche Täter investieren vor allem in Immobilien im In- und Ausland, in Bankguthaben im In- und Ausland, in Aktien und Inhaberpapiere. Neben diesen „klassischen“ legalen Geldanlagebereichen dringen die Täter auch in die legale Wirtschaft direkt ein, d.h., sie kaufen legale Wirt-

Kontakte zum Milieu unterhält er aber auch weiterhin und kassiert die illegalen Gewinne über Strohleute und Strohfirmen ab. So nutzt er z.B. die Gelegenheit, Immobilien zu erwerben, in denen Bordelle betrieben werden können.

Der Entwicklungsprozeß der Gewinnanlage durch die Täter im Nachtlebensektor verläuft damit stufenförmig, d.h., die höhere Stufe wird gewöhnlich erst dann interessant, wenn die vorherige vollständig „ausgereizt“ ist:

- Steigerung des Lebensstandards, d.h., das erlangte Geld wird schlicht „verlebt“.
- Reinvestition in die Prostitution, d.h., Frauen werden „abgelöst“, ein Bordellanteil oder auch Eigentum an Bordellen wird erworben.
- Gewinnmaximierung durch Anlage in anderen kriminellen Geschäften (d.h. Drogen- und Waffenhandel sowie illegales Glücksspiel aber auch betrügerische Warentermingeschäfte etc.).
- Investition in die legale Geschäftswelt.

Die Geldanlage im legalen wie im illegalen Bereich kann gewöhnlich nicht ohne die Mithilfe Dritter erfolgen. Im *illegalen* Bereich werden die „connections“ ausgenutzt, die bei der eigenen illegalen Tätigkeit aufgebaut wurden. Mit ausgesuchten Personen tätigt man dann über die Ausbeutung der Prostituierten hinausgehende illegale Geschäfte. Welche Straftaten begangen werden, hängt von den individuellen „geschäftlichen“ Beziehungen des jeweiligen „Anlegers“ ab. Lohnt die Rendite, sind die Täter auch für neue, ihnen noch weitgehend unbekannte Deliktsbereiche offen, wie das Beispiel der Warentermingeschäfte zeigt.

Für die Geldanlage in der *legalen* Geschäftswelt werden regelmäßig Helfer aus der legalen Wirtschaft benötigt. Dazu knüpfen die Straftäter Kontakte zu Steuer-, Anlage- und Wirtschaftsberatern sowie zu Börsenmaklern, Rechtsanwälten und Bankfachleuten. Zur Verschleierung der illegalen Herkunft der Gelder werden unter Mithilfe von Rechtsberatern beispielsweise Scheinfirmen

schaftsunternehmen auf. Dabei kommen neben szenenahen Betrieben wie Gaststätten, Nobelrestaurants, Automatenketten, Getränkevertrieben, Spielhallen, Sportstudios oder Sexzubehörgeschäften auch szenenfremde Unternehmen wie Immobilienfirmen, Bau- oder Schmuckgeschäfte in Frage.

im In- und Ausland gegründet, mit denen dann Verträge geschlossen werden.[357]

Mit der Hilfe von erfahrenen Bankfachleuten können auch große Summen an Schwarzgeld ohne größere Probleme auf Konten angelegt werden und von dort aus als Buchgeld ins Ausland transferiert werden. Ziel dieser „Reisen“ über die Konten verschiedener Banken des Auslands ist es, daß das „gewaschene“ Geld wieder auf ein in- oder ausländisches Konto des Straftäters oder eines Strohmannes zurückkehrt.

Neben der Anlage der illegal erlangten Gelder auf dem legalen Anlagesektor verfolgen viele Größen aus dem Milieu, wie erwähnt, das Ziel, ein nach außen hin „legaler Unternehmer“ zu werden. Hat sich ein mit illegal erwirtschafteten Gewinnen finanziertes Unternehmen erst einmal etabliert, wird es absolut legal geführt, es sei denn, es soll als Scheinfirma fungieren. Nach Angaben von Strafverfolgern „ist dann nicht ein Blatt unsauber“. Ein solcher Betrieb hält jeglicher Überprüfung stand und ist oftmals eine Art Altersversorgung oder soll an Kinder oder andere Erben weitergegeben werden.

Da Straftäter, die in die legale Wirtschaft einzudringen versuchen, über große Bargeldbeträge verfügen und in der Regel keines hochverzinsten Bankkredites bedürfen, können sie legale Konkurrenten einfach „ausbluten“ lassen. Sie überbieten diese Konkurrenten bis zu deren Aufgabe oder betreiben einen ruinösen Wettbewerb etwa durch Dumpingpreise. In welchem Wirtschaftssektor sie sich niederlassen, hängt neben den Kapitalreserven vor allem von den örtlichen Verhältnissen, von „connections“ zur legalen Wirtschaft und letztlich von persönlichen Vorlieben ab. Die Spanne reicht dabei vom Nobelrestaurant bis zur Baufirma.

Zwar ist es grundsätzlich möglich, in die legale Wirtschaft einzudringen, ohne vorherige Kontakte zu legalen Unternehmern zu besitzen. Doch vorhandene Kontakte erleichtern und beschleunigen dies, etwa dann, wenn der Straf-

---

[357] Der Straftäter zahlt an die Scheinfirma auf Grund einer fingierten Vertragsverpflichtung. Eine solche Scheinfirma (beispielsweise eine Briefkastenfirma in Liechtenstein oder Paraguay) überweist dann je nach Bedarf ebenfalls eine größere Summe an einen Straftäter, um ihrerseits fingierte Geschäftsverbindlichkeiten zu begleichen (etwa Handel mit Antiquitäten oder Kaffee). Auf diese Weise können Gelder in das Ausland transferiert und später wieder als Geschäftseinnahmen einer in Deutschland gegründeten Firma gebucht werden. Diese Einnahmen werden rechtmäßig unter Einschaltung eines Steuerberaters versteuert. Dabei werden auch Betriebsausgaben geltend gemacht. Mit so „gewaschenem“ Geld, das den Eindruck erweckt, als sei es der Gewinn eines legalen Unternehmens, können Straftäter dann ohne weiteres legal über das Kapital verfügen und z.B. Börsengeschäfte tätigen.

täter weiß, daß ein Unternehmer z.B. wegen seiner Spielsucht verschuldet ist. Der Straftäter kann ihm dann mit dem nötigen Kapital aushelfen, wird aber regelmäßig eine Beteiligung oder „Aufbauhilfe" dafür verlangen.

Weder der Geldanlage auf dem legalen Anlagesektor noch dem Eindringen in die legale Wirtschaft stehen somit (bislang) nennenswerte Hindernisse entgegen. Ganz im Gegenteil: Wer wirklich große Summen anlegen will, hat alle Chancen, sich in der Legalität zu etablieren, vor allem wenn er sich von denselben Fachleuten wie die legale Geschäftswelt beraten läßt und die liberalen Bestimmungen im Anlagebereich (Bankgeheimnis, Steuergeheimnis etc.) sowie sämtliche Rechtsformen des Gesellschaftsrechtes ausnutzt.

Wenn sich organisierte Kriminelle damit „ganz legal" der Hilfe diverser Steuer-, Rechts- und Anlageberatern bedienen, stellt sich die Frage, ob es in Deutschland schon „den Spezialisten für Geldwäsche" gibt. Berater, die bereitwillig dazu beigetragen haben, Schwarzgeld zu „waschen", preist man in der Szene genauso an wie erfolgreiche Strafverteidiger. Da solche Spezialisten mehr und mehr benötigt werden, spricht viel dafür, daß es spezialisierte Geldwäscher auch in der Bundesrepublik gibt.

Die Einnahmen der *Menschenhändler* pro geschleuster Person lassen sich nicht pauschal beziffern. Denn die verschiedenen Schleusergruppen erheben unterschiedliche „Tarife" für ihre Tätigkeit und haben unterschiedliche hohe Kosten (beispielsweise für Flugtickets, Hotelübernachtungen, Fälschung der Pässe, eventuell auch für die Bestechung von Grenzbeamten etc.).

Beim „Frauenhandel" scheinen die Gewinnspannen höher zu liegen als bei der Organisation der illegalen Einreise von Emigranten. Hier konnte ermittelt werden, daß Forderungen von bis zu 20.000 DM für die Organisation der Einreise und die Vermittlung an ein Bordell verlangt werden. Im Schnitt sind die Preise jedoch deutlich niedriger und betragen etwa zwischen 5.000 DM und 10.000 DM. Geht man beispielsweise von zehn „beförderten" Frauen pro Woche aus, die je nur 5.000 DM für die Reise entrichten, so kann eine Schleppergruppe bei einem Unkostenanteil von 20% (1.000 DM) 4.000 DM Gewinn pro geschleuster Frau erzielen. In einem Monat verdient die Schlepperorganisation dann beispielsweise 160.000 DM.

Was Emigranten angeht, lassen sich keine festen Preise angeben. Auch hier bestimmen die Entfernung und die Einreisehindernisse den Preis mit. Die Preise für die Einschleusung liegen etwa zwischen 3.000 und 10.000 DM. Dabei gewährt man in der Regel Preisnachlässe für die gleichzeitige Beförderung mehrerer Personen (z.B. Familien). In bestimmten Staaten (beispielsweise Nigeria) werden von den Emigranten pro Person nur etwa zwischen 1.000 bis 3.000 DM bezahlt, da die dort lebenden Menschen gewöhnlich keine höheren Summen aufbringen können. Auch die Einreise aus Staaten des ehemaligen Ostblocks (beispielsweise Rumänien) über die „grüne Grenze" ist preiswerter. Geht man bei einer Schleusergruppe von 1.500 DM Gewinn pro Emigrant aus und nimmt man nur 100 monatlich geschleuste Personen an, so „verdienen" die Schleuser 150.000 DM pro Monat.

Gewinnschätzungen von Fachleuten, die seit mehreren Jahren Schleusergruppen verfolgen, liegen weitaus höher. Zum einen, so die Experten, steigern die Schleppergruppen ihre Gewinn dadurch, daß sie die Zahl der geschleusten Personen ständig erhöhen, zum anderen wird, insbesondere im Frauenhandel, der Unkostenanteil möglichst auf 10% der verlangten Reisesumme (häufig 10.000 DM) gedrückt. Insgesamt vermuten Praktiker, daß die von internationalen Schlepperorganisationen in den letzten zehn Jahren erwirtschafteten Beträge die Milliardengrenze bereits überschritten haben

Wie die Schlepperorganisationen das erwirtschaftete Geld anlegen, läßt sich beim derzeitigen Erkenntnisstand kaum sagen. Es läßt sich nur feststellen, daß die Frauen und Emigranten zwar regelmäßig in die Bundesrepublik eingeschleust werden, das von ihnen für diese Reise entrichtete Geld aber oft im Herkunftsland oder einem anderen Staat angelegt wird. Die Geldanlage im Ausland liegt immer dann nahe, wenn der „harte Kern" der Schlepper- bzw. Schleusergruppe seinen „Sitz" nicht in Deutschland hat.

Bei der Veranstaltung des *illegalen Glücksspiels* in einem Spielcasino können im Schnitt monatlich zwischen 100.000 DM und 350.000 DM Gewinn erzielt werden; im Einzelfall beträgt der Gewinn bei einem florierenden Casino auch einmal bis zu 500.000 DM im Monat. Das entspricht einem Mindestjahresgewinn von 1,2 Millionen DM und einem möglichen Jahresgewinn von 4,2 Millionen DM oder mehr. Gegenüber den Finanzbehörden werden entweder gar keine oder wesentlich niedrigere Umsatzsteuererklärungen abgegeben. Diese Schätzungen erscheinen auch insoweit realistisch, als nach einer Allensbach-Untersuchung aus dem Jahre 1990 in staatlichen Spielbanken jährlich 20 Milliarden DM verspielt werden. Nach Schätzungen von Praktikern betreiben in der Bundesrepublik Deutschland ungefähr 300 Organisationen ca. 400 illegale Spielcasinos. Nimmt man einen durchschnittlichen Jahresgewinn pro Casino von 2,5 Millionen DM an, errechnet sich in diesem verhältnismäßig begrenzten Deliktsbereich ein jährlicher Branchengewinn von 1 Milliarde DM.

Bei einem Betreiber, der nachweislich 14 Spielcasinos unterhielt, wurde in der Begründung des Strafurteils für den Zeitraum von dreieinhalb Jahren ein Gewinn in Höhe von 10,6 Millionen DM zugrundegelegt. Nach Schätzungen der Polizei, die auf Hochrechnungen anhand von Gewinndurchsagen einzelner Casinos beruhen, erzielte der Täter in diesem Zeitraum sogar über das vierfache dieses Betrages als Nettogewinn.

Die Angestellten der illegalen Spielcasinos können zwar ein überdurchschnittliches Monatsgehalt erzielen, sind aber über ihre Monatsgehälter und die täglichen Barzahlungen hinaus nicht am Gewinn beteiligt. Sie dürften ihre Einnahmen vor allem zur Sicherung und Steigerung ihres Lebensstandards verwenden.

Die Anlage und das „Waschen" des Gewinnes erfolgen demnach erst ab den Ebenen der Vertrauenspersonen und der Betreiber der Spielcasinos. Betreiber und Vertrauenspersonen legen ihre Gewinne auf vielfältige Weise an: Grundsätzlich investieren sie in weitere illegale Unternehmen genauso wie in „legale" Anlageobjekte. Dabei hängt es vor allem von individuellen Verbindungen und der Flexiblität der jeweiligen Täter ab, an welchen illegalen Unternehmen sie sich wieder beteiligen. Da sich gewöhnlich Angehörige der Szene in Spielcasinos treffen, verfügt ein Betreiber regelmäßig über gute Kontakte zum Milieu seiner Stadt. An geeigneten „Geschäften" kann er sich auch nur finanziell beteiligen, ansonsten aber im Hintergrund bleiben.

Eine wichtige Rolle spielen dabei in jedem Fall Immobilien. Denn einmal erwirbt man geeignete Objekte, um neue Spielcasinos eröffnen zu können, andererseits kauft man Immobilien im In- und Ausland als bloße Geldanlageobjekte. Dabei treten oft die Ehefrau, die Freundin oder eine sonstige Vertrauensperson des Haupttäters als Eigentümer auf.

Um die wahren Eigentumsverhältnisse an dem erwirtschafteten Kapital zu verschleiern, ersteht man „Gesellschaftshülsen" im Ausland (etwa in Liechtenstein, der Schweiz und Luxemburg). Ein Vermögensverwalter im Ausland kann schon gegen eine verhältnismäßig geringe Provision bestellt werden. Diese Gesellschaften kaufen dann Immobilien in Deutschland oder im Ausland auf. Die gesamten Gesellschaftsanteile hält jedoch – unmittelbar oder mittelbar – der Anleger, d.h. der Straftäter.

Ein Großteil des Kapitals wird auch auf Nummernkonten im Ausland angelegt, um die Gewinne dem Zugriff der deutschen Finanz- und Strafverfolgungsbehörden zu entziehen. Das Geld wird oftmals von darauf spezialisierten Kurieren ins Ausland geschafft. Mit einer glaubwürdigen Legende kann ein solcher Kurier einen Geldkoffer unbemerkt ausführen. Daneben werden alle möglichen Anlageformen im In- und Ausland ausgenutzt, wie z.B. Investmentpapiere, Aktien, Inhaberschuldverschreibungen, Staatsanleihen und andere Wertpapiere.

Für die Umsatzsteuererklärungen der einzelnen Casinos gegenüber den Finanzämtern werden Steuerberater eingeschaltet. In der Regel unterbreitet man jedoch bereits den Steuerberatern falsches Zahlenmaterial. Die Berater sind deshalb häufig nur als „Werkzeuge" anzusehen. Wie andere organisierte Kriminelle greifen die Casinobetreiber dabei auf Berater zurück, die auch für die leagle Wirtschaft arbeiten.

Sobald ein gehobener Lebensstandard erreicht ist, beginnen Kriminelle, die hohe Geldbeträge erwirtschaftet haben, Geld in der illegalen Wirtschaft anzulegen und gründen etwa ein Unternehmen, um sich ein „legales Standbein" zu schaffen. Gelingt der Weg in die legale Wirtschaft, zieht sich der Täter mehr und mehr von seinen kriminellen Aktivitäten zurück oder tritt allenfalls nur noch als Finanzier im Hintergrund auf.

Eine Hütchenspielergruppe kann an einem Tag bzw. in einer Nacht schätzungsweise bis zu 8.000 DM erspielen. Der Schnitt liegt bei etwa 3.000 DM bis 4.000 DM. Eine Gruppe von sechs oder sieben Personen kann so in einer Woche um die 20.000 DM einnehmen. Die Hintermänner von mehreren Gruppen können daher monatlich 200.000 DM und mehr Gewinn erzielen. Wie die Straftäter untereinander abrechnen, konnte bislang nicht ermittelt werden.

Von dem erspielten Geld werden zunächst die Fixkosten der Spieler bestritten. Das sind vor allem die Hotelübernachtungskosten und die Fahrtkosten für Bahnfahrkarten oder Mietwagen der Straftäter. Etwa ab der Ebene der Kassierer wird das Geld teilweise zur Steigerung des Lebensstandards verwandt, insbesondere für Kleidung, Fahrzeug und Wohnung. Die Spieler selbst und ihre Helfer leben eher bescheiden.

Ursprünglich investierte ein Teil der Täter die in der Bundesrepublik illegal erworbenen Gelder, um ihre Landsleute im jugoslawischen Bürgerkrieg zu unterstützen. Heute investieren die Spieler dagegen zumeist in andere kriminelle

Geschäfte. Das „Hütchenspiel" veranstalten sie damit häufig nur, um für andere Vorhaben Kapital zu beschaffen. Andere Deliktsbereiche, in die das aus dem „Hütchenspiel" erworbene Kapital investiert wird, sind vor allem der Rauschgift- und Waffenhandel. Die Mitspieler beim „Hütchenspiel" werden häufig als Kleindealer eingesetzt.

## IV. Außenbeziehungen krimineller Organisationen – insbesondere der illegale Markt –

Die konkreten Außenbeziehungen von Straftäterzusammenschlüssen hängen von den konkret am illegalen Markt durchgeführten Straftaten ab, d.h. insbesondere davon, in welchem Deliktsbereich sie tätig sind, ob sie in mehrere Deliktsbereiche einsteigen, oder ob sie international tätig sind. Abstrakt gesehen haben Straftäterzusammenschlüsse, die im großen Stil Straftaten begehen, folgende Außenkontakte: Sie nehmen teil am illegalen Beschaffungs-, Absatz- und Personalmarkt und treten in Beziehung zum legalen Markt und zu den Strafverfolgungsbehörden. All diese möglichen Außenbeziehungen – mit Ausnahme des legalen Marktes[358] – lassen sich unter dem Begriff „illegaler Markt" zusammenfassen.

Fraglich ist, ob der illegale Markt den gleichen Grundprinzipien folgt wie der legale Markt. Zunächst gilt es zu klären, ob die Strukturen des Marktes davon abhängen, ob das Gut illegal ist.[359] Daran schließt sich die Frage an, ob es (Delikts-)Bereiche des illegalen Marktes gibt, in denen Straftäterzusammenschlüsse entscheidende Vorteile gegenüber Einzeltätern oder Banden besitzen und ob es sogar Bereiche gibt, in denen nur ein größerer Straftäterzusammenschluß gewinnorientierte Straftaten begehen kann.

Kurz gesagt wird zu untersuchen sein, ob der „illegale Markt" ähnlich relevant für illegale Zusammenschlüsse und ihre Entwicklung ist wie der legale Markt für legale Unternehmen. Deshalb sind die für Straftäterzusammenschlüsse (mutmaßlich) entscheidenden Umweltbedingungen am illegalen Markt herauszuarbeiten.

---

[358] Zu Wechselwirkungen zwischen dem legalen und dem illegalen Markt vgl. die Untersuchung von *Ruggiero/Vass*, Heroin Use and the Formal Economy, Illicit Drugs and Licit Economies in Italy. Am Beispiel von drei italienischen Städten (mit unterschiedlichen Marktstrukturen) arbeiteten sie heraus, wie sich der illegale Markt anpasst, wie illegaler und legaler Markt einander beeinflussen und wie die beiden Märkte, vor allem was die Finanzierung angeht, verknüpft sind.

[359] Vgl. *Reuter*, S. 11.

## A. Grundsätzliche Folgen der Illegalität des Gutes für die Marktorganisation

Die gewinnbringenden Handlungen (größtenteils Straftaten) dienen auch am illegalen Markt dazu, Bedürfnisse zu befriedigen und zwar überwiegend mit Gütern, die am legalen Mark nicht oder nicht zu diesem Preis erhältlich sind. Die organisierten illegalen Tätigkeiten umfassen grob skizziert die illegale Beschaffung und den Vertrieb von legalen Gütern (z.B. von Autos oder Kunstgegenständen), die Produktion und den Vertrieb von illegalen Gütern (z.B. von Rauschgift oder Falschgeld) und das Anbieten – oder Aufdrängen – von illegalen Diensten (z.B. gewerbsmäßige Prostitution, Glücksspiel, „Schutz"). Regelmäßig sind die Güter und Dienste, die auf dem illegalen Sektor zur Verfügung stehen, begrenzt und zwingen so auch die auf diesem Gebiet Tätigen zu wirtschaften. Außerdem versuchen auch die Straftäter erwirtschaftete Gewinne durch geschickte „Anlage" zu maximieren. Dabei kommen vor allem folgende Varianten in Betracht: Die Investition in weitere illegale Aktivitäten, die reine Geldwäsche und das Eindringen in die legale Geschäftswelt.

Da die Güter und Dienste illegal sind, unterscheidet sich der illegale Markt aber entscheidend vom legalen Markt. Denn Verträge können nicht gerichtlich durchgesetzt werden, die illegal gehandelten Güter können jederzeit beschlagnahmt werden und schließlich laufen alle Teilnehmer am Handel mit illegalen Gütern und Diensten Gefahr, inhaftiert zu werden. Die Auswirkungen im einzelnen sind dabei bei jedem dieser Güter verschieden.[360]

Aus diesen drei Hauptunterschieden zwischen legalem Markt und illegalem Markt resultieren mannigfaltige Zielkonflikte: Weil Verträge oder Vereinbarungen am illegalen Markt nicht zivilrechtlich durchgesetzt werden können, müssen die Teilnehmer am illegalen Markt andere Methoden entwickeln, um ihre Geschäftspartner dazu zu zwingen, getroffene Abmachungen einzuhalten. Zunächst ist dabei an den Einsatz von Gewalt als Druck- und Sanktionsinstrument zu denken. Daneben kann ein in einer Subkultur geltender – mehr oder minder verbindlicher – Ehrenkodex dazu anhalten, Absprachen und „Arbeitsverträge" einzuhalten.[361]

---

[360] Vgl. *Reuter*, S. 7.

[361] Vgl. dazu oben die Ausführungen zur Personalführung.

Da immer droht, daß die Güter beschlagnahmt werden, müssen die Teilnehmer den Güterfluß tarnen und so gut wie möglich geheimhalten. Ebenfalls dürfen möglichst keine zu großen Mengen illegaler Güter in einer Lieferung gemeinsam befördert werden. Außerdem sind Verstecke ausfindig zu machen und letztlich Verwaltungs- und Polizeibeamte nötigenfalls zu bestechen. Umgekehrt herrscht auch am illegalen Markt ein Konkurrenzkampf, so daß auch die einzelnen illegalen Organisationen ihre Waren am Markt anbieten müssen, also eine Art Werbung zu betreiben haben, obwohl dies natürlich wieder das Risiko der Entdeckung erhöht.

Da alle Teilnehmer am illegalen Markt Gefahr laufen, inhaftiert zu werden, müssen sich alle Organisationen, so gut es geht, abschotten. Sie müssen kontrollieren, wer was weiß und wer an den strafbaren Aktivitäten beteiligt ist. Dabei haben sie den Kreis der „Eingeweihten" möglichst klein zu halten. Neben der systematischen Bestechung von potentiellen „Anzeigeerstattern" oder Ermittlern gelten innerhalb der Organisation strenge Geheimhaltungspflichten. Ein bekanntes Beispiel dafür ist die „omertá" innerhalb mafioser Gruppen. Ist das Risiko der Entdeckung bei einer konkreten Straftat sehr hoch, so wird eine Straftätergruppe dazu neigen, für diese Aktionen nur angeheuerte oder lose zugehörige Täter einzusetzen, die im Falle ihrer Verhaftung nichts über die Gesamtorganisation aussagen können. Nach *Becker* sei es für Straftäter mit höherem Einkommen auch wirtschaftlich sinnvoll, mehr Geld für die Planung ihrer Straftaten, für gute Anwälte und auch für Bestechung auszugeben, um eine Verhaftung und Verurteilung möglichst unwahrscheinlich werden zu lassen, denn für sie sind die „Kosten" einer Verurteilung im Vergleich mit diesen Ausgaben ziemlich hoch. Umgekehrt neigten ärmere Straftäter stärker dazu, ihre Zeit einzusetzen, d.h., gegebenenfalls eine Haftstrafe hinzunehmen. Er folgert daraus, daß die Wahrscheinlichkeit der Verurteilung systematisch mit dem Einkommen korreliert.[362] Schließlich läßt sich eine Straftätergruppe, weil das Tatgeschehen möglichst geheimgehalten werden muß, nicht beliebig vergrößern.

---

[362] Vgl. *Becker*, S. 70.

## B. Beschaffungsmarkt

### *1. Betriebswirtschaftlicher Ausgangspunkt*

Die Beschaffung von Einsatzgütern steht am Beginn des betrieblichen Leistungsprozesses. Durch die Beschaffungsfunktion (und die Absatzfunktion) hat der Betrieb unmittelbare Verbindung zu den Märkten, an denen er als Nachfrager oder Anbieter auftritt.[363] Als nachgefragte Einsatzgüter kommen neben Material auch Arbeitskräfte, Dienstleistungen, Maschinen, Grundstücke, Gebäude und Informationen in Betracht. Der Betrieb prüft den am Markt zu entrichtenden Preis für ein bestimmtes Gut und entscheidet dann, ob und in welcher Menge von wem gekauft wird. Dies schließt sowohl die Lieferantenbeurteilung und -auswahl, als auch die Konditionenpolitik (d.h. Verhandlungen über Vertragsbedingungen) ein. Die Konditionenpolitik beinhaltet Verhandlungen mit den Lieferanten über Rabatte, Kreditgewährung, Lieferungs- und Zahlungsbedingungen und unmittelbare Geldleistungen. Die Lieferanten werden in der Regel nach folgender Nutzwertanalyse ausgewählt: Preis, Rabatt, qualitäts-, mengen- und termingemäße Liefergenauigkeit, Serviceangebot, finanzielle Lage und Ruf des Lieferanten, Lieferkapazität sowie Dauer der Zusammenarbeit.[364]

Hat man einen bestimmten Lieferanten ausgewählt, prüft man, ob die Vorteile der sogenannten Angebotsverbundwirkung ausgenutzt werden können, d.h., ob die Nachfrage des einen Gutes die Angebotssituation eines anderen beeinflußt,[365] z.B. weil derselbe Marktpartner zwei benötigte Güter anbietet. Bezieht der Betrieb beide Güter von demselben Lieferanten, so verringern sich die Transportkosten. Bestellungen können leichter aufgegeben werden und es lassen sich Mengenrabatte erzielen.

Daneben steht die Wahl zwischen Eigenfertigung und Fremdbezug (sog. „make or buy"-Entscheidung).[366] Im Hinblick auf ein bestimmtes Einsatzgut wägt man die Alternativen Beschaffung oder Eigenfertigung ab. Dabei wird der am Markt für das Gut zu entrichtende Preis mit den Kosten der Eigenerstellung, vor allem den Kosten für notwendige Maschinen und einzusetzende

---

[363] Vgl. *Bea/Dichtl/Schweitzer*, S. 8.

[364] Vgl. *Bea/Dichtl/Schweitzer*, S. 46.

[365] Vgl. *Bea/Dichtl/Schweitzer*, S. 21.

[366] Vgl. *Bea/Dichtl/Schweitzer*, S. 19.

Arbeitskraft, verglichen[367] und überprüft, ob man selbst in der nötigen Qualität die erforderliche Menge zum richtigen Zeitpunkt mit Sicherheit herstellen kann.

### *2. Theoretischer Ansatz*

Bei Straftäterzusammenschlüssen entstehen notwendige Außenkontakte dann, wenn sie ihren Bedarf an illegalen bzw. legalen Gütern am illegalen oder legalen Markt decken. Bei den Gütern ist an Opiate, Rohstoffe zur Herstellung von synthetischem Rauschgift, Grundstoffe und technisches Gerät zur Herstellung von z.B. Falschgeld oder falschen Ausweisen, gestohlene oder unterschlagene Kfz, Know-how, Informationen und schließlich auch „connections" zu den Strafverfolgungsbehörden zu denken. Zum Kreis der Lieferanten zählen neben denjenigen, die Güter bereitstellen, auch die, durch welche die kriminelle Organisation „Dienste" anbietet, z.B. die Prostituierten.

Am illegalen Markt kann die Auswahl der Lieferanten sich nicht allein von günstigen Preis- und Lieferbedingungen leiten lassen. Denn auch die Beziehung zum Lieferanten kann möglicherweise durch die Strafverfolger aufgedeckt werden. Die Straftätergruppen müssen also bei der Auswahl ihrer Lieferanten darauf bedacht sein, daß diese ihre illegalen Aktivitäten sicher tarnen und nicht mit den Strafverfolgern kooperieren. In diesem Zusammenhang treffen auch Straftätergruppen „make or buy"-Entscheidungen: Da den mutmaßlich größten Teil der Kosten[368] im illegalen Geschäft Arbeitslöhne (für Risikobereitschaft und Zeitaufwand) bilden, müssen auch illegale Organisationen bei der Beschaffung illegaler Güter prüfen, ob sie alle Aufgaben über „Mitarbeiter" erledigen lassen oder einen Teil über Nichtmitglieder abwickeln. Bei der Kalkulation sind auch die Kosten für Transportmittel wie für die Anschaffung eigener Lkws, Flugzeuge etc. mitzuberücksichtigen.

Für die Erledigung der Aufgaben durch Mitglieder spricht zunächst, daß es bei Ausfall eines Lieferanten sehr zeitaufwendig ist, neue Bezugsquellen für ein spezielles Gut zu finden, falls die Organisation keine Kenntnis darüber hat. Außerdem ist es schwierig nachzuprüfen, ob der von einem externen Lieferanten verlangte Preis wettbewerbsfähig ist, oder ob eine billigere Quelle existiert. Schließlich ist es schwer zu kontrollieren, ob ein Lieferant auch

---

[367] Auch bei Dienstleistungen wird geprüft, ob sie von eigenem Personal ausgeführt oder extern angekauft werden. Vgl. zu diesem Komplex *Bea/Dichtl/Schweitzer*, S. 19 f.

[368] Dies nimmt auch *Reuter*, S. 11, an.

loyal ist; geht die Polizei gegen ihn vor, wird er dazu neigen, Kunden zu nennen, um sich selbst zu entlasten.

Wird dagegen ein Mitarbeiter als Lieferant tätig, ist die Chance höher, daß er sich loyal verhalten wird. Außerdem entstehen geringere Kosten. Doch auch diese Integration sämtlicher Tätigkeiten bringt Nachteile mit sich: Durch den regelmäßigen Kontakt des Mitarbeiters mit nur einem Abnehmer weiß er mehr über diesen. Die Mitarbeiter können dann Interessengruppen bilden und versuchen, andere aus der Organisation zu drängen.

In den USA wurde festgestellt,[369] daß illegale Unternehmen wesentlich weniger Aufgaben integrieren als legale Unternehmen. Der „Ankauf" einer Leistung vom Markt scheint für illegale Unternehmen attraktiver zu sein, als alle Leistungen selbst zu erbringen. Einen Grund sieht man darin, daß die Zeit, in der eine Organisation von der festen Mitarbeit eines Straftätern ausgehen kann und dementsprechend in seine Ausbildung investiert oder ihm Einblick in die Struktur der Geschäfte gewährt, viel kürzer und unüberschaubarer ist als in der legalen Wirtschaft. Außerdem sind eine Vielzahl der Straftätern sehr unzuverlässig. *Reuter* führt das Beispiel eines „undercover agent" auf, der seinen „kometenhaften Aufstieg" in einer kriminellen Organisation allein der Tatsache verdankte, daß er regelmäßig zur rechten Zeit am vereinbarten Treffpunkt war.[370]

Damit besteht in kriminellen Organisationen die Tendenz, möglichst viele Aufgaben extern erledigen zu lassen. Hierzu bedarf es eines effektiven Informationsnetzes am illegalen Markt – wer welche Dienste oder Waren anbietet.

Zur geschäftsähnlichen Begehung von Straftaten ist es auch notwendig, sich technisches und rechtliches Know-how zu verschaffen. Dazu werden die Objekte selbst studiert, aber auch Spezialwissen von legal tätigen oder spezialisierten Straftätern angekauft. Außerdem sind „connections" zu den Strafverfolgungsbehörden für Straftätergruppierungen sehr wertvoll, da sie damit sowohl Verhaftungen als auch Beschlagnahmen der illegalen Güter vorbeugen können.

---

[369] Vgl. *Moore*, Major Issues in Organized Control, Hrsg. Edelhertz, US Department of Justice, Washington 1987, S. 53.

[370] Vgl. *Reuter*, S. 12.

### 3. *Empirische Feststellungen*

Was die Beziehung der in Deutschland agierenden Straftäterzusammenschlüsse zu ihren Lieferanten angeht, zeichnet sich kein einheitliches Bild ab: Es deutet jedoch viel darauf hin, daß die Straftäterzusammenschlüsse entsprechend der oben dargestellten theoretischen Überlegungen dazu neigen, für gewisse risikoreiche Dienste kurzfristig externe Täter (über bestimmte Mittelsleute) zu beauftragen.

Bei der internationalen *Kfz-Verschiebung* beliefern z.T. einmalig tätige Anmieter oder Aufbrecher die Straftätergruppe. Um ihnen keinen näheren Einblick in die Geschäftsverbindungen oder gar in die Organisation zu ermöglichen, nehmen nur Mittelsleute den Kontakt zu ihnen auf. In einigen Fällen, vor allem bei der betrügerischen Anmietung, werden externe Personen auch nur ein einziges Mal beauftragt. Da ein Straftäter, der einmal erfolgreich mit einem Verschieber zusammengearbeitet hat, in der Regel (d.h., wenn er nicht in polizeiliche Ermittlungen gerät oder tatsächlich nur in einer besonderen Notlage die Straftat beging) erneut sein „Können" an seinen Kontaktmann verkaufen möchte, zeigen die Organigramme größerer Verschiebergruppen, daß auch Anmieter und vor allem Aufbrecher häufig in die unterste Ebene der Organisation integriert werden. Als Lieferanten stehen darüber hinaus auch legale Unternehmen – regelmäßig ohne es zu wissen – in Verbindung mit Autoverschiebern. Autowerkstätten oder -unternehmen liefern auf der Grundlage der üblichen Vertragsbedingungen vor allem Schließanlagen und Fenster, aber auch sonstige Ersatzteile. Als (unfreiwillige) Lieferanten benutzen die Verschieber auch kommerzielle Schilderpräger und Schrotthändler oftmals dadurch, daß sie als legale Kfz-Händler auftreten und häufig „nebenbei" einen legal angemeldeten Kfz-Handel führen. Zudem konnte auch beobachtet werden, daß Straftätergruppen ihre Fahrzeuge immer in der gleichen Werkstatt umändern ließen, ohne daß die Mitarbeiter der Werkstatt Mittäter der Gruppe waren. Sie wurden pro Fahrzeug bezahlt und waren damit auch Auftragnehmer der Gruppe. Als „connections" sind für Verschieber vor allem Verbindungen zu einer Zulassungsstelle interessant. Über eine dort tätige Person können sie an Kfz-Kennzeichen und Halterdaten gelangen. Mit diesen Daten können sie für bau- und typengleiche Fahrzeuge Dublettenkennzeichen anfertigen, die das jeweilige Fahrzeug vor Entdeckung sichern. Außerdem können sie so Fahrzeuge beim Halter direkt entwenden, d.h., wenn die Täter ein bestimmtes Fahrzeug suchen, zeigt ihre Kartei an, wo dieses Fahrzeug zu finden ist. Um diese Informationen und in einigen Fällen auch Originalfahrzeugpapiervordrucke zu bekommen, baut ein Mittäter der Gruppe über Jahre hinweg einen Kontakt zu einem Bediensteten der Zulassungsstelle auf. Nachdem zunächst kleine Gefälligkeiten erwiesen wurden, erteilt der Bedienstete schließlich Auskünfte gegen Gegenleistung. Der (letztlich) bestochene Bedienstete der Zulassungsstelle kennt regelmäßig nur den Kontaktmann, dem er Interessantes weitererzählt, und ist nicht näher in die Organisation einbezogen, so daß er keine Gefahr für die Tätergruppe darstellt.

Im Nachtlebenssektor, insbesondere im Bereich der *organisierten Ausbeutung von Prostitution*, treten als Lieferanten neben Menschenhändlern auch Drogen- und Waffenhändler sowie Hehler auf. Als Lieferanten im weitesten Sinne kommen auch die Vermieter von Häusern und Männer hinzu, die einer ausländischen Frau durch eine Scheinehe zum Aufenthaltsrecht verhelfen. Die Zuhältergruppen und Bordellbetreiber knüpfen den Kontakt meist über persönliche Beziehungen, um zu vermeiden, daß Verdeckte Ermittler oder Kontaktpersonen der Polizei den Abnehmer feststellen können. In der Folgezeit unterhalten sie dann zu ihnen nur lose Kontakte.

Bestimmte ausländische Gruppen bedienen sich allerdings kaum der Hilfe von Lieferanten. Sie unterhalten Bordellbetriebe und betreiben gleichzeitig einen Drogenhandel. Dabei stehen sie oftmals in Kontakt mit Familienangehörigen in den Anbaugebieten der Drogen. Der Handel wird dann über den Transport nach Deutschland bis hin zum Absatz an die Endabnehmer durch Gruppenmitglieder organisiert.

Manchmal finden sich auch mehrere Zuhälter zu sogenanten „Sammlungen" zusammen und treten als Aufkäufer mittelgroßer Drogenmengen auf, die sie dann an (zumeist feste) Abnehmer im Milieu weiterverkaufen. In diesem Fall sind die Zuhältergruppen zugleich auch Lieferanten (Zwischenhändler), die mit den Abnehmern oftmals in festem Kontakt stehen. Nur zu bestimmten Aufträgen, insbesondere wenn Gewalt nötig wird, ziehen sie Gruppenexterne heran. Ihnen erteilen sie allgemein den Auftrag, eine bestimmte Person zu verletzen oder (im Extremfall) zu töten – wie die Auftragnehmer dies tun, bleibt regelmäßig ihnen überlassen. Einzelne Interessengemeinschaften von Zuhältern beauftragen häufig immer den gleichen Schlägertrupp, der bei entsprechender Bewährung Teil der Straftätergruppe werden kann.

Folgendes extremes Beispiel mag das Gesagte verdeutlichen: Über Kontaktleute in Wien holte eine Straftätergruppe zwei tschechische Killer nur zu dem Zweck nach Deutschland, den ehemaligen Mittäter einer polnischen Kfz-Verschiebergruppe zu töten, weil dieser begann, seiner Gruppe selbständig Konkurrenz zu machen. Nachdem die Killer das Opfer in seinem Fahrezug in Hamburg in die Luft gesprengt hatten, reisten sie sofort wieder aus. Dieses Beispiel veranschaulicht, welchen Vorteil es für die Straftätergruppen mit sich bringt, wenn sie Aufträge gezielt an Nichtmitglieder vergeben: Bei Ermittlungen der Polizei ist die Gruppe nicht gefährdet. Denn der Externe kennt regelmäßig weder den Tathintergrund, d.h. das für die polizeilichen Ermittlungen interessante Motiv, noch die personelle Zusammensetzung der Auftraggeber. Der Auftragnehmer seinerseits ist dadurch geschützt, daß er nur für die Tat anreist, diese quasi motivlos begeht und dann das Tatumfeld sofort wieder verläßt. Entsprechend schwer ist auch der Tatausführende zu ermitteln.

Wenn auch die Prostituierten als „Lieferanten“ bezeichnet werden, hängt dieses mit ihrem besonderen Status im jeweiligen Milieu zusammen. Sie sind regelmäßig nicht in die Organisation integriert, sondern werden von einem Zuhälter „dirigiert“. Sie wissen nichts von weiteren Straftaten, die die Tätergruppen begehen, und besitzen auch kein gruppeninternes Mitspracherecht, was ihre Verwendung betrifft. Insofern ist ihr Verhältnis zu den Straftäterkreisen eher mit dem eines Lieferanten vergleichbar als mit dem eines eingeweihten Mittäters.

Auch zu den *Menschenhändlern*, die Frauen an das Milieu „verkaufen“, bestehen meist nur lose Kontakte. Die Bordellbetreiber oder Zuhälter wenden sich an einen Kontaktmann des Menschenhändlerringes, der ihnen dann eine entsprechende „Lieferung“ für einen bestimmten Preis zusagt. Nur in einzelnen Fällen „beliefern“ Menschenhändler in Deutschland ausschließlich ihre eigenen Bordelle.[371] In diesem Zusammenhang ist Lieferant auch, wer Pässe fälscht oder Wohnungen bereitstellt. Diese Leute sind regelmäßig nicht über den genauen Ablauf der Straftaten informiert, sondern werden für die geleisteten Dienste von der Gruppe entlohnt.

Im *Glücksspielsektor* sind die Hersteller von Spielgeräten regelmäßig gutgläubige, legal arbeitende Lieferanten der Straftäter. Da für den Betrieb eines Spielcasinos oder des Hütchenspiels keine weiteren Materialien benötigt werden, treten in diesem Bereich auch keine weiteren Lieferanten auf. Kontakt zum Milieu besteht vor allem durch Geldverleiher, die in Casinos gute Geschäfte machen.

---

[371] Ein solcher Fall spielte sich mit Thailänderinnen ab, die von einer Familienorganisation nach Deutschland geschleust und hier in deren Bordellen eingesetzt wurden.

## C. Personalmarkt

### *1. Betriebswirtschaftlicher Ausgangspunkt*

Die Situation am Arbeitsmarkt wird vor allem durch die Konjunktur, d.h. die allgemeine Wirtschaftssituation, bestimmt. Weitere wichtige Einflußfaktoren sind das gesellschaftliche Wertesystem, das Bildungssystem, die Machtpotentiale von Konkurrenten und die gesetzlichen Rahmenbedingungen.[372] Um die Möglichkeiten des konkreten Unternehmens am Arbeitsmarkt voll auszuschöpfen, werden Arbeitsmarktanalysen durchgeführt. Diese zielen unter anderem darauf, Beschaffungspotential und Beschaffungsmöglichkeiten für das konkrete Unternehmen zu ermitteln. Beobachtet und analysiert wird vor allem der für das konkrete Unternehmen relevante Teilarbeitsmarkt, der sog. Arbeitsbeschaffungsmarkt.[373] Weiter teilt man das zu beschaffende Personal nach Zielgruppen ein, je nachdem, wie schwierig es zu beschaffen ist.[374] So nimmt man an, daß es in der Regel länger dauert, höherqualifiziertes Personal zu beschaffen. Andere Einteilungen stellen ab auf die im Betrieb zu erfüllende Aufgabe oder danach, wie weit die zukünftigen Mitarbeiter in den Betrieb eingegliedert werden: Neben voll integriertem Personal kennt man Zeitpersonal, Personalleasing und Arbeitnehmerüberlassung.

Die Personalbeschaffung ist von dem konkreten Arbeitsbeschaffungsmarkt abhängig. Sie macht heute oftmals einen selbständigen Punkt im Rahmen der Personalwirtschaft aus. Unternehmen schlagen verschiedene Wege ein, um Personal zu beschaffen. Externe Personalbeschaffung[375] geschieht aktiv und passiv. Aktiv wird das Unternehmen, wenn es Anschlagtafeln oder persönliche Kontakte nutzt, Werbung an Schulen betreibt, Personalberater einschaltet (unter anderem sog. „headhunter“), Postwurfsendungen und Stellenanzeigen in Tageszeitschriften aufgibt, moderne Kommunikationstechnik (beispielsweise Bildschirmtext) einsetzt oder sich auf Empfehlungen von Betriebsangehörigen verläßt. Passive Methoden sind persönliche Vorsprache von Bewerbern, Bewerberkarteien, Auswertung von Stellengesuchen und die Inanspruchnahme von Arbeitsämtern als Vermittler. Welche Möglichkeiten ausgeschöpft

---

[372] *Domsch,* in: Vahlens Kompendium, Bd. 1, S. 508.

[373] *Hentze,* S. 228.

[374] *Hentze,* S. 247.

[375] *Hentze,* S. 248.

werden, richtet sich nach der zu besetzenden Position und der Situation auf dem Arbeitsmarkt.

### *2. Theoretischer Ansatz*

Auch kriminelle Organisationen können ihre Straftaten nur mit der produktiven Beteiligung von Straftätern durchführen, d.h., auch sie haben einen bestimmten Bedarf an „Personal". Auch dieses „Personal" muß den Anforderungen, die die jeweilige Aufgabe stellt (Teilbereich der Straftat), gewachsen sein. Bei der Suche nach Mittätern wird die zukünftig zu erfüllende Aufgabe in der Organisation eine wichtige Rolle spielen. Daneben wird auch bei Straftäterzusammenschlüssen entscheidend sein, ob Aufgaben integriert werden oder mit externer Auftragsvergabe gearbeitet wird. Auch Straftätergruppen rekrutieren nämlich für klar umrissene Aufträge (beispielsweise einen Mord) bestimmte Täter, die nicht in die Gruppe aufgenommen werden. Schon daran erkennt man, daß es auch am illegalen Arbeitsmarkt bestimmte Gruppen gibt (z.B. Leute für untergeordnete Tätigkeiten oder mit einem bestimmten Knowhow oder Täter, denen man eine bestimmte Tätigkeit vermitteln kann). Wichtiges Kriterium dürfte auch die Frage sein, ob und inwieweit der zukünftige Mittäter in die Gesamtzusammenhänge der Organisation eingeweiht werden soll. Neben Straftätern können für Straftätergruppen auch bestimmte Angehörige der Verwaltung, Polizei oder der legalen Wirtschaft als Mittäter in Betracht kommen, da sie eine besondere „Qualifikation" besitzen, die sich die Gruppe zunutze machen will. Auf Grund ihrer Qualifikation werden Straftätergruppen auch Kontakte oder vertragliche Beziehungen zu Rechtsanwälten, Steuerberatern und anderen Personengruppen unterhalten, um deren fachliches Wissen für ihre Zwecke einzusetzen.

Die Straftäterzusammenschlüsse sind auf die Rekrutierung von Mittätern am illegalen Markt angewiesen. Der illegale Arbeitsmarkt ist theoretisch der Ort, an dem Personen angetroffen werden, die bereit sind, gegen Geld Straftaten zu begehen. Für die Kontaktaufnahme zwischen Straftätergruppe und zukünftigem Mittäter sind „Informationsbörsen" oder Kommunikationswege nötig – kurz ein illegaler Arbeitsbeschaffungsmarkt. Einige der von der Betriebswirtschaftslehre entwickelten Personalbeschaffungsmethoden lassen sich darauf übertragen. Hauptauswahlkriterien sind, ob der künftige Mittäter für die (kriminelle) Aufgabe geeignet und persönlich zuverlässig ist. Wegen der Gefahr, die von jedem weiteren Mittäter für die Gesamtorganisation ausgeht, wird die persönliche Zuverlässigkeit eine umso bedeutendere Rolle spielen, je tiefer der „Neue" in das kriminelle Gesamtgeschehen und die personelle Zusammensetzung der Gruppe eingeweiht werden soll. Der Schwerpunkt der Personalbeschaffungswege bei zukünftigen fest integrierten Mittätern wird daher in der aktiven Suche unter Personen bestehen, zu denen persönliche Kontakte existieren. Dabei ist durchaus vorstellbar, daß es – in Analogie zur legalen Wirtschaft – auch hier „headhunter" gibt, also Leute, die sich damit beschäftigen, ganz gezielt Straftäter für bestimmte Aktionen zu suchen und auf ihre Geeignetheit hin zu testen. Bei der Zielgruppe der bloß vorübergehenden Mittäter, die nur zeitweilig und ohne eingebunden zu werden, eine untergeordnete Tätigkeit ausüben sollen, wird man eher wahllos eine theoretisch geeignete Klientel ansprechen oder wie bei einer Anzeigetafel eine Kontaktperson verbreiten lassen, für gewisse Tätigkeiten werde noch jemand gesucht.

### 3. *Empirische Feststellungen*

Persönliche oder persönlich vermittelte Kontakte bilden den Ausgangspunkt, wenn Straftäter für bestimmte Aufgabe rekrutiert werden. Die Interviewpartner im Rahmen des LOOK-Projekts drückten dies wiederholt so aus: „Man kennt sich". Wie bereits erwähnt, leiten sich persönliche Kontakte daher oft aus familiären Beziehungen, gemeinsam verbrachter Jugend und gemeinsamen Gefängnisaufenthalten her. Als ein Arbeitsbeschaffungsmarkt für Straftäter können dazu die sozial- bzw. finanzschwachen Räume der Großstädte genannt werden. Auch dieser Arbeitsmarkt ist konjunkturabhängig: Je schlechter die Konjunkturlage, d.h., je schlechter am legalen Markt die Chancen auf einen Arbeitsplatz oder jedenfalls auf adäquate Bezahlung für die eingesetzte Arbeitszeit sind, desto mehr Personen stehen für eine illegale Tätigkeit zur Verfügung.

Die internationalen *Autoverschieber* rekrutieren ihre ständigen Mittäter, d.h. den festen Kern, oftmals ausschließlich aus Angehörigen einer bestimmten Nation (neben Deutschen sind vor allem Polen, Rumänen, Italiener und Täter aus dem ehemaligen Jugoslawien aktiv). Dazu kommen eine Reihe von Tätern, die für einmalige Aufträge wie das Anmieten von Fahrzeugen bei Autovermietungen oder den Abschluß eines Leasingvertrages mit einem Autohaus angeworben werden oder die regelmäßig untergeordnete Tätigkeiten auf Auftragsbasis wahrnehmen, wie das Überführen gestohlener Fahrzeuge in ein vorherbestimmtes Zielland. So gibt es den „headhunter", d.h. den Kontaktmann einer Verschiebergruppe, der an bestimmten Plätzen von Großstädten, die als illegale Arbeitsvermittlungsstellen bekannt sind, nach geeigneten Dieben, Anmietern oder Fahrern sucht. Als Lockmittel wird verheißen, mit wenig Arbeitseinsatz und Risiko innerhalb kurzer Zeit einen bestimmten, für die Zielperson hohen, Geldbetrag einstreichen zu können („die schnelle Mark zu machen"), ohne sich um die Gesamtorganisation der Straftat, d.h. den konkreten Absatz der gestohlenen oder unterschlagenen Fahrzeuge, kümmern zu müssen.

Insbesondere im Deliktsbereich der *Ausbeutung von Prostitution* und der regelmäßig damit verbundenen Straftaten (vor allem Drogen- und Waffenhandel) beruht der Arbeitsbeschaffungsmarkt auf einem System von Bekanntschaften: „Man kennt sich" innerhalb des Rotlichtbereiches einer Stadt und teilweise auch zwischen verschiedenen Städten. Vor allem gesellschaftliche Ereignisse wie Boxveranstaltungen, Geburtstage (von Milieugrößen) oder Feiern anläßlich von Neueröffnungen (beispielsweise eines Bordells oder Spielclubs) werden dazu genutzt, neue Bekanntschaften zu schließen und bestehende zu pflegen. Ist ein bestimmtes Delikt geplant, werden die benötigten Personen aus dem „Arsenal der Bekanntschaften" ausgewählt, angesprochen und durch die Abrede einer bestimmten Bezahlung oder Gewinnbeteiligung an die Gruppe gebunden. Eine gut funktionierende Kooperation unter den Straftätern bei dem konkreten Delikt ist die Basis für weitere Zusammenarbeit und auch für Empfehlungen. Der Rotlichtbereich selbst bildet damit regelmäßig (räumlich und persönlich) zugleich den Arbeitsbeschaffungsmarkt. Externe Straftäter, d.h. Straftäter, die keine Verbindung zum konkreten Rotlichtbereich besitzen, wirbt man allein für bestimmte „Spezialaufträge" kurzfristig an, z.B. für Tötungsaufträge.

Ausländische Straftätergruppen weichen von diesem Grundsatz ab. Sie setzen sich fast ausschließlich aus Angehörigen derselben Nationalität zusammen. Sie arbeiten mit gruppenfremden Straftätern nur selten zusammen (den engsten Kern verbinden häufig Familienbande) und neue Mittäter rekrutiert man hauptsächlich im Stammland der Gruppe – häufig stammen sie sogar aus der selben Stadt oder Gegend.

Die als Prostituierte eingesetzten Frauen kommen auf verschiedenen Wegen zur Prostitution: Mehr als die Hälfte entscheidet sich, schätzen Praktiker, aus autonomen Motiven für die Prostitutionsausübung – hauptsächlich, um in einer bestimmten Frist viel Geld zusammensparen zu können. Teilweise bringen „headhunter" Frauen systematisch zur Prostitution. Oft trägt es sich so zu: In Diskotheken oder Bodybuildingcentern werden geeignet erscheinende Frauen angesprochen und über ein – vorgespieltes – Liebesverhältnis abhängig gemacht. Nachdem das Verhältnis einen gewissen Zeitraum angedauert hat, spiegelt der Mann vor, dringend Geld zu benötigen, und zeigt der Frau als einzigen Ausweg die vorübergehende Prostitutionsausübung an. Einige Frauen werden von ihrem Partner in einer wirtschaftlichen Notlage zur Prostitutionsausübung gezwungen, z.B. Drogenabhängige, die keine andere Verdienstmöglichkeit mehr sehen. Schließlich gelangen ausländische Frauen im Wege des Menschenhandels, d.h. teilweise unter Vorspiegelung einer sozial anerkannten Verdienstmöglichkeit in Deutschland, zur Prostitution.

Die Straftätergruppen, die sich im *Menschenhandel* engagieren, bestehen in aller Regel aus Personen, die derselben Nationalität angehören, wie die von ihnen geschleppten Menschen. Vielfach sind mehrere Gruppenmitglieder untereinander verwandt. Wie die weiteren Mittäter im Ausland angeworben werden, ließ sich nicht aufklären. In Deutschland werden für gewisse Dienste wie das Fahren einer Emigrantengruppe oder das Bereitstellen einer Wohnung Personen in sozial- und finanzschwachen Gebieten der Großstädte rekrutiert. Dort sucht man insbesondere auch Männer, die mit einer Frau gegen entsprechende Bezahlung eine Scheinehe eingehen, um ihr zu einem Aufenthaltsrecht zu verhelfen.

Bei der Organisation des illegalen *Glücksspiels* müssen das Hütchenspiel und die Veranstaltung des illegalen Glücksspiels in Spielcasinos getrennt werden. Die Hütchenspieler sind hauptsächlich Personen aus dem ehemaligen Jugoslawien (insbesondere aus der Provinz Kosovo) und aus Albanien. Neuerdings werden zudem kurzfristig aus sozial- oder finanzschwachen Gebieten der Großstädte stammende deutsche Männer und Frauen als fiktive Mitspieler eingesetzt, um den Eindruck zu erwecken, alles ginge mit rechten Dingen zu. Wie die Mittäter in den Heimatländern angeworben werden, war nicht zu klären.

Bei der Veranstaltung des illegalen Glücksspiels in Spielcasinos werden häufig Personen aus dem örtlichen Rotlichtbereich angeworben. Als Ursache kann die (mehr oder weniger) enge Verknüpfung zwischen Rotlichtbereich und Glücksspielermilieu betrachtet werden, die in vielen Städten beobachtet wird. Auch hier stellen damit „Bekanntschaften" unter den im Rotlichtbereich tätigen oder mit dem Rotlichtbereich in irgendeiner Form verbundenen Personen den Arbeitsbeschaffungsmarkt für die Straftätergruppen dar.

Eine Ausnahme, was die Personalbeschaffung angeht, bildet die Anwerbung der in den Spielcasinos beschäftigten Croupiers. Denn sie werden regelmäßig von legalen Spielcasinos aus Holland oder England abgeworben, in denen sie eine Ausbildung zum Croupier abgelegt haben. Dies ist hauptsächlich deshalb interessant, weil hier der legale und der illegale Arbeitsbeschaffungsmarkt identisch sind. Auch wenn die Mehrheit der Praktiker keine Verbindungen zwischen legalen und illegalen Spielcasinos erkennen konnte, sind zumindest die illegalen Casinobetreiber notwendigerweise am legalen Arbeitsbeschaffungsmarkt auf der Suche nach neuen Mittätern. Auch internationale Messen im Glücksspielbereich (beispielsweise in England) stellen Kontaktbörsen zwischen legalen und illegalen Glücksspielveranstaltern und ihren Angestellten oder Mittätern dar.

## D. Absatzmarkt und insbesondere das Verhältnis zu Konkurrenz und Kunden

### *1. Betriebswirtschaftlicher Ausgangspunkt*

Als „Absatzmarkt" bezeichnet man den Markt, auf dem das Unternehmen als Anbieter auftritt. Ein Unternehmen konkurriert hier meist, jedenfalls beim Oligo- und Polypol, mit anderen Anbietern, die versuchen, das gleiche Produkt oder nur geringfügig andere Produkte abzusetzen. Alle markttheoretischen Überlegungen gehen von den Marktformen Monopol, Oligopol und Polypol aus.[376] Die Konkurrenz am Markt beeinflußt die Preispolitik eines Unternehmens und seine Entwicklungschancen entscheidend. Ein Unternehmen bemüht sich regelmäßig, die am Markt herrschende Konkurrenzsituation derart zu beeinflussen, daß es einen für seine Gewinnmaximierung günstigen Preis durchsetzen kann.

Für jedes Gut stellt sich die Konkurrenzsituation anders dar. Es gibt Wirtschaftszweige, in denen grundsätzlich unzählig viele kleine Anbieter auftreten (wie etwa Bäckereien), aber auch Branchen, in denen große Konzerne monopolartig dominieren (wie etwa im Stahlgeschäft). Bei der häufigsten Marktform, dem Oligopol, sind die Konkurrenten aktive Wettbewerber, d.h., jeder betreibt eine risikoreiche aggressive Preispolitik und versucht, eine monopolartige Stellung zu erreichen. Konkurrenten können durch eine derartige Preis-

[376] Vgl. ausführlich oben Teil 2, III.C.

politik in den Ruin getrieben werden.[377] Um solche Unwägbarkeiten auszuschließen und um zu vermeiden, daß durch die Wettbewerber der Preis oder die Angebotsmengen in unrentable Zonen gedrückt werden, treffen die Konkurrenten häufig Absprachen, d.h. insbesondere Fusionen, formelle Kartellabsprachen und informelle stillschweigende Vereinbarungen.[378] Während bei Fusionen die einzelnen Unternehmen ihre Selbständigkeit aufgeben, behalten sie bei Kartellabsprachen ihre Selbständigkeit je nach Umfang der Vereinbarung bei. Die Vereinbarungen können in einem detaillierten Kartellvertrag ihren Niederschlag finden oder ohne explizite schriftliche oder mündliche Abrede darin liegen, daß eine Preisführerschaft anerkannt wird.[379] Eine Preisführerschaft liegt vor, wenn die Anbieter sich in ihrer Preispolitik an der Preissetzung des Preisführers orientieren.[380] Durch die Kartellbildung wird die Freiheit des Wettbewerbs eingeschränkt. Da der freie Wettbewerb jedoch die Haupttriebkraft der Wirtschaft[381] im System der Marktwirtschaft darstellt, versucht der Staat vor allem durch das Kartellrecht (in Deutschland das GWB), die Freiheit des Wettbewerbs zu erhalten und marktbeherrschende Unternehmen zu verhindern.[382]

Der Absatzmarkt ist letztlich die Verbindung zwischen Unternehmen und Käufer (Kunden). Hier treffen Angebot und Nachfrage aufeinander und der Preis wird festgelegt. Da der Absatzmarkt somit von elementarer Bedeutung für die Erfolgsausichten eines Unternehmens ist, hat man Konzepte entwikkelt, wie man diesen Markt aktiv gestalten kann. Man bezeichnet dies heute als Marketing. Unternehmerische Marketing-Aktivitäten zielen grob gesprochen darauf ab, die Umwelt in Gestalt der Absatzmärkte zielorientiert zu beeinflussen. Diese Aktivitäten berühren zugleich die gesellschaftliche und natürliche Umwelt.[383]

---

[377] Vgl. ausführlich *Porter*, S. 126 ff., der von Wettbewerbskriegen spricht.

[378] Vgl. *Schumann*, S. 355.

[379] Vgl. ausführlich *Schumann*, S. 359.

[380] Regelmäßig versuchen die Konkurrenten aber auf anderen Bereichen, wie beispielsweise der Werbung oder Produktgestaltung, die Marktaufteilung zu ihren eigenen Gunsten zu beeinflussen.

[381] Das System des freien Wettbewerbs zeichnet sich durch wirtschaftpolitischen Funktionen (Steuerungs-, Verteilungs-, Antriebs- und Leistungsfunktion) sowie gesellschaftspolitische Funktionen (beispielsweise die freiheitliche Wirtschafts- und letztlich Staatsordnung) aus.

[382] Vgl. *Baumbach/Duden/Hopt*, Einl. vor § 1, III.

[383] So *Zentes*, in: Vahlens Kompendium, S. 315.

### 2. *Theoretischer Ansatz*

Für Straftätergruppierungen ergibt sich aus dem Absatz der illegal erlangten oder illegalen Güter und Dienste eine notwendige, aber gefährliche Außenbeziehung. Vor allem vom Verhältnis zur Konkurrenz und von den Beziehungen zu den Kunden hängt der erfolgreiche Absatz am illegalen Markt ab. Beide Aspekte sind daher getrennt zu betrachten:

– Verhältnis zur Konkurrenz

Eine Vielzahl von Straftäterzusammenschlüssen, Banden und Einzeltätern begeht die Gesamtheit der Straftaten in einem Land. Die Konkurrenzsituation, in der die Tatgruppen beim Angebot illegaler Dienste und illegal erlangter oder illegaler Güter stehen, kann (abstrakt) illegaler Markt genannt werden. Nimmt man an, daß all diese Täter einen möglichst hohen Gewinn erzielen wollen, wird unschwer erkennbar, daß auch die Beteiligten am illegalen Markt in einer Wettbewerbssituation zueinander stehen.

Ohne weiteres möglich erscheint die Übertragung der Marktformen Polypol, Oligopol und Monopol auf die Wettbewerbssituation unter den verschiedenen Straftätern und Straftäterzusammenschlüssen, vor allem was geschäftsähnlich organisierbare Deliktsbereiche angeht. Während beispielsweise beim Diebstahl allgemein von einer polypolen Marktstruktur ausgegangen werden kann, d.h. einer unübersichtlichen Vielzahl von Dieben, die ihre illegal erlangten Güter Hehlern oder Kunden anbieten, scheinen bei der speziellen Form der internationalen Kfz-Verschiebung eine überschaubare Zahl größerer Straftäterzusammenschlüsse tätig zu sein, d.h., eine oligopole Marktstruktur vorzuherrschen. Das wird seine Ursache in der zur Begehung bestimmter Delikte nötigen Arbeitsteilung und in der notwendigen Zusammenarbeit mehrerer Täter haben. Arbeiten mehrere Täter längerfristig zusammen, so haben sie (wie in jeder Gruppe, vgl. oben Teil 1.II.) eine bestimmte Aufgabenverteilung, die letztlich zu einer gewissen Hierarchie unter den Mitgliedern führt. Eine fester zusammengefügte Gruppe ist in der Lage, konstant ihre Dienste oder illegalen Güter am Markt anzubieten, und kann einmal errichtete Absatzwege genauso extensiv ausnutzen wie einmal erworbenes Know-how. Dadurch hat sie Vorteile gegenüber weniger straff organisierten Gruppen oder Einzeltätern.

Durch die in größeren Zusammenschlüssen mögliche Arbeitsteilung kann eine größere Gruppe damit einen größeren Marktanteil kontrollieren als Einzeltäter oder kleinere Banden. Damit können die Einsatzkosten minimiert werden und folglich bei Deliktsbereichen, in denen mehrere Arbeitsschritte oder Organisationskriterien zu erfüllen sind, günstigere Preise am Markt angeboten werden als dies kleinere Konkurrenten können. Durch diese Wettbewerbsvorteile können größere Gruppen eine größere Marktmacht für sich in Anspruch nehmen oder sogar marktbeherrschend werden.

Gewisse Deliktsbereiche lassen sich – schon theoretisch – dieser Kategorie zurechnen: Rauschgifthandel (Rauschgift muß in großen Mengen hergestellt, transportiert und gelagert werden), intern. Kfz-Verschiebung (Transportwege müssen aufgebaut, Händler eingesetzt und Bestechung ausgenutzt werden), Waffenhandel und -schmuggel (den erst größere Mengen rentabel machen), Warenzeichenfälschung (die ebenfalls bei größeren Mengen wirtschaftlich sinnvoll wird), Goldschmuggel (wegen der differenzierten Absatzwege und Handelsbeziehungen), illegale Entsorgung von Sonderabfall (für den technische Ausstattung und spezielle Handelsverbindungen nötig sind).

In anderen Deliktsbereichen, in denen zwar nicht von vornherein viele Arbeitsschritte zu bewältigen sind, scheint eine größere Anzahl zusammengehöriger Täter jedenfalls zu einer größeren Marktmacht zu führen und damit ökonomisch vorteilhaft zu sein. Grund dafür ist, daß so – analog zur legalen Wirtschaft – ein (Firmen-)„Image“ aufgebaut werden kann.[384] Am illegalen Markt, insbesondere im Bereich des Nachtlebens, kann eine Gruppe sich durch entsprechenden Gewalt- und Kapitaleinsatz eine dominierende Stellung erarbeiten. Innerhalb der „kriminellen Gesellschaft“ oder „Subkultur“ kann so eine Position erlangt werden, die Gruppenmitgliedern einen entscheidenden Vorteil gegenüber Gruppenexternen verschafft. Die daraus entstehende Marktmacht kann in dem Bereich, der von der Gruppe dominiert wird, dazu führen, daß Konkurrenten mehr und mehr verdrängt werden und „Neue“ sich, sofern sie nicht kooperieren, nur unter noch größerem Einsatz von Gewalt etablieren können. Nachteilig ist allerdings, daß sich auch die Strafverfolgungsbehörden auf eine derart dominierende Gruppe konzentrieren könnten, wenn das Image auch den Strafverfolgern nicht geheim bleibt. Damit ist eine auf Straftaten spezialisierte Gruppe nicht an einem öffentlichen Image interessiert, das sich auf einzelne Personen bezieht, sondern an einem internen Image, d.h. an einem sorgfältig geheimgehaltenen System der Anhängigkeiten innerhalb des „Milieus“. Typische Deliktsbereiche, in denen ein „internes Image“ einer grö-

[384] In der legalen Wirtschaft kann dies zum Aufbau von Franchisesystemen führen.

ßeren Gruppe zur Marktmacht verhelfen könnte, sind illegales Glücks- und Falschspiel sowie die Organisation des Nachtlebens in engerem Sinne, vor allem Zuhälterei, Bordellbetrieb und Schutzgelderpressung.

Ausgehend von diesen Überlegungen läßt sich die Frage klären, ob größere Straftäterzusammenschlüsse bei bestimmten Gütern oder Diensten Vorteile am illegalen Markt gegenüber kleineren Konkurrenten, insbesondere Einzeltätern oder Banden, besitzen, die sie marktbeherrschend werden lassen.

Geht man davon aus, daß sich die Marktformen auf die Konkurrenz unter Straftätern übertragen lassen, muß man vermuten, daß man auch am illegalen Markt versuchen wird, vom ungünstigen, unüberschaubaren Oligopol, das gleichwohl in bestimmten Deliktsbereichen vorherrscht, wegzukommen, um eine zielgerichtete Preispolitik[385] am Markt durchsetzen zu können.[386] Die unter Konkurrenten am legalen Markt üblichen Wege, zu einer monopolartigen Marktstruktur zu kommen, nämlich die Spieltheorie und verschiedenartige Absprachen (Kartelle), lassen sich auch am illegalen Markt beobachten. Schon ein Blick in die Geschichte krimineller Organisationen zeigt, daß auch illegale Organisationen stets bestrebt sind, am (illegalen) Markt eine Monopolstellung zu erlangen. Als Beispiele können die in der Prohibitionszeit in den USA entfachten „Bierkriege" und die Bildung von Kartellen im Rauschgiftbereich (Italien/USA 1957) dienen. Heute nimmt beispielsweise das kolumbianische „Medellin Kartell" eine überragende Stellung im Rauschgifthandel ein.

Neben den einvernehmlichen Absprachen, die auch am legalen Markt getätigt werden, setzt man am illegalen Markt auch physische oder psychische Gewalt als Marktinstrument ein. Man begeht damit „nur" eine weitere Straftat zusätzlich zu den ohnehin ausgeführten oder geplanten Straftaten. Um Monopole zu erlangen, geht man am illegalen Markt gewaltsam gegen tatsächliche oder potentielle Konkurrenten vor. Dies belegen schon die genannten „Bierkriege".[387] Auch auf dieser Ebene erscheinen größere Straftäterzusammen-

---

[385] Ökonomische Untersuchungen des illegalen Drogenmarktes gehen beispielsweise davon aus, daß bei einer Preissenkung die Zahl der Süchtigen langfristig bedeutend zunehmen würde. Vgl. *Becker/Grossmann/Murphy*, S. 240.

[386] Vgl. *Schelling*, der das „Syndikat" als Beispiel für Absprachen bezüglich der verschiedensten illegalen Güter und Dienste interpretiert.

[387] Interessant die Überlegungen von *Becker*, S. 84, der mutmaßt, daß in einem Staat wie den USA, in dem Absprachen generell verboten sind, Absprachen in illegalen Branchen wahrscheinlich von Vorteil waren, weil Zwang und andere illegale Methoden gegen Vertragsbrecher eingesetzt werden könnten, ohne daß diese große Möglichkeiten hätten, legale Hilfe in Anspruch zu nehmen.

schlüsse einen Vorteil gegenüber kleineren Konkurrenten zu besitzen: Eine größere Organisation kann zwangsläufig mehr Gewalt gleichzeitig an mehreren Orten ausüben, da eben über mehr Gewaltpotential verfügt wird – sie ist buchstäblich stärker.

Monopole sind auch am illegalen Markt – ökonomisch – erstrebenswert, weil dadurch die Kosten pro Wareneinheit niedriger werden. Zudem steht die Entscheidung über die Höhe des Marktpreises hier allein in der Macht der Monopolinhaber, denn es existieren keine Konkurrenten, die den Preis „drücken“ können. Nachteilig ist aber, daß sich die Polizei auf einen einzigen oder nur wenige illegale Anbieter konzentrieren kann. Möglicherweise überschreiten in Ländern mit starkem Verfolgungsdruck kriminelle Organisationen eine gewisse Größe nicht, da ansonsten der Strafverfolgungsdruck auf die einzelne Organisation zu stark würde. Dies könnte eine Erklärung dafür sein, daß – wie jüngere Forschungsprojekte zeigen[388] – es in Deutschland nur mittelgroße Straftäterverflechtungen und Organisationen gibt. Denn hier sind der Strafverfolgungsdruck und die sozio-ökonomische Rahmenbedingungen (noch) zu stark, um echte Monopole zu erlauben. Dem scheint, auf den ersten Blick zumindest, die Situation in den USA zu widersprechen, da dort auch ein großer Strafverfolgungsdruck besteht. Im Unterschied zu Deutschland – wo nach den bisherigen Forschungsergebnissen noch keine großen kriminellen Organisationen mit Monopolen am illegalen Markt bestehen – sind in den USA schon in den 30er Jahren große Organisationen entstanden. Daraus hat sich – wie auch in Italien – eine Eigendynamik entwickelt: Die einmal angehäufte (illegale) Marktmacht bzw. die erlangten Monopole illegaler Organisationen lassen sich allein durch Strafverfolgung (wohl) nicht mehr bekämpfen. Dies könnte auch die Ratlosigkeit erklären, die in Italien lange Zeit gegenüber der Mafia herrschte. Dort erachtete man gesamtgesellschaftliche Anstrengungen für notwendig, um die verschiedenen mafiosen Gruppen zurückzudrängen.

Hier zeigt sich ein weiterer Unterschied zum legalen Markt, wo eine Monopobildung durch staatliche Kontrollen verhindert werden kann. Einfluß darauf, wie und wann Straftätergruppen am illegalen Markt Monopole erlangen, üben deshalb die ökonomischen und sozialen Verhältnisse, der Strafverfol-

---

Auf der anderen Seite würden in Ländern, die (wie etwa Vorkriegsdeutschland) Absprachen legalisieren, die Absprachen in legalen Branchen wahrscheinlich vorteilhaft sein, weil Vertragsbrüchige häufig mit legalen Mitteln verfolgt werden könnten.

[388] *Rebscher/Vahlenkamp; Weschke/Heine-Heiß.*

gungsdruck, die Gewaltbereitschaft sowie die Anzahl und das Verhalten der Konkurrenten aus. An diese Überlegungen schließt sich die Frage an, ob die Gestaltung und Ausnutzung dieser Einflußgrößen organisierten Straftätern leichter fällt als Einzeltätern oder Banden. Letztendlich ergibt sich die Frage, ob Monopole eher oder nur von einer organisierten Straftätergruppe erlangt werden können.

– Verhältnis zu den Kunden

Im Verhältnis zu ihren Endabnehmern (Kunden), die letztendlich die illegaen Güter und Dienstleistungen konsumieren, liegt die größte Bedrohung für die organisierten Straftäter. Denn einmal ist die Zahl der Kunden bei den meisten Geschäften (Rauschgifthandel, Schutzgelderpressung, Prostitution etc.) wunschgemäß sehr groß, die Loyalität der Kunden zu den Straftätern aber außerordentlich gering. Zweitens gehen die meisten Kunden kein besonders hohes strafrechtliches Risiko ein, so daß sie entsprechend wenig Vorsicht walten lassen. Sie sind damit ein häufiger Ansatzpunkt für die Polizei.

Um die von den Kunden ausgehende Gefahr möglichst klein zu halten, kann die Straftätergruppe versuchen, den Handel mit den Kunden von dem restlichen Betätigungsfeld der Organisation abzutrennen. So tritt zwar der Vorteil zurück, den größere Straftäterzusammenschlüsse bieten, aber es verkleinert sich auch das Entdeckungsrisiko. Weiter wäre es unter Sicherheitsaspekten optimal, wenn weder die „Einzelhändler" untereinander noch die Mitglieder der kriminellen Organisation sich kennen würden, sondern sie nur einen Kontaktmann kennen würden, der ihnen die Ware übergibt. Letztlich kann man Kunden aber auch so einschüchtern, daß sie vorsichtig sind und davor zurückschrecken, Informationen an die Polizei zu vermitteln. Dies wird vor allem bei der Schutzgelderpressung praktiziert. Dort liegt die „Ware" allein in einem „Nichtangriffspakt".

Eine andere Konsequenz aus dem gefahrträchtigen Umgang mit den Kunden ist, daß die organisierten kriminellen Gruppen nur in sehr begrenztem Umfang Werbung für ihre „Produkte" machen können, da sich ansonsten das Entdeckungsrisiko erhöhen würde. So bleiben ihnen die konventionellen Medien verschlossen und es ist für sie auch nicht ratsam, ein „Firmenlogo" zu führen. Da der Kunde aus diesen Gründen meist nur den Einzelhändler kennt, kann nur schwerlich ein „Firmenimage" aufgebaut werden. Das ist einer der signifikanten Unterschiede zur legalen Wirtschaft, denn dort spielen sowohl die Werbung als auch das Firmenlogo eine zentrale Rolle im Absatzbereich.[389]

### 3. *Empirische Feststellungen*

In den vier untersuchten Deliktsbereichen zeigte sich übereinstimmend, daß auch am illegalen Markt Wettbewerb stattfindet und der Preis der Güter von Angebot und Nachfrage bestimmt wird. Eine Triebfeder für den Aufbau von Straftäterzusammenschlüssen scheint nicht zuletzt in der Möglichkeit zu liegen, dadurch zu einer – ökonomisch rentablen – Marktmacht zu gelangen.

– Verhältnis zur Konkurrenz

Im Deliktsfeld der internationalen *Autoverschiebung* ergab die Untersuchung eine überwiegend oligopole Marktstruktur bei den Anbietern, also den Kfz-Verschiebern. Konkret agieren auf diesem Sektor einige größere Straftäterzusammenschlüsse, die versuchen ihren Handel auszudehnen und Marktmacht zu erlangen. Neben kleinen bis mittelgroßen deutschen Gruppen mit 15 bis 40 Tätern sind am Geschäft mit gestohlenen und unterschlagenen Fahrzeugen vor allem italienische, polnische, rumänische und aus dem ehemaligen Jugoslawien stammende Tätergruppen beteiligt, die teilweise über 200 Mitglieder haben. Unter den Gruppen herrscht ein Konkurrenzkampf, der sich nicht nur auf die Absatzgebiete, sondern auch auf den Beschaffungsmarkt bezieht. Offene Konflikte zwischen den Tätergruppen, die sich auf höheren Ebenen durchaus persönlich kennen, werden weitestgehend vermieden, da solche Konflikte regelmäßig zu einer Schwächung aller Parteien führen, weil man damit der Polizei Anhaltspunkte liefert. Um Konflikte zu vermeiden und um eine Marktposition zu schaffen, trifft man Gebietsabsprachen. Es ließ sich z.B. beobachten, daß die italienischen Gruppen ihre Fahrzeuge im süddeutschen Raum beschaffen, während polnische Gruppen hier nicht auftreten, sondern sich auf den norddeutschen Raum konzentrieren. Die auf den Absatz bezogenen Marktabsprachen zielen vor allem darauf, einheitliche, gewinnträchtige Preise am illegalen Markt festzulegen. Es gilt zu vermeiden, daß ein bestimmter Absatzraum mit illegal beschafften Fahrzeugen überschwemmt wird, da sonst – die marktwirtschaftlichen Regeln lassen sich insoweit übertragen – der für das einzelne Fahrzeug zu erzielende Preis sinkt. Inwiefern hier bereits von Kartellen gesprochen werden kann, ist auf der Basis der vor-

[389] Vgl. *Berekoven*, S. 118 ff.

liegenden Erkenntnisse nicht endgültig zu beurteilen. Von einer Kartellbildung auszugehen ist aber bei den polnischen Tätergruppen, was den „Ostmarkt“, d.h. den Absatz in den ehemaligen Ostblockstaaten, angeht.

Konflikte, die trotz der Absprachen zwischen verschiedenen Gruppen auftreten und durch Verhandlungen nicht zu lösen sind, werden mit Gewalt bis hin zum Mord bereinigt. Eine andere Möglichkeit ist, mit der Polizei zusammenzuarbeiten und einen entscheidenden Hinweis zu liefern, um den Konkurrenten festnehmen zu lassen. Wird ein Konkurrent so ganz ausgeschaltet, versucht man seinen Marktanteil voll zu übernehmen, insbesondere in dessen Geschäftsbeziehungen einzusteigen.

Im Bereich des Nachtlebens, insbesondere bei der *Ausbeutung der Prostitution,* läßt sich die Konkurrenzsituation in den meisten deutschen Großstädten als Teilmonopol beschreiben, d.h., neben einem Teilnehmer mit einem großen Marktanteil oder mit großer Marktmacht gibt es viele weitere mit kleinen Marktanteilen. Durch die monopolartige Stellung dominiert diese „Größe“ oder diese eine Gruppe den gesamten Nachtlebensbereich einer Stadt. Einige Praktiker sprechen von einer „Nummer Eins“ im Rotlichtbereich ihrer Stadt. Diese „Größe“ setzt mit Hilfe der von ihr abhängigen Marktteilnehmer eine einheitliche, gewinnträchtige Konzeption im lokalen Rotlichtbereich durch. Sie bestimmt direkt oder indirekt, wie Preise in Bordellen oder Standgelder an Straßen festgesetzt, wie Ablösesummen und Verhaltensregeln für Prostituierte festgelegt, wie Gebiete aufgeteilt, Konflikte geschlichtet und wann und wie Stadtverbote durchgesetzt werden. In die Konkurrenzsituation wird damit auf allen Ebenen eingegriffen. Es gibt kein „freies Spiel der Kräfte“, der Wettbewerb wird kontrolliert und damit der im Prostitutionsbereich mögliche Gewinn optimiert. Zugleich ermöglicht diese Konzeption des Marktes auch, einheitliche nicht monetäre Strategien durchzusetzen. So kann man Abtrünnige mit einem Stadtverbot belegen und die gesamte „Rotlichtgemeinschaft“ sorgt dafür, daß das Verbot eingehalten wird.

In einigen Großstädten zeichnet sich statt der teilmonopolen eine teiloligopole Marktstruktur im Nachtlebenssektor ab, d.h., es gibt wenige Teilnehmer mit großen Marktanteilen und viele weitere mit kleinen Marktanteilen. Hier sprechen sich die Teilnehmer mit großen Marktanteilen (bzw. Macht) ab, die ein (örtliches) Kartell bilden. Ob die teiloligopole Struktur eine Vorstufe des Teilmonpols ist, das seinerseits eine Vorstufe des Monopols ist, ließ sich im Rahmen dieser Untersuchung nicht klären, ist aber zu vermuten. Jedenfalls hat sich die eindeutige Tendenz erkennen lassen, im Rotlichtbereich (kriminelle)

Monopole zu schaffen oder, sofern dies nicht gelingt, zumindest Kartelle zu bilden, die vor neuen oder weiteren Wettbewerbern schützen.

Die Beteiligten, insbesonders die „Größen", im Rotlichtbereich verschiedener Städte stehen in persönlichem Kontakt, so daß auch zwischen verschiedenen Rotlichtbereichen Absprachen getroffen werden können, z.B. über den „Ringtausch" von Prostituierten: Nachdem diese eine gewisse Zeit in einer Stadt gearbeitet haben, werden sie in eine andere Stadt vermittelt. So wird der Markt in den einzelnen Städten belebt, und das Angebot an Frauen kann optimal auf die Nachfrage eingestellt werden. Beispielweise erhöht man bei Messen in einer bestimmten Stadt das Angebot an Frauen drastisch.

Neben den Kontakten zwischen den „Marktführern" bestehen auch Kontakte zwischen den unteren Ebenen der Täter verschiedener Städte: Die einzelnen Zuhälter und Bordellbetreiber arbeiten mit Zuhältern und Bordellbetreibern aus anderen Städten zusammen. Das erweitert nicht nur das räumliche Tätigkeitsfeld von Zuhältern, sondern erschwert auch polizeiliche Ermittlungen, da die Zuhälter auch in anderen Deliktsbereichen tätig werden. Einzelne Täter wechseln ihren Tätigkeitsbereich auch komplett, d.h., sie lassen sich in einer anderen Stadt nieder, wenn der Strafverfolgungsdruck in ihrer Heimatstadt zu groß wird.

Diese Absprachen sind als überörtliche Kartellbildung bezogen auf Spezialfragen, z.B. den örtlichen Einsatz von Prostituierten, einzuordnen. Sie erstreckt sich teilweise auch auf andere Deliktsbereiche, d.h., Zuhälter verschiedener Städte wickeln auch gemeinsam Rauschgiftgeschäfte ab. Doch erlaubt dies nicht den Schluß, es bestünde ein festes überörtliches Kartell im Rotlichtbereich in Deutschland. Nimmt man ganz Deutschland, ist nämlich auf den unteren Zuhälterebenen eher ein polypoler Markt anzunehmen. Nur in Einzelfällen schließt man Absprachen und Kooperationen, um optimale Gewinne zu erzielen.

Vielfach zeigt sich, daß auch am illegalen Markt die Marktstruktur zusammen mit der Menge des auf den Markt gebrachten illegalen Gutes den entscheidenden Einfluß auf den Preis des Gutes hat. Angebot und Nachfrage regeln auch am illegalen Markt den Preis. Die Praktiker stellten beispielsweise wiederholt fest, daß sich nach der Sicherstellung größerer Mengen Rauschgift der Preis dafür merklich erhöhte.

Ein eindrucksvolles Beispiel spielte sich in Hamburg ab: Wegen der vielen türkischen Familiengruppen, die einen direkten Handelsweg für Heroin nach Hamburg aufbauten, wurde der Hamburger Markt zeitweise mit Heroin geradezu überschwemmt. Der Preis sank deutlich ab. Deshalb kamen Süchtige und kleinere Händler aus anderen Städten nach Hamburg, um dort ihren Bedarf zu decken. Da der Absatz stieg, reichte der Gewinn den Anbietern aus, so daß sich der niedrigere Preis stabilisierte. Aus vielen Städten wurden regelrechte „Butterfahrten" nach Hamburg eingerichtet. Nachdem einer Sonderermittlungsgruppe aus Polizei und Staatsanwaltschaft mit mehreren Festnahmen ein Erfolg gegen diese Hauptbeschaffergruppen gelang und auch eine größere Menge Rauschgift sichergestellt werden konnte, stieg der Grammpreis abrupt wieder deutlich an. Die „Butterfahrten" hörten auf.

Das Verhältnis der *Menschenhändlerringe* zueinander ist schwer zu ermitteln. Grundsätzlich haben sich die verschiedenen Gruppen jeweils auf ein Land spezialisiert, aus dem sie Menschen nach Deutschland schleusen. Meist stammt der Kern der regelmäßig straff organisierten Gruppen ebenfalls aus diesem Land. In einigen Fällen dominiert eine Gruppe den örtlichen Markt derart, daß sie eine Art Monopol für den Menschenhandel in ihrem Land besitzt und ausreisewillige Personen an sie verwiesen werden. Man traut ihnen zu, daß es ihnen gelingt, eine Ausreise zu bewerkstelligen. Es deutet deshalb vieles auf eine oligopole Marktstruktur hin: Die wenigen größeren, mit dem Menschenhandel beschäftigten Gruppen bauen eine straffe Organisation zur Schleusung aus ihrem Land auf.

Bei der Organisation des illegalen *Glücksspiels* besteht ein oligopoler Markt. Bei der Veranstaltung des illegalen Glücksspiels in legal eröffneten Spielcasinos sind in Deutschland rund 400 Veranstalter samt den ihnen untergeordneten Mittätern beteiligt. Teilweise sind die Veranstalter Alleininhaber eines oder mehrerer Casinos, teilweise sind sie mehrfach beteiligt. Diese „Unternehmer" kennen sich untereinander und beherrschen den Markt, der damit eine oligopole Struktur aufweist. Zwischen den Casinobesitzern existieren Absprachen darüber, wer sich in welches Gebiet ausdehnen darf. So wird eine gewinnschädigende Konkurrenz vermieden. Zumindest in Bezug auf die Gebietsaufteilung ist daher von einem „Glücksspielkartell" in Deutschland zu sprechen.

Die Hütchenspielergruppen scheinen in den verschiedenen Großstädten gesteuert eingesetzt zu werden. Ob es sich dabei um eine Großorganisation handelt, die monopolartig den Markt kontrolliert oder ob viele kleinere Gruppen sich den polypolen Markt teilen, konnte nicht eindeutig geklärt werden. Da es scheint, daß die in einer Stadt eingesetzten Gruppen zentral gesteuert werden, hat man aber zumindest von einer oligopolen Marktstruktur auszugehen. Die Gruppen reagieren beispielweise auf ansteigenden Strafverfolgungsdruck umgehend und verhalten sich auch sonst konspirativ. Verbindungen zwischen den einzelnen Gruppenmitgliedern lassen sich immer wieder nachweisen. In Frankfurt gaben beispielsweise aufgegriffene Täter regelmäßig denselben Rechtswanwalt zu ihrer Verteidigung an. Außerdem gehören fast alle Täter der gleichen Nationalität an und stammen häufig aus dem Kosovo.

– Verhältnis zu Kunden

Das Verhältnis zu den Kunden ist bei den internationalen *Autoverschiebern* kein zentrales Problem. Wesentlich ist der Kontakt zu einem im Absatzland befindlichen Abnehmer, der regelmäßig bösgläubig ist, d.h., von der Herkunft der Fahrzeuge Kenntnis hat. Nicht selten ist dieser Großabnehmer auch als Finanzier beteiligt oder sogar Hauptinitiator der Tätergruppe. Der Endverkauf der Fahrzeuge wird durch einen legalen Autohandel getarnt. Die Fahrzeuge werden entweder direkt an die Abnehmer in einer Art Gebrauchtwagengroßhandel am Wochenende verkauft oder an weitere (regelmäßig bösgläubige) Unterhändler abgegeben, die selbst nach außen hin in der Regel mit Gebrauchtwagen handeln. Wie hoch der Anteil der Endabnehmer ist, die über die wahre Herkunft der Fahrzeuge informiert sind, konnte nicht geklärt werden.

Es spricht aber viel dafür, daß beispielsweise in Polen die Käufer auf den sogenannten „Autogielda“ oftmals wissen, daß diese Fahrzeuge nicht dem legalen Handel entstammen, da die Preise weit unter dem liegen, was der legale Autohandel fordert. In einem Fall wurden Fahrzeuge in zwei Kategorien eingeteilt – die mit gefälschten Papieren und die ohne.

Andererseits sind immer wieder Halter beim Grenzübertritt nach Deutschland überrascht, wenn das von ihnen gekaufte Fahrzeug als gestohlen beschlagnahmt wird. Bei Luxuslimousinen passiert es ebenfalls relativ häufig, daß ein Fahrzeug zur Reparatur in eine Vertragswerkstatt gegeben wird, die dann erkennt, daß das Fahrzeug mit der zugehörigen FIN (Fahrzeugidentifikationsnummer) im konzerninternen Fahndungsbestand ausgeschrieben ist. Dies zeigt, daß jedenfalls ein gewisser Prozentsatz der Käufer nicht informiert ist oder nicht einmal ahnt, ein gestohlenes Fahrzeug gekauft zu haben.

Die Gutgläubigkeit der Kunden schützt die Verkäufer, solange der Käufer nicht durch eine Kontrolle die wahre Herkunft des Fahrzeugs erfährt. In diesem Fall besteht für den Käufer allerdings kein Grund, zu verheimlichen, von wem er das Fahrzeug erstanden hat. Deshalb versuchen die Verkäufer gegenüber den Kunden möglichst anonym zu bleiben. So erklärt sich auch, warum die meisten Fahrzeuge öffentlich verkauft werden und nicht über einen Autogroßhändler. Ein solcher, rein illegaler Autohändler wäre viel zu exponiert für die Strafverfolger.

Auch bei der organisierten *Ausbeutung von Prostitution* ist das Verhältnis Straftäter-Kunde weitgehend unproblematisch. Dieser Deliktsbereich ist ideal für die Straftätergruppen. Sie können nämlich hohe Gewinne durch die Ausbeutung der Frauen erzielen, ohne zu risikieren, angezeigt zu werden. Denn der Kunde zahlt freiwillig für eine Leistung, die regelmäßig legal erfolgt.[390] Über die Ausbeutung der Frau durch ihren Zuhälter oder den Bordellbetreiber wissen die Kunden gewöhnlich nichts und meist kommen sie mit diesen nicht in Berührung. Um die Identität von Zuhältern und Bordellbetreibern zu wahren besteht eine zentrale Verhaltensvorschrift in allen Rotlichtbereichen: Es ist strengstens untersagt, Kunden oder der Polizei auch nur irgendetwas über den Zuhälter oder Bordellbetreiber zu erzählen. Wer gegen dieses Verbot verstößt, wird streng gemaßregelt.

Demgegenüber bilden beim *Menschenhandel* die beförderten Personen als zahlende Kunden die Hauptgefahr für die Schlepperorganisation. Die geschleppten Personen kommen notwendigerweise mit Mittätern der Organisation in Berührung. Sie treffen unter anderem auf die Vermittler, auf die Personen, bei denen sie das Reiseentgelt entrichten, auf eventuelle Reisebegleiter (etwa die Fahrer), auf Wohnungsinhaber und auf die Leute, die sie im Zielland in Empfang nehmen. Noch interessanter als eine Beschreibung der Personen, die am konkreten Schleppvorgang beteiligt waren, sind für die Ermittlungsbehörden die konkreten Daten der Reise, da sich damit nämlich die gewählte Route und die Organisation der Reise rekonstruieren lassen. Da die Schlepper versuchen, möglichst viele Personen auf einem einmal erfolgreich getesteten Weg zu schleusen, um so ihren Gewinn zu optimieren, haben die Strafverfolgungsbehörden ein besonderes Interesse daran, diesen Weg möglichst genau zu ermittlen. Die von den Kunden ausgehende Gefahr für die Gesamtorganisation ist den Straftätern dabei bewußt. Sie bemühen sich, diese Gefahr möglichst gering zu halten und schärfen den Reisenden vor Reiseantritt ein, daß sie keinesfalls Auskunft über den Einreiseweg oder die Helfer geben dürfen. Teilweise wird den Frauen dabei Angst vor der deutschen Polizei gemacht, die als korrupt und unberechenbar hingestellt wird.

Einen anschaulichen Beleg fand man bei der Festnahme einer Gruppe von illegal eingereisten Philippinas: Eine von ihnen führte noch einen kopierten Zettel mit sich, auf dem die Reiseroute detailliert beschrieben war: Landung auf dem Flughafen in Italien, dann Busfahrt von einer genannten Bushaltestelle zum Busbahnhof, von dort

---

[390] Vgl. §§ 184a, 184b StGB, die die Prostitutionsausübung nur an bestimmten Orten untersagen, aber nicht allgemein unter Strafe stellen.

Busfahrt in eine vorbestimmte Stadt, dort Umsteigen und zu festgelgter Zeit Busfahrt in Richtung Deutschland. Hervorgehoben mit kräftiger Schrift war, daß der Brenner gefährlich sei, und daß dieser Zettel unbedingt zuvor vernichtet werden müsse.

Bei der Veranstaltung des *illegalen Glücksspiels* bilden die Kunden wiederum keine besondere Gefahrenquelle. Die Spielcasinos sind auf Öffentlichkeit bedacht, um neue Kunden zu gewinnen. Deshalb bemühen sich die Veranstalter auch in der Regel nicht, den Veranstaltungsort geheim zu halten. Ausnahmen sind vor allem Skat- und Pokerrunden in Hinterzimmern. Die Kunden lernen gewöhnlich nur die Croupiers und die sonstigen am aktuellen Casinobetrieb Beteiligten kennen. Nur für diese sind sie ein Risiko. Als Zeugen können sie den Veranstaltern außerdem schaden, weil durch ihre Aussagen bewiesen werden kann, daß in dem Spielcasino tatsächlich illegales Glücksspiel veranstaltet wird. Da sich die Kunden aber durch eine solche Aussage selbst belasten, weil auch die Beteiligung am illegalen Glücksspiel gem. § 284a StGB strafbar ist, sind sie häufig nicht bereit, auszusagen.

Auch beim Hütchenspiel bilden die Kunden keine besondere Gefahr für die Spieler, da die Kunden regelmäßig nicht beweisen können, daß sie tatsächlich betrogen wurden. Die Spielergruppen wehren sich darüber hinaus gegen reklamierende Kunden, indem sie ohne Vorwarnung brutale Gewalt anwenden, um einen Protest im Keim zu ersticken. In Frankfurt beispielsweise wurden Mitspieler, die sich beschweren wollten, von hinten in die Kniekehle getreten.

## E. Verhältnis zu Strafverfolgungsbehörden

### *1. Betriebswirtschaftlicher Ausgangspunkt*

Obwohl die Strafverfolgungsbehörden für legale Unternehmen als Umweltbedingung relativ unwichtig sind (abgesehen von Umweltverschmutzung, Betrügereien oder Steuerhinterziehung), bilden die geltenden Gesetze doch den Rahmen, in dem legale Geschäfte abgewickelt werden. Um dauerhaft am Markt erfolgreich sein zu können, versuchen legal geführte Unternehmen, diese Gesetze nicht zu übertreten, um nicht durch Ermittlungen in der Arbeit behindert zu werden und vor allem um nicht ihren „guten Ruf" zu verlieren.[391] Das Ansehen eines Unternehmens ist ein geldwerter Aspekt, wie man schon an der steuerrechtlichen Bewertung stiller Reserven wie dem Firmenimage ablesen kann. Zudem erlaubt nur ein guter Ruf in der Branche und am Markt beispielsweise den Einstieg ins „Franchise-System".

### 2. *Theoretischer Ansatz*

Für Straftätergruppierungen dagegen sind die Strafverfolgungsbehörden und der von ihnen erzeugte Strafverfolgungsdruck eine der wichtigsten Umweltbedingungen für ihre Entwicklung, ihren Bestand und ihren Erfolg. Aus der Strategie der Strafverfolgungsbehörden ergeben sich grundsätzliche Konsequenzen für den Marktaufbau. Alle Außenkontakte, die Rückschlüsse auf die Organisation zulassen, sind „natürliche" Ansatzpunkte für die Strafverfolger. Neben der bereits beschriebenen Gefahr, die von Kunden und Lieferanten ausgeht, können auch Mittäter für die Strafverfolger hilfreich sein. Überführte Straftäter können nämlich eine Reduzierung der von ihnen verwirkten Strafsanktion dadurch erhalten, daß sie die Strafverfolgungsbehörden über weitere Mitglieder der kriminellen Organisation und die „Handelswege" aufklären. Hat sich ein Geständnis schon immer auf die Strafzumessung positiv ausgewirkt, ist in Deutschland seit einiger Zeit eine „punktuelle" Kronzeugenregelung eingeführt, z.B. in § 129 VI StGB und § 31 BtMG. Momentan wird sogar geprüft, ob eine spezielle Kronzeugenregelung für die Organisierte Kriminalität eingeführt werden soll. Damit birgt jedes zusätzliche „Mitglied" einer kriminellen Organisation ein potentielles Risiko. Anders ausgedrückt: die Strafverfolgung bewirkt, daß sich Tätergruppen nicht unbeschränkt vergrößern.

Die meisten Geschäfte fallen unter Gesetze, die sie lenken oder verbieten. Für illegale Geschäfte sind zunächst Polizei und Staatsanwaltschaft Kontrollinstanzen, daneben aber auch die gesamte öffentliche Verwaltung. Wie in der legalen Geschäftswelt hängt der Umfang der Kontrolle durch Polizei, Staatsanwaltschaft und die öffentliche Verwaltung allgemein vom hergestellten Produkt oder der angebotenen Dienstleistung ab. Beispielsweise ist der zu erwartende Strafverfolgungsdruck bei einer Entführung wesentlich höher als bei der Veranstaltung des illegalen Glücksspiels. Darüber hinaus richtet sich

[391] *Schlüchter* beschreibt im Rahmen der Wirtschaftskriminalität, allerdings auch für den legalen Markt, daß in einer Art Kettenreaktion eine ganze Branche kriminell infiziert werden kann, wenn das Konkurrenzverhältnis durch illegale Methoden einzelner Unternehmen erst einmal gestört wird, S. 13 f.

das Ausmaß möglicher Kontrollen auch nach dem Standort des illegalen Unternehmens: An bestimmten Plätzen der Großstädte, die als Umschlagplatz für Rauschgift gelten, sind Polizeikontrollen wahrscheinlicher als in reinen Wohngebieten.

Diese Kontrollen verursachen für die illegalen Anbieter Kosten z.B. für Abschottung, getarnte Transportwege etc., die es nicht nur in der illegalen Geschäftswelt gibt.[392] In der Folge wird versucht, diese Kosten mittels Korruption zu minimieren. Die Korruption ist damit unter ökonomischen Gesichtspunkten eine notwendige Ausgabe, um illegale Geschäfte sicher abzuwickeln und darüber hinaus zu expandieren. So gesehen könnte es von Vorteil sein, nur in einer bestimmten Sparte tätig zu sein und dort alle Kontrollorgane soweit wie möglich zu „kaufen". Allerdings rückt eine kriminelle Organisation, die ein Monopol ausübt, zwangsläufig in den Mittelpunkt des staatlichen Interesses. Dies könnte, schon wegen der Tarnung auch bei kriminellen Unternehmen eine größere Diversifikation, d.h. eine größere Produktpalette, verbunden mit mehreren Standorten, verlangen. Doch auch bei mehreren Standorten läuft die kriminelle Organisation um so eher Gefahr, entdeckt zu werden.

Aus der Erkenntnis der Normabhängigkeit sowohl des legalen als auch (und vor allem) des illegalen Marktes leitet die ökonomische Analyse eine weitere Überlegung ab: Die Organisierte Kriminalität ist keine Krminalitätsform, die sich (allein) durch eine Verdichtung von Strafnormen lösen läßt. Gerade Strafnormen führen als „Nebeneffekt" letztlich dazu, daß ein illegaler Markt entsteht. Am illegalen Markt werden, ökonomisch betrachtet, die Waren und Dienstleitungen ausgetauscht, die die Strafnormen der legalen Geschäftswelt entziehen.

Damit drängt sich die Frage auf, was Straftätergruppen am illegalen Markt stärker schädigt: neue oder verschärfte Strafsanktionen oder stärkerer Strafverfolgungsdruck. Die Antwort hierauf scheint einfach: Grundsätzlich wirkt sich höherer Strafverfolgungsdruck für Straftäter(-gruppen) nachteiliger aus als schärfere Strafsanktionen.

---

[392] Vgl. FAZ v. 7.3.1992, S. 14. Die Strafkammer des LG München I verurteilt einen städtischen Angestellten und acht Mitarbeiter der Firma Siemens wegen Bestechung zu Freiheitsstrafen. Der im Baureferat beschäftigte O. wurde für schuldig befunden, für Schmiergelder in Millionenhöhe dem Konzern Siemens geholfen zu haben, die Ausschreibung für die Prozeßleittechnik eines Klärwerkes zu gewinnen.

Wenn man allein die Strafnormen verschärft, kann man den Markt nicht austrocknen: Durch härtere Strafsanktionen erhöht sich zwar das Risiko des einzelnen Täters und es sind wenige Anbieter bereit, sich an dem Markt zu beteiligen, wenn sich das Risiko erhöht. Die übrigbleibende kleinere Zahl von risikobereiten Anbietern illegaler Güter oder Dienste kann aber daraus Profit schlagen und die Preise anheben: das höhere Risiko will bezahlt sein. Bleibt die Nachfrage nach dem illegalen Gut oder Dienst konstant, können die noch vorhandenen Anbieter auch expandieren, indem sie die frei gewordenen Lücken ausfüllen. Gerade Straftäterzusammenschlüsse, die über entsprechendes Know-How in einem Deliktsbereich verfügen und für bestimmte, risikoreiche Dienste Experten besitzen, können die durch höhere Strafsanktionen entstehenden Lücken professionell schließen.[393]

Höherer Strafverfolgungsdruck scheint dagegen für Straftätergruppen das größere Problem zu sein. Denn jetzt müssen die Einzeltaten besser geplant werden, die Kosten für Korruption steigen, einer zahlenmäßigen Expansion der Mittäter steht mehr denn je die notwendige Abschottung entgegen, das Beschlagnahmerisiko wird größer usw. Verschärfte Strafverfolgung kann sich im Hinblick auf Straftätergruppen aber auch kontraproduktiv auswirken: Einmal werden „schlecht organisierte" Tätergruppen schneller von den Strafverfolgungsbehörden gestellt und aufgelöst, was für „gut organisierte" Tätergruppen einen Vorteil schafft. Zum anderen fördert ein höheres Risiko der Tataufklärung und der Überführung der Beteiligten auch Spezialisierung und Vorsichtsmaßnahmen bei den Tätern. Die einzelnen Täter und Tätergruppen versuchen, ein möglichst geringes Risiko einzugehen und gleichzeitig ihre Gewinne nicht zu verlieren. Das führt bei stärkerem Strafverfolgungsdruck beispielsweise dazu, daß konsequente Tätergruppen sich besser abschotten und moderne Technik stärker einsetzen. Ein größeres und besser ausgerüstetes Polizeiaufgebot provoziert damit besser organisierte und ausgerüstete Tätergruppen. Eine gewisse Eskalation geht folglich mit jeder Verschärfung des Strafverfolgungsdruckes einher.[394]

Weder höhere Strafsanktionen noch stärkerer Strafverfolgungsdruck allein können deshalb das Problem lösen. Die ökonomische Analyse der „Umweltbedingungen" krimineller Organisationen zeigt vielmehr, daß die Organisierte

---

[393] *Tuchtfeld*, S. 279, spricht sogar von einer Spirale aus „Norm und Sanktion": Wenn der Wirtschaftsdelinquent ein größeres Risiko in Kauf nehmen muß, werden durch die damit zugleich steigenden Gewinnchancen weitere Anreize für delinquentes Verhalten geschaffen.

[394] Ähnlich *Fijnaut*, S. 25.

Kriminalität ein gesamtgesellschaftliches Problem ist. Sie muß auf wirtschaftlicher,[395] politischer[396] und nicht zuletzt sozialer Ebene[397] bekämpft werden.

### *3. Empirische Feststellungen*

Grundsätzlich reagieren größere Straftätergruppen auf die von Mittätern ausgehenden Gefahren mit einem streng kontrollierten und sanktionierten Schweigegebot. Außerdem werden höhere Ebenen (d.h. die Finanziers und Planer der Straftaten) systematisch von exponierten Tätern unterer Ebenen (d.h. den ausführenden Straftätern mit hohem Entdeckungsrisiko) abgeschottet. Weitere Vorsorge zur Versicherung der Treue der Mittäter wird im Falle einer Verhaftung und Inhaftierung getroffen. So wird den Mittätern beispielsweise umgehend ein Rechtsanwalt bestellt, der sich um sie kümmern soll. Bei ausländischen Tätergruppen tragen schon die Zusammenarbeit mit Landsleuten, der regelmäßig streng hierarchische Aufbau der Gruppe und die verwendete Sprache dazu bei, die Organisation vor den Strafverfolgern abzuschotten. In den vier untersuchten Deliktsbereichen wird zudem gezielt mit Bestechung gearbeitet, um zu vermeiden, daß die Straftaten aufgeklärt werden, und einer Beschlagnahme der illegal erworbenen Güter vorzubeugen.

Bei den internationalen *Autoverschiebergruppen* beweisen von Seiten der Polizei erstellte Straftäterorganigramme, daß zu den ausführenden Ebenen jeweils nur ein Mittäter Kontakt hält. Zudem kennen sich die ausführenden Täter nicht alle untereinander – zwei Autodiebe können beispielsweise für dieselbe Straftätergruppe arbeiten, ohne voneinander zu wissen. Sie erhalten damit keinen Einblick in die Gesamtorganisation, weder was die weitere Abwicklung der Autoverschiebung noch was die weiteren Mittäter anbetrifft. Für Aufgriffe durch die Polizei wird ihnen zudem eine Geschichte aufgegeben, die sie erzählen sollen.

In vielen Fällen erzählen die mit gestohlenen Fahrzeugen aufgegriffenen Fahrer stereotyp, daß sie in einem Café von einem nur dem Vornamen nach bekannten Landsmann angesprochen wurden, ob sie für ihn ein Fahrzeug an einem bestimmten Zielort fahren könnten. Für eine geringe Entlohnung hätten sie ihm diesen Gefallen getan, da der Auftraggeber verhindert war.

---

[395] Der legale Markt sollte soweit als möglich den illegalen aufnehmen, um den Straftätergruppen nicht das Terrain zu überlassen.

[396] Z.B. Methoden der Korruption etc.

[397] Z.B. Ächtung der Straftatbegehung usw.

Neben der von Mittätern ausgehenden Gefahr besteht in der Beschlagnahme der Fahrzeuge ein weiteres Geschäftsrisiko der Autoverschieber. Aus diesem Grund versucht man, die Fahrzeuge zu tarnen, und bemüht sich, durch Korruption vor allem Grenzbeamte zum Schweigen zu bringen. Um die Fahrzeugdaten eines baugleichen Fahrzeuges und originale Kfz-Papiervordrucke zu bekommen, sind Autoverschieber bestrebt, beginnend mit kleineren Gefälligkeiten, durch einen Mittäter einen guten Kontakt zu einem Mitarbeiter einer Zulassungsstelle aufzubauen. Grenzkontrolleure – vor allem im Ausland – werden ebenfalls bestochen, damit sie die Fahrzeuge ungeprüft passieren lassen. In einigen Ländern des ehemaligen Ostblocks ist es fast schon allgemein üblich, eine Banknote in die Papiere zu legen, um unkontrolliert passieren zu können. Die Korruption wird also an bestimmten Gefahrenpunkten gezielt eingesetzt, um den Strafverfolgern keine Anhaltspunkte zu liefern.

Daneben entwickeln die Straftäter auch bestimmte Tricks, Kontrollen zu umgehen:

Grenzübergänge werden teilweise systematisch beobachtet und die Gewohnheiten der Zöllner werden erforscht. Einzelne Verschiebergruppen lassen die gestohlenen Fahrzeuge in einem Konvoi über die Grenze fahren. Zu einem vorbestimmten Zeitpunkt fährt ein extra dafür vorgesehenes „sauberes“ Fahrzeug über die Grenze und verhält sich absichtlich so, daß es von den Zöllnern intensiver kontrolliert wird. Während die Grenzbeamten mit dieser Kontrolle beschäftigt sind, passieren die gestohlenen Fahrzeuge unbeschadet den Grenzübergang. In vielen Fällen stehen die Fahrzeuge untereinander im Funkverkehr und können so das konkrete Vorgehen genau absprechen. Beobachtet wurde darüber hinaus, daß Motorräder, die die Konvois begleiten, in einem bestimmten Abstand vor ihnen herfahren und sie bei unvorhergesehenen Kontrollen warnen.

Unter den an der *Ausbeutung der Prostitution* beteiligten Tätern ist die Loyalität der Mittäter und Prostituierten die oberste (auch als „Kiezregel“ bezeichnete) Umgangsregel. Die persönlichen Kontakte zwischen den meisten Angehörigen des Rotlichtbereiches einer Stadt ermöglichen es, gegenüber Abweichlern einheitlich vorzugehen und dadurch abschreckend zu wirken. Wer trotzdem gegenüber der Polizei aussagt, wird streng bestraft – Körperverletzungen oder gar Tötungen sind an der Tagesordnung. Als mildere Strafen werden auch Berufs- oder Stadtverbote ausgesprochen.

Wie bereitwillig diese Regeln von den Mitgliedern eines Rotlichtbereiches akzeptiert werden, zeigt ein Berliner Fall: Eine Prostituierte wurde von ihrem Zuhälter mißhandelt, nachdem sie ihm einen Teil ihrer Einnahmen vorenthalten hatte. Am Folgetag ging sie zur Polizei und zeigte ihn wegen Körperverletzung und Zuhälterei an. Er wurde festgenommen. In der Folgezeit bedrohten andere Zuhälter die Prostituierte massiv und zwangen sie, die Stadt zu verlassen und unterzutauchen. Auffallend war, daß auch die anderen Prostituierten die Zuhälter gegenüber ihrer Kollegin unterstützten, da sie gegen eine Kiezregel verstoßen hatte.

Durch das Schweigegebot in Verbindung mit dem Zusammenhalt im Milieu wird – trotz der häufig relativ lockeren Organisationsformen und den wechselnden Zusammensetzungen der Straftätergruppen – eine Abschottung der Täter vor der Polizei erzielt, und die von Mittätern ausgehende Gefahr wird minimiert. Die Führungspersonen, die die größten Gewinne abschöpfen, aber in der Regel selbst keine mit (hohem) Entdeckungsrisiko behafteten Straftaten begehen, versuchen außerdem, sich ein legales Renommee und gesellschaftliche Anerkennung zu verschaffen. Aus diesem Grund kaufen sie sich in legale Unternehmen im weiteren Umfeld des Milieus ein oder eröffnen selbst ein legales Unternehmen. Beispielsweise werden Nachtclubs, Bars, Saunaclubs, ein Getränke- oder Immobilienhandel u.a. eröffnet. Darüber hinaus bemühen sie sich, zur lokalen „high society" Zugang zu erhalten. Sie tun alles, um sich das Image eines Kunst-, Kultur- oder Sportmäzens zu verschaffen. Deshalb treten sie als Sponsoren verschiedenster Veranstaltungen auf und suchen Kontakt zur Presse. Im Laufe der Jahre entwickelt ein „Großer" dann Beziehungen zu Kreisen der Wirtschaft und Politik, die ihn bis zu einem gewissen Grad auch vor dem Zugriff der Polizei schützen.

Auch im Nachtlebensbereich spielt die Korruption eine nicht unbedeutende Rolle. Gegenüber der Polizei wird sie vor allem eingesetzt, um Informationen darüber zu erlangen, wieviel und was die Strafverfolger von einem persönlich, der Gruppe und den begangenen Straftaten wissen oder wann mit Kontrollen oder Razzien zu rechnen ist. „Gute Kontakte" zur Polizei stärken zudem das Ansehen im Milieu. Interessant sind für die Straftäter dabei nicht nur die konkreten Ermittlungsbeamten, sondern auch Personen, die Zugang zu (hausinternen) Informationsquellen besitzen.

Beim *Menschenhandel* führt regelmäßig schon die straffe Organisation der Gruppen und die notwendige Arbeitsteilung zu einer weitgehenden Kontrolle über die einzelnen Mittäter. Deutsche Ermittlungsbehörden haben daneben das Problem, daß zahlreiche Täter (z.B. die Anwerber von Frauen oder die Fälscher) sich im Ausland aufhalten und es geradezu vermeiden, selbst nach Deutschland einzureisen. Auch die Schleppergruppen setzen gezielt Korruption ein, vor allem um Grenzbeamte zu bestechen.

Die Veranstaltung des illegalen *Glücksspiels* in legal eröffneten Spielcasinos ist mit einem größeren nach außen erkennbaren Personalaufwand verbunden. Alle Casinomitarbeiter sind eine Gefahrenquelle für die Veranstalter, da sie einen Ansatzpunkt für die Strafverfolger bilden. Die Straftätergruppen, die sich mit der Veranstaltung des illegalen Glücksspiels meist gleichzeitig in mehreren Casinos beschäftigen, entwickeln daher Kontrollsysteme und versuchen auch zu vermeiden, daß die einzelen „Beschäftigten" zu viel über den Gesamtzusammenhang wissen. In der Täterhierarchie untergeordneten Mittätern, wie einfachen Croupiers in einem Casino oder als Strohmänner eingesetzten Inhabern, verschafft man daher nur Kenntnis über Vorgänge, die sie selbst betreffen. Auch im Glücksspielbereich „kennt man sich" untereinander, so daß auch in diesem Bereich zwischen den Betreibern gemeinsame Strategien abgesprochen werden können.

In einem Fall beruhte ein Teil des differenzierten Sanktionssystems in einer größeren Glücksspieltätergruppe darauf, daß ein von dem konkreten Haupttäter „entlassener" Straftäter nirgendwo im illegalen Glücksspielbereich in Deutschland mehr eine Anstellung fand. Dies hatten die führenden Köpfe untereinander abgesprochen. Diese Regelung entfaltete auch präventive Wirkung, da damit die Existenzgrundlage der häufig spezialisierten Täter bedroht war. In dem angesprochenen Fall hielten sich Mittäter selbst dann noch an das Schweigegebot, als der enge Kern der Tätergruppe gemeinsam in Haft war. Einige willigten erst ein, eine Aussage zu machen, nachdem sie schriftlich eine „Aussagegenehmigung" vom ehemaligen „Boss" erhalten hatten.

Beim Einsatz von Korruption sind im Glücksspielbereich insbesondere Mitarbeiter der Verwaltung Zielpersonen, da die Verwaltung über Faktoren entscheidet, die für die Veranstalter ökonomisch bedeutend sind. Die Verwaltung entscheidet über die gewerberechtliche Genehmigung, eventuell über eine Baugenehmigung und über die Schanklizenz sowie vor allem über die Sperrstunde. Informationen von einem korrumpierten Polizeibeamten dienen dazu, vor Razzien sicher zu sein und den Informationsstand der Polizei bezüglich der Gesamtorganisation zu kennen. Um Razzien der Polizei oder Kontrollen der Verwaltungsbehörden die Wirkung zu nehmen, sind einige Tätergruppen dazu übergegangen, Vereine zu gründen, die die Öffentlichkeit offiziell ausschließen. Das hat für die Gruppen den Vorteil, daß sie einen Türsteher einsetzen können, der bei Polizei- oder Verwaltungskontrollen die Spielenden warnen kann.

Die Hütchenspieler schützt vor Aussagen ihrer Mittäter primär ihre gewöhnlich sehr straffe, auf Befehl und Gehorsam aufgebaute Organisation. Die einzelnen Mittäter sind sich auch darüber im Klaren, in welcher Gefahr sie schweben, wenn sie bei der Polizei aussagen. Sie wissen, daß ihnen brutale Gewalt droht, unter Umständen sogar der Tod.

In Frankfurt wurde beispielsweise ein Mittäter einer Hütchenspielergruppe nach einem aufgesetzten Schuß ins Knie schwerverletzt in ein Krankenhaus eingeliefert. Er war nicht bereit, die Täter zu nennen, die ihn dermaßen mißhandelt hatten, sondern er behauptete, sie nicht gesehen zu haben, und versteifte sich darauf, alles sei Privatsache, die die Polizei nichts angehe.

Dieser Fall zeigt, wieviel Angst die Täter haben und deutet an, wie das Geheimhaltungssystem funktioniert. Weiter halten die Haupttäter ihre Untergebenen auch dadurch davon ab, auszusagen, daß sie vorgeben, sie könnten Einfluß auf die in der Heimat verbliebene Familie nehmen.

# V. Grundprinzipien bei der Organisation von Straftätergruppen am illegalen Markt

Aus der Analyse der Funktionsbereiche und der Untersuchung der Umweltbedingungen von Straftätergruppen lassen sich einige Grundprinzipien und Strategien ableiten, die Straftätergruppen in ihrem „Wirtschaftssystem" beachten und die als relevante Faktoren für ihren Erfolg gelten können.

## A. Tatvorbereitung

### *1. Führung*

- Die Führung größerer Tätergruppen baut auf einem – gegenüber unteren Ebenen abgeschotteten – Zirkel von engsten Vertrauten der Haupttäter auf. Wenige zentrale Personen bilden das „Skelett" größerer Straftäterverbindungen. Die unteren (ausführenden) Ebenen der Straftäter sind oft austauschbar oder bei der Auftragsvergabe nicht beteiligt. Kooperativer Stil prägt viele Gruppen, d.h., ausführenden Straftätern wird lediglich ein Ziel genannt; wie sie dieses Ziel erreichen, bleibt ihnen überlassen. Davon unterscheiden sich ausländische Tätergruppen oft grundlegend. Sie werden auf allen Ebenen autoritär geführt. Ihre Organisation baut auf einem strengen Befehls- und Gehorsamssystem auf.

- Vorrangiges Ziel organisierter Straftatbegehung ist die Gewinnerzielung. Die unteren (ausführenden) Straftäter arbeiten gewöhnlich gegen „Festlöhne", die eigentlichen Gewinne teilen die wenigen Mitglieder des „engsten Zirkels" untereinander auf. Die Machtentfaltung als weiteres

Ziel konnte daneben vor allem im Bereich des Nachtlebens, insbesondere bei der Ausbeutung der Prostitution, beobachtet werden.

### *2. Personalwirtschaft*

- Die Personalbeschaffung beruht weitgehend auf persönlichen oder persönlich vermittelten Kontakten, die um so wichtiger sind, je weiter der Mittäter in die Organisation integriert werden soll.
- Die Loyalität der Mittäter wird auf verschiedene Weise erreicht. Oberstes Gebot ist die Verschwiegenheit gegenüber Außenstehenden, insbesondere gegenüber den Strafverfolgungsbehörden. Neben Familienbanden sichern vor allem die Schaffung fiktiver Familien, das Aufspalten der Deliktsbegehung in (auch personell) voneinander unabhängige Bereiche und strenge Kontrollsysteme mit (gewalttätigen) Sanktionssystemen die Loyalität der Mittäter.
- Jeder weitere Mittäter stellt ein potentielles Risiko für die Tätergruppe dar. Strafverfolgungsdruck limitiert die Expansion krimineller Organisationen.

## B. Tatausführung

### *1. Beschaffung*

- Eine differenzierte Logistik ermöglicht die kontinuierliche und geschäftsähnliche Straftatbegehung, die weitgehend unabhängig vom Ausfall einzelner Straftäter (insbesondere durch den Zugriff der Strafverfolger) ist.
- Beim Einstieg in weitere Deliktsbereiche nutzt man die bereits im ursprünglichen Deliktsbereich aufgebaute Logistik sowie sich ergebende Synergismen aus. Auch einzelne Straftäter fungieren teilweise als „logistische Komponenten“, d.h., sie führen kurzfristig eine von anderen Tätern vorgeplante und vorbereitete Straftat durch und reisen unmittelbar danach ins Ausland.
- Für alle Aktionen mit Außenwirkung, d.h. vor allem die konkrete Straftatbegehung, gilt das Motto der Geheimhaltung und Abschottung; Ex-

terne dürfen keinen Einblick in die Organisation erhalten, Lieferanten möglichst nur über Kontaktleute Verbindung zur Gruppe halten.

- Der Beschaffungsbereich, kurz die illegale Besitzerlangung, ist oft über entsprechende Informationskanäle organisatorisch eng mit dem Absatzbereich verbunden, d.h., es werden die Güter beschafft, für die der Absatz bereits gesichert ist.

### 2. *Herstellung*

- Der Herstellungsbereich, in den untersuchten Deliktsbereichen hauptsächlich die illegale Dienstleistung, zeichnet sich durch einen hohen Grad an Spezialisierung der Täter und den ökonomischen Einsatz von Technik aus.

## C. Beuteverwertung

### 1. *Absatz*

- Die auch am illegalen Markt bestehende Konkurrenz führt zu Absprachen und Kartellbildung. Grundsätzlich werden auch am illegalen Markt Monopole angestrebt, um einen Preis, der den Gewinn maximiert, durchsetzen zu können. Größere Gruppen oder Kartelle (Straftäterverflechtungen) haben dabei eher die Chance, eine monopolartige oder oligopole Marktposition zu erreichen und den Preis für illegale Güter oder Dienste für sich optimal festzusetzen. In Deutschland besteht in den hier empirisch untersuchten Deliktsbereichen eine teiloligopole Marktstruktur.

- Auch im kriminellen Milieu verhilft eine größere Marktmacht nachweislich zu Marktvorteilen. Dazu werden Konkurrenten gezielt vom Markt gedrängt und zwar auf dem Weg über die Preispolitik sowie mit Hilfe von gezielten Informationen der Polizei, Korruption, Vereinbarungen unter Konkurrenten, Ausnutzung der eigenen Macht und Gewalt. Erfolgreiche Straftäter wollen oft für marktbeherrschende Gruppen arbeiten, die auch die besten Löhne zahlen. Die Größe der Organisation gibt den Tätern darüber hinaus das Gefühl der Sicherheit.

- Das Verhältnis zu Kunden wird durch die Abschottung der Straftätergruppe geprägt, da den Tätern bewußt ist, daß der Kunde ein potentieller Ansatzpunkt der Strafverfolger ist. Divisionierung und Diversifikation sind für die Straftätergruppen mit erheblichen Gefahren verbunden und werden daher nur von wenigen (großen) Gruppen praktiziert. Das Sicherheitsrisiko muß dann aber durch einen höheren Profit „abgedeckt" sein.

### 2. *Finanzierung und Geldwäsche*

- Weiter sind Straftätergruppen im Hinblick auf ihre Finanzen bestrebt, die Vermögenswerte durch Gewinnmaximierung nicht nur zu steigern, sondern auch zu schützen. Die Geldwäsche gewinnt allerdings erst bei den Tätern, die den Hauptgewinn aus der organisierten Straftatbegehung erzielen, eine eigenständige Bedeutung. Mit der Geldwäsche versuchen diese Täter oft zugleich, für die eigene Person eine legale Fassade aufzubauen und gesellschaftliche Anerkennung zu erwerben. Nicht zu klären war, inwieweit es Straftätergruppen darüber hinaus auch in Deutschland bereits gelungen ist, in legale Unternehmen einzudringen und damit auch am legalen Markt teilzuhaben.
- Liquide und schwer zu beschlagnahmende Vermögenswerte sind grundsätzlich wertvoller als festgelegtes Kapital. Der legale Kapitalmarkt hat regelmäßig nur bei der Geldwäsche Bedeutung, eine Kreditaufnahme scheidet weitgehend aus. Bargeld ist besonders wichtig. Es wird angehäuft, da es ein Eindringen in neue (illegale) Märkte ermöglicht.

## D. Außenbeziehung

- Um die durch die Strafverfolgung entstehenden Kosten zu minimieren, wird gezielt die Korruption eingesetzt. Versuche, diejenigen Sicherheitsorgane auszuschalten, die Transaktionen gefährden, begleiten die Geschäfte und Straftaten.
- Grundsätzlich wird versucht, den Strafverfolgungsbehörden die Feststellung von Straftaten möglichst zu erschweren. Es werden keine Kapitalverbrechen begangen, die große Polizeiaktionen nach sich ziehen; man geht so vor, daß wenig Kommunikation nötig ist; illegale Aktivitäten werden verschleiert; ein legales Image schafft man sich dadurch, daß

man als Besitzer eines legalen Unternehmens und pünktlicher Steuerzahler erscheint. Schließlich läßt man äußerste Vorsicht walten, wenn man neue Mitglieder rekrutiert und zieht so wenig Leute ins Vertrauen wie möglich.

# Teil 3
# Zusammenfassung und Ausblick

## I. Zusammenfassung

1. Der erste Teil der vorliegenden Arbeit hat sich mit den verschiedenen Fragestellungen beschäftigt, für die Strukturmerkmale organisierter Straftätergruppen von Bedeutung sind. Dabei hat sich gezeigt, daß die Strukturen der organisierten Straftätergruppen und des illegalen Marktes in erheblichem Umfang durch geschichtliche und regionale Besonderheiten geprägt sind. Eine Kenntnis dieser Strukturen ist nicht nur zur Verbesserung des kriminologischen Wissensstandes erforderlich. Sie kann auch wichtige Beiträge zu einer besseren Bekämpfung der Organisierten Kriminalität leisten, vor allem bei der Begründung der Gefährlichkeit organisierter Straftätergruppen, bei der Schaffung von Spezialzuständigkeiten zur Bekämpfung der Organisierten Kriminalität sowie bei der Konzeption materiellrechtlicher Straftatbestände.

Allgemeine Überlegungen zur besonderen Leistungsfähigkeit von Gruppen finden sich bereits bei Aristoteles, der verschiedene Vorteile hervorhob, die eine Gruppe gegenüber der Summe von Individuen bietet. Feststellungen über die besondere Leistungsfähigkeit und Gefährlichkeit von Gruppen liefert auch die Sozialpsychologie, die als Vorzüge der Gruppe vor allem die Spezialisierung der einzelnen Gruppenmitglieder sowie suggestive Einflüsse innerhalb einer Gruppenstruktur feststellt. Ähnliche Ergebnisse erbringen auch die kriminologischen Arbeiten zu Jugendbanden, die vor allem in der amerikanischen Kriminologie seit Beginn dieses Jahrhunderts durchgeführt wurden.

Spezielle Untersuchungen zur Struktur der Organisierten Kriminalität und den Gründen ihrer besonderen Gefährlichkeit sind in Deutschland bisher spärlich vorhanden. Die Organisierte Kriminalität wird in den meisten Arbeiten nur sehr pauschal als eine strukturierte Form geschäftsmäßiger Deliktsbegehung durch eine nach ökonomischen Gesichtspunkten errichtete Geschäftsorganisation beschrieben. Bis vor wenigen Jahren wurde davon ausgegangen, daß organisierte Straftätergruppen in Deutschland nicht so sehr durch mafiaähnliche hierarchisch organisierte Strukturen gekennzeichnet sind, sondern durch „Straftäterverflechtungen", die in ein „großes Netzwerk eingebunden" sind, in dem sie sich in gegenseitiger Verknüpfung informieren oder auch gelegentlich arbeitsteilig zusammenwirken, ohne dabei ihre Eigenständigkeit zu verlieren.

Diese – teilweise recht pauschalen – Beschreibungen von organisierten Straftätergruppen spiegeln sich in verschiedenen Definitionen, die seit den 70er Jahren vor allem zum Aufbau polizeilicher Informationssysteme und zur Zuweisung bestimmter Straftaten an spezielle Polizeidienststellen und Staatsanwaltschaften dienen. Die heute aufgrund der „Gemeinsamen Richtlinien der Justizminister/-senatoren über die Zusammenarbeit von Staatsanwaltschaft und Polizei bei der Verfolgung der Organisierten Kriminalität" geltende Definition umschreibt Organisierte Kriminalität als „die von Gewinn- oder Machtstreben bestimmte planmäßige Begehung von Straftaten, die einzeln und in ihrer Gesamtheit von erheblicher Bedeutung sind, wenn mehr als zwei Beteiligte auf längere oder unbestimmte Dauer arbeitsteilig a) unter Verwendung gewerblicher oder geschäftsähnlicher Strukturen, b) unter Verwendung von Gewalt oder anderer zur Einschüchterung geeigneter Mittel oder c) unter Einflußnahme auf Politik, Medien, öffentliche Verwaltung, Justiz oder Wirtschaft zusammenwirken". Auch die Zuständigkeitsbestimmung von § 5 BKA-Gesetz knüpft an das Merkmal des „organisierten" Handelns bzw. der „organisierten" Herstellung an. § 74a Nr. 4 GVG verweist für die Zuständigkeit der Staatsschutzkammern dagegen auf die materiellrechtliche Norm des § 129 StGB über „kriminelle Vereinigungen" und öffnet damit den Blick auf die entsprechenden Problemstellungen im materiellen Recht.

Im materiellen Strafrecht finden sich – vor allem bei Einbeziehung von rechtsgeschichtlichen und rechtsvergleichenden Erkenntnissen – verschiedene Ansätze, um die bandenmäßige oder organisierte Deliktsbegehung durch besondere Straftatbestände zu qualifizieren oder zu erfassen. Ein erster – bis ins germanische Recht zurückgehender – Ansatz begründet oder qualifiziert die durch mehrere Personen begangene Deliktsverwirklichung mit Hilfe des Konzepts der „Bande" (vgl. z.B. §§ 244 I Nr. 3, 244a, 250 I Nr. 4, 260, 260a StGB, § 30 Nr. 1 BtMG, § 373 II Nr. 3 AO). Die erhöhte Strafbarkeit der „bandenmäßigen" gegenüber der „mittäterschaftlichen" Straftatbegehung ist dabei durch ihre – auch durch sozialpsychologische Überlegungen belegte –

erhöhte Gefahr für die Allgemeinheit gerechtfertigt. Der Ansatz einer Erfassung von Organisierter Kriminalität mit Hilfe des Konzepts der „Kriminellen Vereinigung“ von § 129 StGB verlangt demgegenüber eine bestimmte Organisation der Gruppe. § 129 StGB scheitert im Bereich der Organisierten Kriminalität jedoch in der Praxis vor allem an der Forderung des Bundesgerichtshofs, daß sich der Wille der Gruppenmitglieder nicht allein nach dem Willen einer Führungsperson, sondern unter Einbeziehung der einzelnen Mitglieder bilden müsse. Dies ist jedoch insbesondere bei hierarchisch organisierten Straftätergruppen nicht der Fall. In der Praxis wird § 129 deswegen meist nur zur Begründung strafprozessualer Eingriffsermächtigungen herangezogen und dann wieder fallengelassen. Das US-amerikanische Modell des „Racketeer Influenced and Corrupt Organizations Act“ knüpft dagegen an der Organisationsstruktur von Straftätergruppen an und fordert die Strafverfolgungsorgane dadurch heraus, sich mit der Analyse „krimineller Unternehmen“ zu beschäftigen. Ein kriminelles Unternehmen erfordert nach der amerikanischen Rechtsprechung dabei eine Gruppe von Mittätern, die bestimmte Rollen innerhalb einer Organisationsstruktur erfüllen, sowie einen Steuerungsmechanismus zur Leitung der Organisation.

2. Auf dem Hintergrund dieser praktischen Auswirkungen von Feststellungen über die Struktur organisierter Straftätergruppen wurde im zweiten Teil der Arbeit eine eigene Konzeption zur Beschreibung organisierter Straftätergruppen und des illegalen Marktes entwickelt. Dabei wurde – in Fortführung der amerikanischen Überlegungen zur „crime industry“ – untersucht, inwieweit betriebswirtschaftliche Überlegungen auf kriminelle Organisationen und ihre Umweltbeziehung übertragen werden können. Die Hypothese einer Übertragung betriebswirtschaftlicher Überlegungen auf Straftäterzusammenschlüsse wurde zunächst theoretisch durch die Auswertung allgemeiner betriebswirtschaftlicher Grundsätze sowie durch die Berücksichtigung kriminologischer Erkenntnisse vor allem aus den USA begründet. Die damit entwickelte Theorie zum Verhalten von kriminellen Organisationen wurde dann empirisch mit Hilfe der Ergebnisse überprüft, die im Rahmen einer Expertenbefragung in insgesamt 48 Interviews mit Spezialisten auf dem Gebiet der Organisierten Kriminalität erlangt wurden.

Die theoretischen Überlegungen und die empirische Erhebung haben dabei gezeigt, daß organisierte Straftätergruppen in Deutschland ähnlich wie legale Unternehmen aufgebaut sind. Einzelne Funktionsbereiche sind sowohl technisch als auch personell abgrenzbar: Tatvorbereitung (Führung, Personal und

Logistik), Tatausführung (Beschaffung und Herstellung) sowie Beuteverwertung (Absatz, Finanzierung und Geldwäsche). Allein schon diese abgrenzbaren Funktionsbereiche zeigen die von den Straftätergruppen zur Deliktsbegehung angewandte hochentwickelte Arbeitsteilung, die unter anderem dazu führt, daß die Hauptverantwortlichen durch die üblichen (einzel-)deliktsbezogenen Ermittlungen nur schwer gefaßt werden können. Daneben läßt die Untersuchung der Außenbeziehungen erkennen, daß sich die Gruppen auch untereinander wie Unternehmen am Markt verhalten. Das Streben nach marktbeherrschenden Stellungen (d.h. Monopolen) prägt auch am „illegalen Markt" den Konkurrenzkampf. Abgesehen von kartellähnlichen Absprachen herrscht ein Verdrängungswettbewerb, der teilweise auch zur Gewalt führt. Neben der – oft ausreichenden – Drohung mit Gewalt und dem Einsatz von Gewalt zeichnen sich die Vorgehensweisen am illegalen Markt vor allem durch den die Straftaten begleitenden Einsatz von Korruption und durch die gezielte Information der Strafverfolger, wenn es gilt, unliebsame Konkurrenten auszuschalten, aus. Im einzelnen kann hier auf die oben zusammengefaßten für den illegalen Markt geltenden Grundprinzipien verwiesen werden.

## II. Ausblick

Aus den vorliegenden Hypothesen und empirischen Untersuchungsergebnissen ergeben sich für die eingangs erwähnten Fragenstellungen verschiedene Konsequenzen, die im Rahmen der vorliegenden kriminologischen Arbeit nur angedeutet werden können. Dies gilt vor allem für die Begründung der besonderen Gefährlichkeit organisierter Straftatbegehung, für die Definition von „Organisierter Kriminalität" in speziellen Zuständigkeitsbestimmungen und für die Konzeption materiellrechtlicher Straftatbestände.

1. Die besondere Gefährlichkeit organisierter Straftätergruppen beruht zunächst auf den allgemeinen Vorteilen, die eine Gruppe gegenüber der Summe von Einzelindividuen bietet: Die Sozialpsychologie und die kriminologische Forschung zu Jugendbanden haben diese Faktoren zutreffend mit den Schlagworten der Arbeitsteilung und der suggestiven Gruppenbeeinflussung beschrieben.

Diese allgemeinen Vorteile von Gruppen werden im Bereich der am finanziellen Gewinn orientierten Organisierten Kriminalität durch spezielle wirtschaftliche Vorzüge ergänzt, die den Vorteilen gut organisierter Wirtschaftsunternehmen am legalen Markt entsprechen. Insoweit sind vor allem die folgenden Gründe zu nennen:

- Kostensenkende Arbeitsteilung wird erst ab einer bestimmten Anzahl von Straftätern möglich, die in einer festen, dauerhaften und strukturierten Form verbunden sind. Auch Divisionierung und Diversifikation erfordern eine große Gruppe.
- Der Aufbau einer differenzierten Logistik ist nur für größere Gruppen rentabel und möglich. Handelswege, technische Ausstattung und Spezialisten können von einer größeren, festen Gruppe optimal – d.h. ökonomisch sinnvoll – ausgenutzt werden. Größere Gewinne lassen sich beispielsweise erst erzielen, wenn etwa Kfz-Verschieber eine kontinuierliche Absatzschiene aufgebaut haben. Kleinere Gruppen können dagegen einen gewissen Warenumschlag nicht übertreffen. Nur größere Unternehmen profitieren von Synergismen durch das Eindringen in neue Märkte auf der Basis einer bereits etablierten Logistik.
- Bei Delikten, zu deren gewinnträchtiger, geschäftsähnlicher Durchführung eine differenzierte Arbeitsteilung förderlich ist, sind organisierte Tätergruppen gegenüber einer Bande dadurch im Vorteil, daß den einzelnen Mittätern durch die differenzierte Arbeitsteilung meist die Chance genommen ist, Einblick in die weiteren Abläufe und in die tatsächlichen Gewinne der Führungspersonen zu nehmen.
- Größere Organisationen können insbesondere Gewalt und Korruption geschäftsmäßig, gezielt und kostenintensiv einsetzen. Die Aufwendungen dafür können über den größeren Umschlag illegaler Güter wieder erwirtschaftet werden. Auch die Ausbildung jüngerer, unerfahrener Täter ist für eine größere Organisation rentabler. Spezialisten lassen sich bei entsprechender Entlohnung auch kurzfristig auf Auftragsbasis engagieren.
- Bei einer Bande erhält grundsätzlich jeder einzelne Mittäter nach seinem Tatbeitrag einen Anteil am erzielten Gewinn. Bei organisierten Straftätergruppen werden die „ausführenden“ und deswegen regelmäßig mit dem höchsten Entdeckungsrisiko behafteten Straftäter häufig mit einem geringen Festpreis entlohnt, während sich die Finanziers und Organisatoren der Straftaten den Gewinn teilen. Ein kleiner Kreis von Tätern erwirtschaftet durch die geschäftsähnliche Straftatbegehung damit sehr hohe Gewinne. Durch gezielte Geldwäsche können einige der Täter dann auch unbemerkt in die legale Geschäftswelt eindringen und sich dort etablieren.

2. Für die Definition der Organisierten Kriminalität zum Zwecke der Schaffung von spezialisierten Strafverfolgungszuständigkeiten und von Meldesystemen hat die vorliegende Arbeit gezeigt, daß die einzelnen Parameter in der oben dargestellten Definition der „Gemeinsamen Richtlinien der Justizminister/-senatoren der Länder“ für organisierte Straftätergruppen zwar charakteristisch sind, die Definition zielt jedoch nicht auf den eigentlichen Kern von OK-Tätergruppen.

Das notwendige „Skelett" und der Kern einer organisierten Tätergruppe liegt – wie das Element „geschäftsmäßig" in der erwähnten Definition andeutet – in der alle Abläufe durchdringenden Führungsfunktion. Diese Führungsfunktion entscheidet nicht nur über Personaleinsatz, Logistik, Beschaffung oder Absatz bei der einzelnen Straftatbegehung, sondern bestimmt auch die Ziele der Gruppe – wie z.B. eine politische Einflußnahme. Allein die Führungspersonen kennen den Umfang und den genauen Ablauf der Deliktsbegehung; alle weiteren „Mittäter" einer OK-Gruppe werden in einem bestimmten Funktionsbereich eingesetzt und haben nur ihren beschränkten Tatbeitrag zu leisten. Eines gemeinschaftlichen Willensentschlusses oder einer gemeinschaftlichen Willensbildung aller Beteiligten bedarf es grundsätzlich nicht. Vielmehr „verkaufen" die meisten Täter nur ihre Arbeitskraft an die illegale Organisation.

Da die genannte Definition kein subjektives Element enthält und (anders als § 129 StGB) insbesondere keinen gemeinsamen Willensentschluß verlangt, erfaßt sie zwar die in Deutschland anzutreffenden OK-Tätergruppen. Sie ist jedoch noch zu stark vom Modell der gemeinschaftlichen bzw. bandenmäßigen Deliktsbegehung geprägt, indem sie den Blick auf die „planmäßige Begehung von Straftaten" richtet, „wenn mehr als zwei Beteiligte auf längere oder unbestimmte Dauer ... zusammenwirken". Aufgrund der vorliegenden Ergebnisse wäre eine Definition vorzugswürdig, die denjenigen erfassen würde, der ein – etwa mit den Parametern der oben genannten Definition beschriebenes – „illegales Unternehmen" unterstützt.

3. Im Hinblick auf materiellrechtliche Straftatbestände rechtfertigt die vorliegende Arbeit zunächst die Konzeption des deutschen Strafgesetzbuches, das bei bestimmten Delikten für eine „bandenmäßige" Begehung eine Strafschärfung vorsieht. Diese Konzeption einer Strafschärfung für bandenmäßige Deliktsbegehung wird bereits durch die oben dargestellten allgemeinen sozialpsychologischen Erkenntnisse zur besonderen Gefährlichkeit von Straftätergruppen gestützt.

Im Gegensatz dazu widerlegt die vorliegende Arbeit die Brauchbarkeit des zur Zeit – vor allem von der Rechtsprechung vertretenen – Konzepts von § 129 StGB. Die Untersuchung zeigt, daß § 129 StGB bei der Bekämpfung von Organisierter Kriminalität insbesondere für die zahlreichen hierarchisch strukturierten Straftäterzusammenschlüsse nicht anwendbar ist. Dies stellt vor allem deswegen ein gravierendes Problem dar, weil die empirische Untersuchung gezeigt hat, daß hierarchisch strukturierte Gruppen in Deutschland zur Zeit immer größere Bedeutung gewinnen.

Die Ergebnisse der vorliegenden Untersuchung stützen deswegen die Konzeption einer materiellrechtlichen Straftatbestimmung entsprechend dem US-amerikanischen Vorbild des „Racketeer Influenced and Corrupt Organizations Act" (RICO). Die vorstehend aufgestellten Grundprinzipien des illegalen Marktes in Verbindung mit den festgestellten Vorteilen organisierter Straftätergruppen haben für bestimmte Deliktsbereiche die Überlegenheit organisierter Straftäter gegenüber Einzeltätern und Banden belegt. Langfristig werden sich daher auch in Deutschland größere Tätergruppen am illegalen Markt weiter ausbreiten und Monopole etablieren. Als Hauptursache für die Überlegenheit und den wirtschaftlichen Erfolg organisierter Straftätergruppen hat sich dabei die ökonomisch rational geplante Deliktsbegehung auf der Grundlage einer sachlich überlegten Arbeitsteilung herauskristallisiert. Wegen der Strukturen, die organisierte Straftäter in Führung, Personalmanagement und Logistik nicht nur für ein bestimmtes Delikt aufbauen, können die Tätergruppen im Gegensatz zu einfachen Banden (die mit der Überführung einzelner Mittäter auch zerschlagen sind) weitgehend unabhängig von Individuen operieren. Damit drängt es sich nach dieser Studie auf, die Strukturen der Tätergruppen anzugreifen und zu versuchen, den illegalen Markt zu stören, der den Nährboden für die Entfaltung krimineller Organisationen bildet.

Um den Strafverfolgern die Aufdeckung und Zerstörung dieser Strukturen zu ermöglichen, müßte eine gesetzliche Grundlage geschaffen werden, die Ermittlungen in diese Richtung – insbesondere den Einsatz von strafprozessualen Eingriffen – erlaubt. Auch die bislang wegen des Legalitätsprinzips (§ 152 Abs. 2 StPO) für Ermittler im Bereich der Organisierten Kriminalität bestehenden Schwierigkeiten könnten dadurch verringert werden. Mit Hilfe einer entsprechend formulierten Norm ließe sich auch klären, wer für Vorfeldermittlungen zuständig ist. Die Strukturen, in denen die Organisierte Kriminalität gedeiht, ließen dann nämlich schon früh einen entsprechenden Tatverdacht aufkommen, der dazu führen würde, daß die Staatsanwaltschaft die – dann eindeutig repressiven – Ermittlungen leiten müßte.

Inwieweit sich das in den USA entwickelte und dort in der Praxis erprobte „RICO"-Gesetzessystem in das deutsche Strafrecht einpassen läßt, kann im Rahmen der vorliegenden kriminologischen Arbeit nicht abschließend untersucht werden. Die Aufnahme eines RICO-ähnlichen Tatbestandes in das deutsche Strafrecht als Ergänzung der speziellen Qualifikationstatbestände der bandenmäßigen Deliktsbegehung erscheint nach dieser Arbeit jedoch naheliegend, um den Strafverfolgungsbehörden das Eindringen in die Organisations- und Marktstrukturen der zunehmend organisiert arbeitenden Tätergruppen zu ermöglichen.

# Anhang

## Fragebogen zur Erhebung des Datenmaterials

**Deliktsbereich:.....**

**Interview Nr.:.....**

### *Einführende Erläuterungen für den Interviewpartner*

Im Rahmen eines Forschungsauftrags des Bundeskriminalamtes soll die „Logistik der Organisierten Kriminalität" untersucht werden. Ziel des Projektes ist es, neben einer „Lagebeschreibung" zum Einsatz der Logistik durch die Organisierte Kriminalität auch neue Präventionsansätze zu gewinnen.

Da der Zugang zu Erkenntnissen in diesem Bereich der Kriminalität schwierig ist, werden sachkundige Experten befragt, um die – anbei ihrer Tätigkeit gewonnenen – Kenntnisse wissenschaftlich festzuhalten. Damit die Ergebnisse dieser Befragung besser ausgewertet werden können, wird mit allen Experten das inhaltlich gleiche (standardisierte) Interview geführt. Die Ergebnisse der Interviews werden dabei anonymisiert. D.h., daß Sie sich unbesorgt und kritisch z.B. auch über die bisherige Strafverfolgungspraxis äußern können.

Bevor wir mit den Fragen beginnen, wäre es für uns jedoch wichtig zu wissen, in welchen Bereichen Sie tätig waren (Position, Dienstzeit und Arbeitsschwerpunkt) und welche Erfahrungen Sie in dem Bereich haben, der häufig mit dem Begriff der OK umschrieben wird.

## *Fragen*

### Teil I: Allgemeine Befragung zur „Logistik der OK"

1. Wie läuft die Deliktsbegehung in Ihrem konkreten Deliktsbereich ab?

Längeres, freies Gespräch, Tiefeninterview (dabei interessieren insbesondere Fragen zur Beschaffung, zum Absatz, zum Transport und zum Informationssystem)

### Teil II: Spezielle Fragen zu einzelnen Logistikbereichen

Das mit unserer Untersuchung angestrebte Lagebild über die „Logistik der OK" soll mittels einer speziellen Analysetechnik erstellt werden. Ausgegangen wird hierbei von betriebswirtschaftlichen Grundkenntnissen der Logistik (d.h. der Betriebslogistik), die auf den Bereich der organisierten Kriminalität übertragen werden. Die Betrachtung der Logistik in der Betriebswirtschaft erfolgt zum einen in bezug auf verschiedene betriebliche Funktionsbereiche und zum anderen anhand sogenannter übergreifender Logistikelemente. Als Funktionsbereiche werden in der Betriebswirtschaft vor allem die Beschaffung, die Herstellung und der Absatz definiert. Diese ergänzen wir um die Gewinnanlage als einen mutmaßlich selbständigen Bereich im Rahmen der OK-Logistik. Als übergreifende Logistikelemente sieht die Betriebswirtschaft üblicherweise die Lagerhaltung, die Verpackung, den Transport und das Informationssystem an. Wir fügen mit der Einflußnahme (insbesondere Bestechung, Korruption, Erpressung, Gewalt) noch ein weiteres Element hinzu.

2. Glauben Sie, daß diese aus der Betriebswirtschaft abgeleiteten Elemente (hierbei wird auf eine graphische Übersicht verwiesen) für die kriminologische Untersuchung der OK-Logistik ausreichend sind, oder würden Sie weitere Elemente einbeziehen?

Könnten Sie mir nun helfen, diese Informationen zu strukturieren?

## A. Logistik bei der Beschaffung:

*3a. Wie erfolgt die Beschaffung bei der Eigentumskriminalität (insbesondere KFZ-Diebstähle)?*

Wie gehen die organisierten Kriminellen im speziellen Deliktsbereich vor, wenn sie Güter oder Hilfsmittel illegal beschaffen?

Variieren die Wege und Methoden der Güterbeschaffung häufig?

Wie und mit welchen Transportmitteln werden die „Güter" oder Hilfsmittel transportiert?

Wo verbleiben die „Güter" (Verstecke bekannt)?

Werden die „Güter" getarnt, spielt eine irgendwie geartete Verpackung eine Rolle?

Werden „Güter" grenzüberschreitend besorgt, wie werden sie eingeführt, aus welchen Ländern stammen sie?

Wie werden die Gewinne ermittelt und verteilt (Ist dem Täter sein Anteil vorher bekannt, gibt es ein Rechnungswesen)?

Gibt es ein Handeln auf Bestellung – wenn ja, wie ist der Ablauf?

Wieviele Beteiligte wirken bei dem Beschaffungsprozeß zusammen?

Wie wird der Personaleinsatz gelenkt bzw. organisiert?

Wie werden „Mitarbeiter" rekrutiert? – ist dabei die auszufüllende Funktion (Führungskraft, Spezialist, Helfer oder unwissender Helfer) entscheidend oder mehr das geplante Delikt?

Wird die Zuverlässigkeit getestet – wie? Durch wen und wie werden Arbeitsstätten, Lokale, Wohnungen etc. besorgt und unterhalten?

*3b. Wie erfolgt die Beschaffung bei der Dienstleistungskriminalität „Nachtleben"?*

Wie werden Prostituierte für das Gewerbe gewonnen?

Gibt es besondere Methoden sie zu binden?

Wie wird der Einsatz der Prostituierten koordiniert bzw. organisiert (Rotation)?

Wie werden die Gewinne ermittelt und verteilt (Einsatz von EDV beim Rechnungswesen)?

Inwiefern werden legale Geschäftszweige mitbenutzt bzw ausgenutzt?

Welche Kontrollfunktionen gibt es gegenüber Prostituierten und wer übt sie aus?

Wer sorgt für die Ausstattung (Kleidung, Wohnung, PKW etc.)

*3c. Wie erfolgt die Beschaffung bei der Dienstleistungskriminalität Menschenhandel (insbesondere Frauenhandel)?*

Wie wird die illegale Einreise von Ausländern(-innen) durch die OK organisiert?

Von oder mit welchen Ländern finden die Transaktionen statt?

Wer führt die Verhandlungen (Bevollmächtigte, Anwerber etc.)?

Wie werden die illegal Einreisenden ausgestattet?

Wie werden die illegal Einreisenden transportiert?

Welche Gegenleistungen müssen sie erbringen, welche Bezahlung?

Wie werden die Papiere beschafft, gefälscht und ausgehändigt?

*3d. Wie erfolgt die Beschaffung bei der Dienstleistungskriminalität „Glücksspiel“?*

Wie werden die Voraussetzungen für das illegale Glücksspiel (Räumlichkeiten, Spieltische, Spielmaterial, evtl. manipuliert) und das notwendige Personal beschafft?

Aus welchen Personen setzt sich der Kundenkreis zusammen?

Dringt die OK auch in legale Casinos ein? Wenn Ja: mit welchen Strategien?

Gibt es eine Zusammenarbeit zwischen illegalen bzw. zwischen legalen und illegalen Casinos?

4. Welche Nationalität besitzen die Straftäter vorwiegend?

Gibt es eine Zusammenarbeit mit ausländischen Gruppen?

## B. Logistik bei der Herstellung:

5. Wie und warum werden von der OK legal Logistikbestandteile wie z.B. Spieltische, Waffen etc. bzw illegal erworbene Güter (z.B. Autos) bearbeitet bzw. Papiere oder andere Dokumente (Verträge, Transport-, Zolldokumente) hergestellt?

Wer führt diese Arbeiten durch (eigene Spezialisten oder „Auftragsvergabe“)?

Gibt es spezifische „Serviceunternehmen“?

Wo finden diese Arbeiten statt, gibt es eine spezielle Tarnung?

Wie und wo kommt moderne Technik zum Einsatz?

Ist diese Technik auch legal nutzbar?

Kann man aus Ihren Erfahrungen den Grundsatz bilden: „Technik ersetzt Spezialisten"?

6. Findet eine Ausbildung der „Mitarbeiter" oder Prostituierten statt?

Findet auch eine gezielte Suche nach Fachkräften statt?

Woher wird das know-how (kaufmännische bzw. technische) besorgt bzw. wie werden Spezialkenntnisse erlernt?

Ist das Know-how käuflich/verkäuflich? Wenn Ja: Welches?

Werden Spezialisten engagiert? Wenn Ja: Wie?

## C. Logistik beim Absatz:

7. Wie wird der Absatz der „heißen Ware" bzw. das Angebot der illegalen Dienste organisiert?

Gibt es spezielle Verschleierungstaktiken?

Wie groß ist der Personenaufwand?

Gibt es bei den beteiligten Straftätern eine feste Aufgabenzuweisung bei der Absatzorganisation?

Wer ist von wem abhängig?

Wie werden die „Kunden" über die Verfügbarkeit der Güter, das Glücksspielangebot bzw das Angebot an Prostituierten informiert? Bzw. wie werden Ansprechpartner gesucht und gefunden?

Wie wird die „Verteilung" der illegal Einreisenden am Markt organisiert?

Wird die Ware auch ins Ausland abgesetzt? Wohin?

Gibt es einen Unterschied in der Logistik bezogen auf die verschiedenen Absatzländer?

8. Gehen die Kriminellen beim Warenabsatz bzw. beim Angebot der illegalen Dienste oft nach dem gleichen Muster vor oder wird der Absatz jeweils oder häufig neu organisiert?

Wie anfällig ist der Absatz gegenüber polizeilichen Angriffen?

Können Sie Überschneidungen und Unterschiede zum legalen Warenabsatz nennen?

## D. Logistik bei der Gewinnanlage:

9. Wieviel wird von den beteiligten Straftätern jeweils (d.h. pro Tat) eingenommen?

Wie wird das aus kriminellen Aktivitäten gewonnene Geld angelegt bzw. „gewaschen"?

Welche Personen werden dazu benötigt (Strohmänner)? Gibt es z.B. schon den „Geldwäscher" als Spezialisten in der deutschen Szene?

Wie wichtig sind hierbei Kontakte/Beziehungen zur legalen Wirtschaft?

Inwiefern spielen internationale Kontakte eine Rolle?

Ist Geldwäsche/Gewinnanlage ohne internationale Bezüge überhaupt denkbar?

### Teil III: Spezielle Fragen zu einzelnen Logistikelementen

A. Informationsfluß

10. Wie wird der Informationsfluß unter den Kriminellen organisiert?

Welche technischen Kommunikationsmittel werden eingesetzt?

Wie wird der Informationsfluß erleichtert/getarnt?

Wie werden Kontakte zu anderen (auch ausländischen) Gruppen geknüpft/unterhalten?

Gibt es den Einsatz von Dolmetschern? Wenn Ja welche Rolle spielen sie?

Wer plant und steuert den Tatablauf insbes. den Einsatz der Logistik? Z.B. gibt es „Funktionen" im militärischen Sinne oder „Logistiker" im betriebswirtschaftlichen Sinne?

Gibt es ein System des Bereithaltens bzw. zur Verfügung stellens von Straftätern für einzelne Aktionen bzw Straftaten?

B. Tarnung (Verpackung)

11. Existieren besondere Methoden um legale Legenden aufzubauen – welche sind üblich?

Welche Branchen der legalen Wirtschaft werden als Tarnung oder Ausgangsbasis für kriminelle Aktivitäten gewählt?

Welche Bedeutung haben legale Tätigkeiten in der Täterlogistik?

Gibt es deliktsspezifische Besonderheiten?

Wie weit nutzt die OK die Logistik in der legalen Wirtschaft?

Welche Rolle spielen Strohleute?

Gibt es „rein“ illegale Logistikstrukturen – d.h., die legal nicht genutzt werden könnten?

Werden illegale und legale Tätigkeiten bewußt gemischt?

Kann man „legale Unternehmen“ von „Unternehmen der OK“ unterscheiden? Wenn Ja: Woran?

Was unternehmen die organisierten Kriminellen beim Umgang mit der „heißen Ware“ bzw beim Angebot illegaler Dienste darüber hinaus, um nicht entdeckt zu werden bzw. um den Gewinn zu sichern?

C. Überredung, Erpressung, Gewalt etc. auf Polizeibeamte/Zollbeamte/ Justizangehörige, Angehörige der öffentlichen Verwaltung oder der Wirtschaft)?

Wo wird mehr mit Korruption vorgegangen und wo mit Gewalt?

Welche Personen in der Logistikkette sind Ziele von Einflußnahmen?

Wie bzw. wie oft werden Verbindungen zu Entscheidungsträgern etc. aufgebaut/genutzt/gepflegt?

In welchen Höhen bewegen sich die Bestechungsgelder – werden diese Ausgaben getarnt (Absatz von der Steuer)?

Ist im konkreten Deliktsbereich eine irgendwie geartete Einflußnahme Voraussetzung der Deliktbegehung?

Hat es in Ihrem Arbeitsumfeld Versuche der Einflußnahme gegeben?

Sind Ihnen Fälle bekannt, in denen Täter, Zeugen oder andere Prozeßbeteiligte die zur Logistik zählen durch mutmaßliche OK-Täter eingeschüchtert oder bedroht wurden?

13. Welche Rolle spielen Strafverteidiger, Rechts- bzw. Steuerberater?

Wie werden die Kontakte hergestellt bzw. unterhalten – insbesondere bestehen Verträge oder sonstige Bindungen?

Sind die Verteidiger in irgendeiner Weise von ihren Mandanten abhängig?

Inwieweit sind die Verteidiger und Berater über die wirklichen Geschehnisse informiert?

### Teil IV: Übergreifende Fragen zur „Logistik der OK“

14. Wieviel sind OK-Täter bereit in die Logistik zu investieren? Gibt es typische Auffälligkeiten oder unverzichtbare Logistik?

Wie versuchen die Täter, den erzielten Profit noch zu steigern?

Welche Erkenntnisse liegen über den Kostenfaktor vor – wieviel investieren die Kriminellen für den reibungslosen Güterverkehr bzw Dienstleistungsbetrieb im Verhältnis zum Gewinn?

Ist materielle wie auch immaterielle (z.B. connections) Logistik käuflich oder ist sie grundsätzlich ein „Eigenprodukt“ der jeweils agierenden OK-Gruppe?

Wird die Logistik auch dazu ausgenutzt in neue, andere Deliktsbereiche einzudringen – bzw. werden verschiedene Logistiksysteme gewinnbringend kombiniert?

Die Ablauforganisation in ihrem Deliktsbereich ist meist unter verschiedenen Gruppierungen/Personen aufgeteilt. Gibt es Logistikelemente, die „weitergereicht“ werden oder verwaltet jede Gruppierung ihre „eigene“ Logistik?

15. Wie schätzen Sie generell die Bedeutung der Logistik für organisierte Kriminelle bzw. für von OK-Tätern begangene Delikte ein?

Inwiefern ist die Logistik ein die OK bestimmendes Kriterium?

16. Könnten Sie nocheinmal alle Ihnen wichtig erscheinenden Elemente der „Grundlogistik“ im besprochenen Deliktsbereich aufzählen?

Möchten Sie versuchen die Logistik zu definieren?

17. Wieviele Verfahren werden in Ihrem Deliktsbereich in der Bundesrepublik jährlich durchgeführt? (Umfang und Verbreitung)

Gibt es Besonderheiten beim Aufbau der Täterlogistik in den neuen Bundesländern?

Erwarten Sie eine Veränderung der grenzüberschreitenden OK ab der Einrichtung des gemeinsamen Binnenmarktes in Europa 1993?

### Teil V: Fragen zur Prävention/Repression

18. Wir haben ausführlich über die Logistik der OK gesprochen. Was bzw. wo wäre nach Ihrer Meinung ein Ansatzpunkt – im Rahmen der Logistik Ihres Deliktsbereiches – für die Prävention bzw. Repression?

Was wäre eine effektive Änderung (deliktsspezifisch betrachtet) im Rechtssystem?

Was müßte man machen, um den Aufbau der deliktsspezifischen Logistik zu unterbinden oder zumindest zu erschweren?

Wie können die Strafverfolgungsbehörden den Aufbau einer Logistik durch die OK früher erkennen (Schwachstellen)?

Was kann man schon vorbeugend tun, um es der OK zu erschweren von legalen Mitteln für ihre Zwecke Gebrauch zu machen?

Können Sie sich weitere Ansatzpunkte für die Strafverfolgung vorstellen, wenn Sie sich nocheinmal die von uns besprochenen Bereiche der Täterlogistik (Beschaffung, Herstellung, Absatz, Gewinnanlage) bzw. die übergreifenden Elemente der Täterlogistik (Lagerhaltung, Tarnung, Transport, Informationssystem und Einflußnahme) in Erinnerung rufen?

19. Welche organisatorischen, personellen und taktischen Maßnahmen sollten getroffen werden, um die Logistik der OK wirksam aufbrechen zu können (Ausbildung, Spezialisierung)?

20. Fällt Ihnen zum Themenbereich noch etwas ein, das bislang unerwähnt geblieben ist?

## Teil VI: Frage nach weiteren Interviewpartnern

Könnten Sie bitte für die kompetente Beantwortung dieses Fragebogens weitere Experten – auch aus anderen einschlägigen Gebieten – vorschlagen (insbesondere auch aus den Bereichen der Wirtschaft und der Anwälte)?

# Literaturverzeichnis

*Albach, Horst / Held, Thomas*: Betriebswirtschaftslehre mittelständischer Unternehmen, Stuttgart 1987.

*Androulakis, Nikolaos H.*: Zur Frage der Zuhälterei, ZStW 1978 (1966), 432 ff.

*Aristoteles*: Politik (Hrsg. Tsouyopoulos, Nikos / Grassi, Ernesto), Reinbek 1965.

*Arnolds, Hans / Heege, Franz / Tussing, Werner*: Materialwirtschaft und Einkauf, 5. Aufl., Wiesbaden 1986.

*Bartels, Hans G.*: Handwörterbuch der Wirschaftswissenschaft (HdWW), Frankfurt, 1980.

*Baumbach, Adolf / Duden, Konrad / Hopt, Klaus J.*: Handelsgesetzbuch, 28. Aufl., München 1989.

*Bäumler, Helmut*: Datenschutz ist kein Täterschutz. OK-Informationsgewinnung und -verarbeitung aus der Sicht des Datenschutzes, Kriminalistik 1992, 75 ff.

*Bea, Franz Xaver / Dichtl, Erwin / Schweitzer, Marcell*: Allgemeine Betriebswirtschaftslehre, Band 1 bis 3, Stuttgart 1991.

*Beck, Alexander*: Bekämpfung der Organisierten Kriminalität speziell auf dem Gebiet der Rauschgiftkriminalität unter besonderen Berücksichtigung der V-Mann Problematik, Europäische Hochschulschriften, Band 978, Frankfurt a.M. 1990.

*Becker, Gary S.*: Economic theory, New York 1971.

*Becker, Garry S. / Grossmann, Michael / Murphy, Kevin N.*: Rational Addiction and the Effect of Price Consumption, The American Economy Review 1991, 237 ff.

*Becker, Garry S.*: Der ökonomische Ansatz zur Erklärung menschlichen Verhaltens, Tübingen 1982.

*Berekoven, Klaus*: Grundlagen der Absatzwirtschaft, 3. Aufl., Berlin 1986.

*Bestmann, Uwe*: Kompendium der Betriebswirtschaftslehre, 5. Aufl., München 1990.

*Bitz, Michael / Dellmann, Klaus / Domsch, Michel / Egner, Henning*: Vahlens Kompendium der Betriebswirtschaftslehre, Band 1 und 2, 2. Aufl., München 1990.

*Bloech, Jürgen*: Materialwirtschaft: Kostenanalyse, Ergebnisdarstellung und Planungsumsätze, Stuttgart 1986.

*Boeden, Gerhard*: Erscheinungsformen und polizeiliche Bekämpfungsmöglichkeiten der organisierten Kriminalität, in: Schwind, Hans-Dieter / Steinhilper, Gernot / Kube, Edwin (Hrsg.): Organisierte Kriminalität, Heidelberg 1987, 23 ff.

*Boettcher, Otto*: Organisiertes Verbrechertum in: HWB der Kriminologie, Bd. 3, Berlin 1975, 466 ff.

*Boll, Olaf*: Rechtspolitik im Meinungsstreit, Kriminalistik 1992, 66 ff.

*Bolzoni, Attlilio*: Totò Curtu und der Fall der Ehrenwerten, NZZ Folio 9/1991, 10 ff.

*Brauneck, Eva*: „Allgemeine Kriminologie", Vorlesungsskript, 1970.

*Brenner, Susann W.*: Of Complicity and Enterprise Criminality: Applying Pinkerton Liability to RICO Actions, 56 Missouri Law Review (1991), 931 ff.

*Brickey, Kathleen F.*: Corporate Criminal Liability: A Primer for Corporate Counsel, 40 Business Lawyer (1984), 129 ff.

*Brockhaus Enzyklopädie*: Enzyklopädie, 18. Aufl., Wiesbaden 1986.

*Burgman, Dierdre A.*: Unitalteral Conspiracy: Three Critical Perspectives, 29 Depaul Law Review (1979), 75 ff.

*Buscemi, Peter*: Conspiracy: Statutory Reform Since The Model Penal Code, 75 Columbia Law Review (1975), 1122 ff.

*Caesar, Peter*: Das Gesetz gegen die Organisierte Kriminalität – eine unendliche Geschichte?, ZRP 1991, 241 ff.

*Caldwell, Robert G.*: Criminologie, 2. Aufl., New York 1965.

*Carl, Dieter*: Kampf gegen die Geldwäsche, wistra 1991, 288 ff.

*Corpus Juris Secundum*, 15 Aufl., 1967 (update).

*Courtney, Ryler C.*: Ten Thousand Public Enemies, Boston 1935.

*Cressey, Donald*: Theft of the Nation, 1969.

*de Lazzer, Dieter / Rohlf, Dietwald*: Der „Lauschangriff", JZ 1977, 207 ff.

*Deutscher Anwaltsverein*, Stellungnahme des Strafrechtsausschusses zum Entwurf eines OrgKG, StrafVert 1992, 29 ff.

*Dölling, Dieter*: Polizeiliche Ermittlungstätigkeit und Legalitätsprinzip, BKA-Forschungsreihe, Wiesbaden 1987.

*Dörmann, Uwe/ Koch, Karl-Friedrich/ Risch, Hedwig/ Vahlenkamp, Werner*: Organisierte Kriminalität – wie groß ist die Gefahr?, Wiesbaden 1990.

*Dreher Eduard*: Anmerkung zu BGH, Beschluß v. 3.4.1970, NJW 1970, 1802.

*Dreher, Eduard / Tröndle, Herbert*: Strafgesetzbuch, 46. Aufl., München 1993.

*Edelherz, Herbert*: Major Issues in Organized Crime Control, US Department of Justice, Washington D.C. 1987.

*Eisenberg, Ulrich*: Kriminologie, 3. Aufl., Köln 1990.

*Eisenberg, Ulrich / Ohder, Claudius*: Über Organisiertes Verbrechen, JZ 1991, 574 ff.

*Exner, Franz*: Kriminologie, 3. Aufl., Berlin 1949.

*Falcone, Giovanni*: „Organisierte Kriminalität – ein Weltproblem", BKA Herbsttagung 1990, der kriminalist 1991, 11 f.

*Feuerbach A.v.*: Lehrbuch des gemeinen in Deutschland gültigen peinlichen Rechts, 6. Aufl., Gießen 1818.

*Fijnaut, Cyrille*: Organized Crime and Anti-Organized Crime Efforts in Western Europe: An Overview, in: Fijnaut, Cyrille / Jacobs, James (Hrsg.), Organized Crime and its Containment – A Transatlantic Initiative, Deventer 1992.

*Friedmann, Joel M. / Wicks, Albert J. / Pichini, Louis R. / Courtney, Robert E. / Cole, Ronald G. / Fritchey, David E. / Gross, Barry / Seigel, Michael L.*: Fighting Organized Crime: Special Responses To A Special Problem, 16 Rutgers Law Journal (1985), 439 ff.

*Frisch, Heinz*: Grundriß der Volkswirtschaftslehre, 3. Aufl., Baden-Baden 1982.

*Gehm, Volker / Link, Martina*: Organisierte Kriminalität, Kriminalistik 1992, 451 ff.

*Gemmer, Karl-Heinz*: Organisiertes Verbrechen – eine Gefahr für die innere Sicherheit?, Kriminalistik 1974, 529 ff.

*Goldsmith, Michael / Lindermann, Mark Jay*: Civil RICO Reform: The Gatekeeper Concept, 43 Vanderbilt Law Review (1990), 735 ff.

*Goldsmith, Michael*: RICO and Enterprise Criminality: A Response to Gerald E. Lynch, 88 Columbia Law Review (1988), 774 ff.

*Göppinger, Hans*: Kriminologie, 4. Aufl., München 1980.

*Gräßle-Münscher, Josef*: Der Tatbestand der kriminellen Vereinigung aus historischer und systematischer Sicht, Diss. München 1982.

*Groß, Hans / Gerds, Friedrich*: Handbuch der Kriminalistik, Bd. 1, Berlin 1977.

*Gusy, Christoph*: Befugnisse des Verfassungsschutzes zur Informationserhebung, DVBl. 1991, 1288 ff.

*Hälscher, H.*: Das gemeine deutsche Strafrecht, Band I, Bonn 1881.

*Harnischmacher, Robert*: Die unglückselige Heirat des organisierten Verbrechens mit dem internationalen Terrorismus, Archiv für Kriminologie, Bd. 186 (1990), 1 ff.

*Hassemer, Winfried*: Stellungnahme zum Entwurf eines Gesetzes zur Bekämpfung des illegalen Rauschgifthandels und anderer Erscheinungsformen der organisierten Kriminalität (OrgKG), KritJ 1992, 64 ff.

*Hassemer, Winfried*: Kronzeugenregelungen bei terroristischen Straftaten. Thesen zu Art. 3 des Entwurfs eines Gesetzes zur Bekämpfung des Terrorismus, StrafVert 1986, 551 ff.

*Häusler, Bernd*: Der Kronzeuge in der Geschichte der deutschen Strafrechtspflege und im internationalen Bereich – Szenen nicht nur aus dem „Schmücker-Verfahren", Europa und Strafverteidigung, 1991, 45 ff.

*Haussmann, Friedrich*: Einführung in die Systemforschung, 3. Aufl., München 1987.

*Hawkins, Gordon*: Organized Crime: Is there a summit?, Crime and Justice 1966, 374 ff.

*Hentig, Hans v.*: Der Gangster, Berlin 1959.

*Hentig, Hans v*: Der Desperado, Berlin 1956.

*Hentze, Joachim*: Personalwirtschaftslehre, Band 1, 4. Aufl., Stuttgart 1989.

*Hermann, Donald H.*: Organized Crime and White Collar Crime: Prosecution Of Organized Crime – Infiltration Of Legitimate Business, in: 16 Ruthgers Law Journal (1984/85), 589 ff.

*Hess, Henner*: Mafia, Diss. Tübingen 1970.

*Hilger, Hans*: Neues Strafverfahrensrecht durch das OrgKG, NStZ 1992, 457 ff., 523 ff.

*His R.*: Geschichte des deutschen Strafrechts bis zur Carolina, München, Berlin 1928.

*Hoberg, Ludwig*: Kriminelle Organisationen, HWB der Kriminologie, Band II, Berlin 1977, 283 ff.

*Hofstätter, Peter R.*: Gruppendynamik, Hamburg 1957.

*Homans, George C.*: The human group, New York 1950.

*Hoover, Edgar J.*: Persons in hiding, Boston 1938.

*Horstkotte, Hartmuth*: Kuppelei, Verführung und Exhibitionismus nach dem Vierten Gesetz zur Reform des Strafrechts, JZ 1974, 84.

*Hund, Horst*: Polizeiliches Effektivitätsdenken contra Rechtsstaat, ZRP 1991, 463 ff.

*Ickler, Nancy L.*: Conspiracy to Violate RICO: Expanding Traditional Conspiracy Law, 58 The Notre Dame Law Review (1983), 587 ff.

*Jacob, Herbert (Hrsg.)*: Allgemeine Betreibswirtschaftslehre, 5. Aufl., Wiesbaden, 1988.

*Jescheck, Hans-Heinrich*: Der Entwurf eines neuen Sexualstrafrechts im Lichte der Rechtsvergleichung, ZStW 83 (1971), 299.

*Jung, Heike*: Der Kronzeuge – Garant der Wahrheitsfindung oder Instrument der Überführung?, ZRP 1986, 38 ff.

*Kaiser, Günther*: Kriminologie, 7. Aufl., Heidelberg 1985.

*Kaiser, Günter / Kerner, Hans-Jürgen / Sack, Fritz / Schellhoss, Hartmut (Hrsg.)*: Kleines Kriminologisches Wörterbuch, 3. Aufl., Heidelberg 1993.

*Kefauver, Estes*: The Kefauver Committee Report on organized crime, Washington 1951.

*Keller, Rolf / Griesbaum, Rainer*: Das Phänomen der vorbeugenden Bekämpfung von Straftaten, NStZ 1990, 416 ff.

*Kerner, Hans-Jürgen*: Professionelles und organisiertes Verbrechen, Wiesbaden 1973.

*Kernenbach, Hans-Willi*: Organisierte Kriminalität in einem Europa durchlässiger Grenzen, Bericht zur Herbsttagung des Bundeskriminalamts, der krimnalist 1991, 10 ff.

*Klein, John*: The study of human groups, London 1956.

*Klein, Malcolm W.*: Street Gangs and Streetworkers, Englewood/Cliffs, N.J. 1971.

*Kleinknecht, Theodor / Meyer, Karlheinz*: Strafprozeßordnung, 40. Aufl., München 1993.

*Kniesel, Michael*: Neue Polizeigesetze contra StPO? Zum Regelungsstandort der vorbeugenden Bekämpfung von Straftaten und zur Verfassungsmäßigkeit polizeilicher Vorfeldaktivitäten, ZRP 1987, 377 ff.

*Kohler-Scheel*: Constitutio Carolina Criminalis, Halle 1900.

*Kollmar, Hans*: „Organisierte Kriminalität" - Begriff oder Bezeichnung eines Phänomens?, Kriminalistik 1974, 1 ff.

*Korndörfer, Wolgang*: Unternehmensführungslehre, 6. Aufl., Wiesbaden 1988.

*Körner, Harald H.*: Die Strafrechtspraxis im Labyrinth neuer Betäubungsmittelrechtsbekämpfungen, NJW 1993, 233 ff.

*Körner, Harald H.*: Verdeckte Ermittlungen ohne Straftaten, Kriminalistik 1992, 601 ff.

*Krey, Volker / Dierlamm, Alfred*: Gewinnabschöpfung und Geldwäsche - Kritische Stellungnahme zu den materiell-rechtlichen Vorschriften des Entwurfs eines Gesetzes zur Bekämpfung des illegalen Rauschgifthandels und anderen Erscheinungsformen der Organisierten Kriminalität (OrgKG), JR 1992, 353 ff.

*Kreyenbühl Thomas*: Von der Scholle an den Börsenring (Wie die Mafia die italienische Wirschaft unterwandert), NZZ Folio 9/1991, 41 ff.

*Kulenkampf, Christoph*: Beitrag in der Herbsttagung des BKA, zitiert nach Kernenbach, Hans-Willi, Organisierte Kriminalität in einem Europa durchlässiger Grenzen, Bericht zur Herbsttagung des Bundeskriminalamts, der krimnalist 1991, 10 ff.

*Küster, Dieter*: Organisierte Kriminalität: Mit den Augen des Praktikers gesehen, Kriminalistik 1990, 626 ff.

*Lammer, Dirk*: Terrorbekämpfung durch Kronzeugen, ZRP 1989, 248 ff.

*Le Bon, Gustave*: Psychologie des foules, Paris 1895.

*Leipziger Kommentar*: Strafgesetzbuch, 10. Aufl., Berlin, New York 1985.

*Lenhard, Karl-Heinz*: Sind wir denn alle blind?, Kriminalistik 1991, 506 ff.

*Leyendecker, Hans / Rickelmann, Richard / Georg, Bönisch*: Mafia im Staat, Göttingen 1992.

*Lindlau, Dagobert*: Der Mob, Hamburg 1987.

*Lisken, Hans*: Befugnis zum Belauschen?, ZRP 1993, 121 ff.

*Lisken, Hans*: Über Aufgaben und Befugnisse der Polizei im Staat des Grundgesetzes, ZRP 1990, 15 ff.

*Loeber, A.*: Die Bandenmäßigkeit bei Vermögensdelikten, Diss. Erlangen 1936.

*Luger, Adolf E. / Geisbüsch, Hans-Georg / Neumann, Jürgen M.*: Allgemeine Betriebswirtschaftslehre, 3. Aufl., München 1991.

*Lynch, Gerard E.*: RICO: The crime of being a criminal, 87 Columbia Law Review (1987), 920 ff.

*Mannheim H.*: Vergleichende Kriminologie, Stuttgart 1974.

*Marcus, Paul*: Conspiracy: The Criminal Agreement in Theory and in Practice, 65 The Georgetown Law Journal (1977), 925 ff.

*Mätzler, Armin*: Wehret den Anfängen – aber wie?, Kriminalistik 1968, 405 ff.

*Meertens, Christoph*: Das Gesetz gegen die Organisiserte Kriminalität, eine unerträgliche Geschichte!, ZRP 1992, 205 ff.

*Mergen, Armand*: Die Kriminologie, 2. Aufl., München 1978.

*Merten, Karl-Heinz / Merten, Heike*: Vorbeugende Verbrechensbekämpfung, ZRP 1991, 213 ff.

*Möhrenschlager, Manfred*: Das OrgKG – eine Übersicht nach amtlichen Materialien, wistra 1992, 281 ff. und 326 ff.

*Moore, Mark H.*: Major Issues in Organized Control, Hrsg. Edelhertz, Herbert U.S. Department of Justice, Washington 1987, 53 ff.

*N.N.*: Note, Developments in the Law – Criminal Conspiracy, 72 Harvard Law Review (1959), 920 ff.

*Obermüller, Manfred*: Gewinnaufspürung, Kriminalistik 1992, 361 ff.

*Osenbrüggen E*: Alamannisches Strafrecht, Schaffhausen 1860.

*Ostendorf, Heribert*: Eine doppelte Herausforderung für die Justiz, Kriminalistik 1991, 509 ff.

*Pantaleone, Michele*: Der mafiose Geist (Die Verfilzung von Mafia und Politik) NZZ Folio 9/1991, 20 ff.

*Peitsch, Dietmar*: Die Informationsbeschaffung im neuen Polizeirecht, ZRP 1992, 127 ff.

*Peters, Butz*: Die Absahner – Organisierte Kriminalität in der Bundesrepublik, Hamburg 1990.

*Pfohl, Hans-Christian*: Logistiksysteme, 3. Aufl., Berlin 1988.

*Polizeiliche Kriminalstatistik*: Bundesrepublik Deutschland, BKA Wiesbaden, Berichtsjahr 1989, 1990 und 1991.

*Porter, Michael E.*: Wettbewerbsstrategie (Competitive Strategy), Frankfurt 1983.

*Radbruch, Gustav / Gwinner, Heinrich*: Geschichte des Verbrechens, Frankfurt am Main 1951, zitiert nach der Neuauflage 1991.

*Raith, Werner*: Mafia. Ziel Deutschland, Frankfurt 1992.

*Rakoff, Jed S. / Goldstein, Howard W.*: RICO Civil and Criminal Law and Strategy, New York 1990.

*Rebscher, Erich / Vahlenkamp, Werner*: Organisierte Kriminalität in der Bundesrepublik Deutschland, Wiesbaden 1988.

*Rein, Wilhelm*: Kriminalrecht der Römer, Leipzig 1844

*Reuter, Peter*: The Organization of Illegal Markets: An Economic Analysis, Research Report, Nationale Institut of Justice, Washington 1985.

*Riegel, Reinhard*: Bundespolizeirecht, München 1985.

*Roth, Jürgen / Frey, Marc*: Die Verbrecher Holding, München 1992.

*Ruggiero, Vincenzo / Vass, Antony A.*: Heroin Use and the Formal Economy, Illicit Drugs and Licit Economies in Italy, 32 The British Journal of Criminology (1992), 273 ff.

*Sbandi, Pio*: Gruppenpsychologie, München 1973.

*Schaefer, Christoph*: Polizeiarbeit auf schwankendem Grund, Kriminalistik 1987, 230 ff.

*Schelling, Thomas C.*: Economics and Criminal Enterprise, Andreano/Siegfried (Hrsg.), The Economics of Crime, New York 1980.

*Scherer, Martin*: Die Formen der Verbrechenbegehung bei den Rotten- und Bandendelikten im Verhältnis zu den Formen der Verbrechensbegehung des Allgemeinen Teils des Strafgesetzbuchs, Mainz 1966.

*Schild, W.*: Der strafrechtsdogmatische Begriff der Bande, GA 1982, 55 ff.

*Schlüchter, Ellen*: Zweites Gesetz zur Bekämpfung der Wirtschaftskriminalität, Heidelberg 1987.

*Schneider, Dieter*: Allgemeine Betriebswirtschaftslehre, 3. Aufl., München 1987.

*Schneider, Hans Joachim*: Kriminologie, Berlin 1987.

*Schneider, Hans Joachim*: Das organisierte Verbrechen, JURA 1984, 169 ff.

*Schroeder, Friedrich Christian*: Systematische Stellung und Rechtsgut der Sexualstraftaten nach dem 4. StrRG, Festschrift für Welzel, Berlin 1974, S. 859 ff.

*Schumann, Jochen*: Grundzüge der mikroökonomischen Theorie, 6. Aufl., Berlin 1992.

*Schütz, Klaus Volker*: Gruppenforschung und Gruppenarbeit, Mainz 1989.

*Schwind, Hans-Dieter*: Definition und Geschichte der organisierten Kriminalität im kurzen Überblick, in: Schwind, Hans-Dieter / Steinhilper, Gernot / Kube, Edwin (Hrsg.), Organisierte Kriminalität, Heidelberg 1987, 17 ff.

*Seelig, Ernst*: HWB der Kriminologie, Band II, 1. Aufl., Berlin, Leipzig 1936.

*Sgubbi, F.*: Das organisierte Verbrechen in Italien, Erscheinungsformen, Methoden der Bekämpfung und Rechtsfragen, ZStrR 1985, 241 ff.

*Sieber, Ulrich*: Europäische Einigung und Europäisches Strafrecht, ZStW Bd. 103 (1991), 957 ff.

*Sieber, Ulrich / Bögel, Marion*: Logistik der Organisierten Kriminalität, Wiesbaden 1993.

*Siegele, Stephano*: La folla delinquente, Florenz 1891.

*Skovis/Pflanz*: Suggestion in ihrer relativen zeitbedingten Begrifflichkeit, Stuttgart 1961.

*Specht, Günter*: Einführung in die Betriebswirtschaftslehre, Stuttgart 1990.

*Steinke, Wolfgang*: Das organisierte Verbrechen, Kriminalistik 1982, 78 ff.

*Strate, Gerhard*: Stellungnahme des Strafrechtausschusses des Deutschen Anwaltsvereins (DAV) zum „Entwurf eines Gesetzes zu Bekämpfung des illegalen Rauschgifthandels und anderer Erscheinungsformen der Organisierten Kriminalität (OrgKG)“, StrafVert 1992, 29 ff.

*Stümper, Alfred*: 150 Milliarden Mark jährlicher Schaden, Kriminalistik 1985, 15 ff.

*Tabarelli, Winfried*: Fundgruben und Quellen, Kriminalistik 1990, 635 ff.

*Tiedemann, Klaus / Sieber, Ulrich*: Die Verwertung des Wissens von V-Leuten im Strafverfahren, NJW 1984, 753 ff.

*Trasher, Frederic M.*: The Gang, Chicago 1927.

*Tuchtfeld, Egon*: Bausteine zur Theorie der Wirtschaftspolitik, Bern 1983.

*Ulrich, Hans*: Die Unternehmung als produktives soziales System, 2. Aufl., Bern 1970.

*Vechten, C. C. v*: Immigration and Crime, Journal of Criminal Law and Criminologie, 1941, 139 ff.

*Vold B.*: Theoretical Criminologie, Oxford 1958.

*Wagner W. S.*: Zusammenstellung der Rspr. zu § 129 StGB, GA 1960, 225 ff.

*Weigand, Herbert*: Zeugenschutz. Ein Folgeproblem Organisierter Kriminalität, Kriminalistik 1992, 143 ff.

*Weil, Stephan*: Verdeckte Ermittlungen im Strafverfahren und die Unverletzlichkeit der Wohnung, ZRP 1992, 243 ff.

*Werner, Adelheid*: Organisierte Kriminalität: Fiktion oder Realität?, Kriminalistik 1982, 131 ff.

*Weschke, Eugen*: Netzstrukturkriminalität, Kriminalistik 1981, 297 ff.

*Weschke, Eugen / Heine-Heiß, Karla*: Organisierte Kriminalität als Netzstrukturkriminalität, FHSVR Berlin 1990.

*Wessels, Johannes*: Strafrecht Allgemeiner Teil, 22. Aufl., Heidelberg 1992.

*Weßlau, Edda*: Vorfeldermittlungen, Berlin 1989.

*Wilda W.*: Das Strafrecht der Germanen, Halle 1842.

*Wöhe, Günter*: Einführung in die Allgemeine Betreibswirtschaftslehre, 17. Aufl., München 1990.

*Zachert, Hans-Ludwig*: Elektronische Überwachung der Wohnung als Mittel zur Bekämpfung Organisierter Kriminalität, DRiZ 1992, 355 ff.

*Ziegler, Jean*: Die Schweiz wäscht weißer, München 1990.

FSC
www.fsc.org
MIX
Papier | Fördert
gute Waldnutzung
FSC® C083411

Kolibri 360 GmbH
Ferdinand-Jühlke-Straße 7
99095 Erfurt, Deutschland
produktsicherheit@kolibri360.de

Druck:
CPI Druckdienstleistungen GmbH
im Auftrag der
Kolibri 360 GmbH
Ferdinand-Jühlke-Str. 7
99095 Erfurt